Matthias Lutz-Bachmann, Andreas Niederberger

Krieg und Frieden im Prozess der Globalisierung

マティアス・ルッツ＝バッハマン
アンドレアス・ニーダーベルガー 編著
舟場保之　御子柴善之 監訳

平和構築の思想

グローバル化の途上で考える

梓出版社

序

二〇〇一年九月一一日のニューヨークおよびワシントンでのテロは、グローバルな意味をもつ出来事だった。これまでになかった特質をもつ世界規模のテロの脅威やこうした挑戦に対する国際社会の返答は、もちろんアフガニスタンやイラクにおけるアメリカと西洋の返答も含めて、国家間の法と政治のもつ意味と形態がグローバル化のプロセスの中で根本的に変容していることの証左である。この変容は、戦争の問題に関しても中心をなす事柄である。すなわち、一つの国家における内戦や国家間でなされる戦争という、従来の思考枠組みでは、平和という、法によって安定した政治的秩序に対する脅威のシナリオを、もはや説明できないか、あるいは少なくともこうした枠組みだけでは説明できない。すでに次のように言う研究者もいる。この変容の結果、国家によって保証される法的な安全保障への脅威に対する従来の政治的返答——たとえば、国内における暴力の独占や国際連合による集団的安全保障というシステム、そして現代の国際法がもつその他の諸原理——は、根本的に手直しされるか、あるいはそれどころか改定されなければならない、と。

こうした議論がどのような結果に至るとしても、グローバル化のプロセスは、従来の経済学的な思考に挑んでいるだけでなく、それはまた戦争と暴力の現象に根本的な変容をもたらしているように思われることも明らかである。このことがもしあたっているとすれば、法的規範によって基礎づけられ政治的に可能であるような平和を保証する構想を、新たな諸事情に適合させることが急務である。

本書は、こうした観点に連なる諸事象をさまざまな専門分野のパースペクティヴから探求するものである。政治学、法社会学、哲学、そして神学の諸論考において、筆者たちは一方で、今日の戦争およびテロリズムの諸現象をどのようにすれば適切に記述でき、分類できるかという問いを扱っている。他方で、規範的なパースペクティヴのもとで、新たな暴力の脅威と新たな戦争遂行がもつ形態と連関に対してどのようにすれば政治的かつ法的に適切に対応することができるのか、分析が行われる。このことは、とりわけ、国内の法的諸関係の問題であり、また国際法とその諸制度の問題である。共和主義的に構成された法によって、社会や社会間の相互関係を文明化し、平和を形成する——現代において中心をなす——手法を継続するためには、これらの問題に答えることが必要である。

本書に収められた諸論文は、ヨハン・ヴォルフガング・ゲーテ大学〔フランクフルト大学〕哲学部でのある研究集会に端を発するものであるが、それは二〇〇一年九月一一日の出来事に直接応答するものとして、二〇〇二年一月に開かれた会議である。研究集会から多くの月日が過ぎてしまったが、筆者各位とフリートヘルム・ヘルボルト博士に本書を我慢強く待ち続けていただいたことを感謝する。

マティアス・ルッツ＝バッハマン
アンドレアス・ニーダーベルガー

目次

訳者による補足は、〔　〕で示した。原文のイタリック体による強調箇所は、訳文に傍点をつけた。本文中の引用について、邦訳がある場合はそれを参考にし、適宜手を加えた。各論文の前にある【解題】は、当該章の訳者が執筆した。人名索引ならびに事項索引は原著にはないが、本訳書の訳者によって作成した。

平和構築の思想

——グローバル化の途上で考える——

第一章　二十一世紀の戦争のシナリオ

ヘアフリート・ミュンクラー（寺田俊郎訳）

【解　題】　戦争と平和というと、まず国家間の武力紛争とその不在としての平和状態が思い浮かべられるであろう。一六四八年、三十年戦争終結時に結ばれたウェストファリアの講和において国家主権の原則が確立されて以来、戦争と平和はもっぱら主権国家間の問題として考察され議論されてきた。平和論の古典として読み継がれてきたカントの『永遠平和のために』（一七九五年）が考察の対象としたのも主権国家間の戦争を根絶する条件であり、この哲学的著作を源流の一つとする国際連盟と国際連合もまた、主権国家間の戦争を防止することを主な目的として構想され設立された。

この長く共有されてきた枠組みのなかではもはや戦争と平和の問題が考えきれないことを広く強く印象づけたのは、二〇〇一年九月一一日のテロ事件だったといってよいだろう。国家ではない組織による国境を超えた巨大な暴力をどのように捉えればよいのか――当惑が広がるなか、ブッシュ・アメリカ合衆国政権は躊躇なくそれを「戦争」と見なし、国家として報復を行い、世界中から非難を浴びた。ブッシュ政権の対応は明らかに不正であったように思われるが、しかし、このような暴力をどのように理解すべきか、そしてそれにどのように対処すべきか、その問いは残されたままである。そして、実は、すでに第二次世界大戦以降、戦争はすでにさまざまな点で変質を経験しているのである。

政治学者のミュンクラーはこの論文で、戦争がもはや主権国家のものではなくなっていることをはじめとする、現代の戦争の新たな様相を具体的に論じている。内戦、傭兵企業、民間人と兵士の無差別化などである。このような戦争の新たな様相を知らずして、グローバル化時代の戦争と平和を論じることはできないように思われる。

第一節

ヨーロッパは四十年の間大戦争の脅威の下に置かれ、東西両陣営の政治家と軍関係者はそれにシナリオの焦点を当ててきたのだが、その大戦争は起こらなかった。しかし、それは決して当然のことだったわけではない。西側との軍拡競争においてますます不利な状況に陥っており、間もなくその競争に決定的に敗れるだろう、ということがソビエトの指導者たちに明らかになるにつれて、平和状態の下では阻止することが難しい自身の権力失墜を軍事的な手段で阻止し、権力関係を逆方向へと転じるという誘惑が大きくなっていたとしてもおかしくなかった。競合する二つの大国の一つが、このようにして自らの政治的周辺化を阻止できると考えた結果開始された戦争の範例的な分析は、トゥキュディデスの『ペロポネソス戦史』に見られる。アテナイが平和の下でますます強く豊かになり、軍事的にもスパルタを凌駕しようとしている、ということがスパルタ人たちに明らかになったとき、スパルタは札つきの防御的政策を棄てて、アテナイに宣戦布告したのである——ただし、ギリシャの自由を護りたいがため、という口実をつけて。トゥキュディデスの鋭い考察によれば、その戦争は、スパルタ人の戦略的計算の内では、敵の攻撃の脅威に対する予防の一撃などではなく、つまり戦争に対する予防措置として企図されたものではなく、さらに平和が続いたとすればもたらされるであろう政治的帰結に対する予防措置だったのである。しかし、それはすなわち、この場合戦争は、領土を拡大し帝国主義的に蹂躪したいという欲望に基づくのではなく、保守的な基本姿勢と本質的に防御的な性向に従って始まった、ということである。(1) 同じことが、似たような形で、八〇年代のソ連に起こったとしてもおかしくなかったであろう。しかし、そこでは、トゥキュディデスが叙述したような行為の論理に従おうとする諸力は、成功を収めることができなかった。だが、そのような諸力が存在したこと、八〇年代終わりと九〇年代初めの権力闘争において、それらの諸力が少なからぬ役割を演じたこと、を前提としてもまったくおかしくないだろう。

核兵器の投入によって決着が図られる大戦争の、さらに考えられる原因として、少し前にサミュエル・ハンチントンが話題にしたように、[2] 広い意味で宗教的な特徴をもつ「文化」あるいは「文明」の衝突に目を向けるべきである。ハンチントンのテーゼに対しては次のような反論があったが、それは正当である。文化は多様な利害関心と異質な社会構造をもつ諸国家から成るのだから、宗教的に定義された文化を政治的行為主体として語ることを許すような、アイデンティティと利害関心の十分な一致を認識することもできなければ、文化の政治的・軍事的行為能力を確認することもできない。二〇〇一年九月一一日のペンタゴンと世界貿易センターに対するテロの企ては、どのような条件の下でならそのような「文明の衝突」がなお想定可能であるかを、たしかに示した。つまり、唯一残った世界大国がテロの企ての衝撃の下で血迷い、テロリストを支持していると疑われる国家を、核兵器ないし大量の通常兵力によって攻撃するとき、である。さらにこの具体例に即して見れば、合衆国政府が、テロの企てに対して、アフガニスタンにいるテロの企ての黒幕の居場所に中性子爆弾を投下することで応えたとすれば、「文明の衝突」の蓋然性は劇的に高まったことだろう。このような戦争が起こったとしても、パキスタンが核兵器をもっているとはいえ、東西衝突のシナリオに沿った核戦争ではなく、明らかに非対称的な戦争になったであろう。それは、戦争遂行の方法と犠牲の配分から見て、十九世紀後期と二十世紀初期の植民地戦争に、たんに外見上類似するにとどまらないものになったであろう。世界政治的な経緯にかんして思弁を弄するのはこの位にしておく。

ユーラシア大陸で最強の大国がおのずから合衆国の競争相手になる、ということが、六〇年代以来アメリカのあらゆる防衛原則を貫く合衆国の基本的立場であるかぎり、最終的に大戦争のさらにもう一つのシナリオとして、合衆国と中国との紛争が考えられる。遅くともソ連の崩壊以来、アメリカの政治家や軍関係者の見るところ、中国が合衆国の競争相手の地位を奪っているのである。だから、次のことを前提とすることができるだろう。合衆国には、世界政治と世界経済における支配的地位をめぐるこの潜在的な競争相手が自らの潜在力を十分に発展させていない時点で、この競争相手との武力対立を望む一群の政治家と軍関係者が存在する、ということである。たしかに、この——おそらくは小さな——グループには、かなり大きなグループが対抗している。それは、指導的な世界大国の地位よりも自国製品の巨大な市場を中国に見て、中国に対する一切の危険な対立の道を棄て、その代りに、合衆国の支配的な地位を主張するために経済協力を唱えるグループである。このグループが将来も優位に立つかどうかは、軍事的発展というよりも経済的発展にかかっている。

ここで素描されている大戦争は、大体において、むしろ蓋然性が低い（たとえ、それは、アメリカ合衆国における新しい戦略シナリオが「もっと体裁のいい」核兵器へ向かうことを示しているように、原理的に排除されうるわけではないとしても）ということは、イマヌエル・カント、オーギュスト・コント、ハーバート・スペンサー、ジョゼフ・シュンペータらも想定したように、(3) 資本主義と国家がもっている文明化の力に関係がある。大戦に伴うであろう費用と損失の計算は、自己を貫徹する商業と産業の精神に通じていて、戦争が儲けにならないプロジェクトとしてできるかぎり避けられる、英雄なき時代に導いたのである——少なくとも費用便益の見積もりをするよう訓練された関係者が発言権をもっているところでは。たしかに、このことはＯＥＣＤ諸国でのみ確実なものと見なされうる。だが、だからといって、ＯＥＣＤ諸国が大戦争の入り口で、武力紛争に巻き込まれるだけでなくひょっとすると先導的な役割をすら果たす可能性が排除されるわけではむろんない。

第二節

先にあげた哲学者や社会理論家が予言したよりもかなり後になってからであるが、一九四五年以降、国家間の戦争は明らかに減少するに至り、その減少は、その間、その種の戦争の消滅が時代の傾向であると語ることができるほど著しいものであった。しかし、よき知らせは同時に悪しき知らせでもある。AKUF〔ハンブルグ大学付属の戦争原因研究所〕によって算定された一九四五年以降のあらゆる戦争のうち、わずか十七パーセントが古典的な意味での国家間の戦争であり、その割合は最近十年間にさらに減少しているのだが[4]、それは同時に次のことを意味している。古典的な意味での戦争以外の戦争としては、その枠内でさらに細かな区分を考えることができるとしても、社会内の戦争と超国家の戦争があり、そのような戦争は一般に低強度紛争（low intensity conflict）のモデルに従って進行する。それは通常の軍事力の対決によっては決着がつかず、それゆえ国家間の戦争に比べてかなり長引き、やがてあらゆる戦時法による境界設定と保護とを崩壊させる。そのような戦争は、敵の武装兵力というよりもまず民間人に向けられる、それまで以上に残酷で野蛮な行為を際立った特徴とする。これらの戦争においては、大量殺戮、集団レイプ、組織的な断種がふたたび戦争遂行の恒常的な部分になっている。以上の考察をまとめると次のようになる。

・もはや国家は、ヨーロッパで十七世紀の半ばに承認され、それ以来戦争という出来事を大きく規定してきたような、戦争の独占者ではない。
・ヨーロッパの有名な会戦に見られるような時間と空間における軍事力の集中はますます消滅してもはや過去の

ものである。内戦において適用される暴力はほとんど常に脱中央化しており、遍在化していつでもどこでも人を襲う可能性がある。

・ 戦争の脱国家化によって、国家によって産出され保証される境界設定も掘り崩される。すでに述べた戦闘員と非戦闘員との区別と並んで、なによりも戦争と平和との区別可能性〔が掘り崩されること〕をあげなければならない。Pax finis belli〔平和は戦争の目的・終点〕――このフーゴ・グロティウスの公式によれば平和は戦争の目的であり終点であるが、それは新しい戦争においては妥当性を失っている。戦争は、一貫した目的設定も終結の見通しもなしに遂行される。このことは、次の事実にもっとも明瞭に見て取ることができる。この数十年間続いている内戦のいくつかにおいて、関係諸派はたびたび部分的にイデオロギー的志向を変え、権力基盤は交替し、政治目標を根本的に新しく定め直した――しかし、それらを経てもなお、全体状況がごくわずかしか変化しないまま、戦争は続いたのである。

第三節

戦闘員と非戦闘員との境界はとうの昔に浸食されていたが、それは犠牲者の総計の劇的な逆転にも見てとることができる。第一次世界大戦中、死亡者と負傷者の九十パーセントが兵士、つまり国際法的な意味での戦闘員だったが、最近二十年の戦争においてこの関係は逆転して正反対になった。これらの戦争で死亡したり身体の損傷を被ったりした人々の八十パーセント以上が民間人である(5)。もはや戦争の暴力は、その外見通り、本質的に兵士というよりも民間人に向けられている。この方向の展開が、戦争がまだ本質的に国家の戦争であった時代のある時点ですでに始まっていたことは、明らかである。第二次世界大戦中に構想され、広島と長崎への原子爆弾投下に至るまで実施された戦略爆撃は、攻撃される国の後方支援に当たる物資供給用鉄道というよりも住民の――戦意や協力の意志という意味での――士気に向けられていた。このように戦争が武装兵力から住民へと忍び足で移行したことは、戦争にもひるむことなく進行した民主主義化の一つの結果と見なすことができる。民主主義国の場合、戦争という手段を借りて打ち砕くべき政治的意志は、もはや政治的‐軍事的エリートの意志のみならず住民総体の意志なのである。

このような戦争の拡大の説明として特に民主主義化をあげることに対しては、もちろん次のような反論がありうる。ナチス・ドイツも皇国日本も戦略爆撃の目標とされたが、民主主義国と呼ぶことはできない、と。実は、この場合重要だったのは、恒常的な空爆によって、軍需生産に組み込まれた民間人の身体的‐心理的負担が軍需生産に甚大な障害が生じるほど高まったことである。それゆえ、大都市の、なかでも住宅地が爆撃の目標とされたのは、住民が戦争に政治的に同意していたからというよりも住民が不可欠の要素として産業の戦時経済に包含されていたからである。したがって、攻撃の目標は、もはや国際法上の厳密な意味での戦闘員ではなく、近代的な戦時経済という条件の下で準戦闘員の地位にまで高められた民間人だったのである。こうして戦線に物資を供給する兵站基地自体が戦場になったのである。

新しい戦争における戦闘員と非戦闘員との境界線の廃棄は、第二次世界大戦中に実行されたような、敵の生産施設の破壊と民間人の身体的‐心理的崩壊によって戦争終結を早めることとはまったく別の機能をもっている。つまり、新しい戦争において暴力は、政治的意志を打ち砕いたり抑制したりするためではなく、住民を持続的に搾取し略奪することができるために導入されるのである。

第四節

新しい戦争には、前世紀の九〇年代以降ますます明瞭になってきたように、なによりもまず職業生活と公然たる暴力行使との境界線がますます崩れているという際立った特徴がある。これらの戦争においては、武器を所有しそれを投入する用意のある人々にとって暴力は生業の源になる。つまり、生存を確保するための、それどころかしばしばそれを越えて裕福になるための手段になる。新しい戦争においては、スペインの将軍スピノラ、傭兵隊長マンスフェルトのエルンスト、スウェーデン国王グスタフ・アドルフに帰せられる、戦争が戦争を養わなければならないというモットーがふたたび当てはまり、それはサハラ以南のアフリカ、中央アジア、アル・カーイダを代表とするテロリストのネットワークにもまったく同様に当てはまる。それに応じて、これらの新しい戦争に典型的に見られるのは、戦争会社がこれまで以上に登場したことである。戦争会社は武力によって支配領域を管理し、そこに現存する地下資源(石油、ダイアモンドから高級木材に至るまで)を管理したり、華々しい武力行動と引き換えに大々的にオイルダラーを獲得したりするのである。それとともに、これらの戦争の賃金労働者である傭兵が劇的に増加したことが確認され、子ども兵士の使用が強化されたことが観察される。子ども兵士は、戦争遂行の確実で安価な道具であることがわかったのである。

最近の紛争には、とりわけ軍事力の商業化が特徴的である。たとえば、内戦の将軍たち。これは、自分たちが支配する領域内の掘削権と試掘権とを与えられることによって、短期間で大富豪になった人々である。国際的に操業する傭兵会社。これは、大企業の遠隔地生産の安全を確保するが、その他にも、十分に支払い能力のある者なら誰にでもサーヴィスを提供する。それに加え、アラビアのオイルダラーによって賄われるアフガニスタンやアルジェリアの戦士たちのネットワーク。これは、北アフリカから中央アジアに至るまでほとんどすべての内戦に姿を現す。最後に、国連の見積もりによれば約二十五万人の子ども兵士。これは、とりわけサハラ以南のアフリカと東南アジアに見られる。このような戦争の民営化と商業化によって、少なくともヨーロッパで近代初期から国家が担ってきた統制機能の全範囲が、初めて認識可能になる。暴力行使と職業生活の分離は国家によって貫徹され保証されていたが、それは租税によって賄われる軍隊の設立に依拠していた。国家の軍隊は減価償却の論理に支配されなかった、つまり、自己の存在を正当化し確保するために戦争を遂行する必要はなかった。そうこうする間に平和にとってもっとも脅威となった展開は、巨大軍事ブロックのもつ高度の軍備ではなく、軍事組織と戦争遂行に民間経済の要請が浸透したことである[6]――ところで、それはたんに第三世界において内戦を行う諸集団のみならず、裕福な北の国々にもずっと以前から当てはまっていることである。

第五節

この新しい状況を叙述するにあたってもっとも重要な所見は、国家間の戦争の減少傾向と国家内紛争および古典的内戦の台頭である。このような紛争は、最近の文献では低強度戦争とも呼ばれている。そのような紛争が発生すると間もなく、当該領域の生産構造と分配構造は変化し、内戦経済が発展する。内戦経済に特徴的なのは、時間というパースペクティヴの劇的な欠如、つまり未来の縮減である。ポーランド人の政治ジャーナリスト、リシャルド・カプシンスキはアンゴラの内戦の報告を「その日暮らしの繰り返し」と名づけ、そうすることによって内戦下の人びとが潜在的にもつ主観的な時間意識に含蓄のある表現を与えた。[7] そのように一日一日を生きることないし生き残ることは、個人的な行動様式のみならず、投資控えのスパイラルを特徴とする内戦経済をも形成する。経済生活はその時々に入手可能な資源の直接的な消費に合わせて営まれる。[8] 未来がその時々へと縮減されるところでは、長期の投資はもはや行われない。資源の乱用・酷使がまかりとおり、資源が乏しくなると、最終的に乱用・酷使の対象は、直接的に人間どうしの関係に及ぶ。隣人はただ現在の競争相手として認知され、もはや未来の協力相手としては認知されない。[9] 多くの観察者が驚きをもって確認した、内戦下ではほんの短時間の間に隣人が殺し合いの相手になるという事実は、本質的に時間というパースペクティヴの消滅に由来する。それに対して、時間を取り戻すことによって容赦のない競争状態を協力の可能性に変えることができる。

第六節

さて、持続的な暴力のエスカレーションが経済的な投資控えとともに作用すると、そもそも次のような結果に至らざるをえないかもしれない。家々は破壊され、畑は焼かれ、生産施設は荒廃するから、略奪し強奪するものがもはやなくなり、内戦はそれほど長くない時間で燃料を使い果たし、それゆえ終わりを迎える、という結果である。三十年戦争の出来事との類比を用いて、少し前にエドワード・ラトワクが「戦争にチャンスを与えよ（Give War a Chance)」というタイトルのセンセーショナルな記事で、戦争を原則的にただ問題として見るだけではなく、問題解決としても見ることを提案している。[10] その際ラトワクは、なによりもまず、紛争に導くエネルギーが自ら消尽すると信じていたのである。この考察によれば、内戦こそは、歯止めのない暴力のエスカレーションと加速する投資控えの結果として、特に急速に勢いが衰え消えざるをえないだろう。しかし、現実にはその正反対のことが観察されるのである。統計的な比較が示すところによれば、国家の戦争のほうがむしろ短く、それに対して内戦は長引く。今日では、一つの社会内における戦争の二十五パーセントが百二十ヶ月以上続いている。(11) コンゴとソマリア、チャドとスーダン、レバノンとアフガニスタンの内戦は、最近の歴史のなかでもっとも長い戦争に属する。これを、内戦の自己破滅的な力学という観点から、どのように説明することができるというのだろう?

すでにかなりの間グローバリゼーションという概念によって簡潔に示されてきた経済の国際的な絡み合いは、明らかに内戦の生起と経過にも大きな意義をもつ。内戦経済は平時経済を温床としており、そこから戦争を続行するために必要な資源――食糧や医薬品から武器や弾薬に至るまで――を仕入れる。その反対給付として、内戦経済は特に価値の高い原料品や非合法の品物を差し出す。ダイアモンドや貴金属、なかでも麻薬、売春を強制される若い女性であるが、これは裕福な国の平時経済においては密輸入されるものである。このように内戦経済は往々にして組織的な犯罪と密接な関係を結ぶ。(12) コロンビア、バルカン地域、カフカス地方はその例である。アフガニスタンの内戦は、ソ連が撤退し西側の援助が枯渇した後でアヘンの栽培と販売がなければ、停戦に追い込まれていたかもしれない。(13) 内戦経済は平時経済の脆弱な箇所にできた腫瘍であって、そこを経由して内戦は組織的犯罪の形で平時経済に入ってくる。もちろん逆に次のことも言える。内戦は国際的なコンツェルンがそれらの内戦地域で活動することを妨げるものではまったくなく、国家の破綻をもとにしてコンツェルンが利潤を蓄積する付加的な機会を生み出すこともしばしばである。危険にさらされる遠隔生産地は傭兵によって守られるが、その費用は明らかにアフリカの世襲国家を援助するよりも安上がりである。(14) グローバル化した経済と内戦に沈んだ地域とはうまく共存できるのである。

第七節

内戦経済が平時経済を温床としているとすると、テロリストのネットワークは平時経済に巣くっている——そして、それは、経済のグローバルな網の目の結びつきが強くなればなるほど、うまく巣くうことができるのである。その際、現代経済の交換および統合の媒体は同時に、国際テロ活動の攻撃目標であるだけでなく後方支援の屋台骨でもある。郵便・小荷物サーヴィスから交通システム、とりわけ航空からインターネットに至るまで、攻撃だけでなく支援の選択肢を提供するのである。パルチザン戦争の戦略の基礎が、民間人がパルチザン組織の後方支援基地の役割を果たし、それによって高度の機動性を達成するところにあったとすれば、国際テロ活動の戦略は、部隊が民間人の支援に頼ることのない態勢になっている。なぜなら、部隊はいつでもどこでも武器だけでなく世界中に投資された貨幣にアクセスできるからである——ただし、その武器や資金を適切な場所で投入してくれる単数または複数の活動資金提供者がいること、また同様に、部隊が出動に備えたり出動後に引き揚げたりする撤退場所と養成キャンプがあることを前提として。[15] そのようなキャンプは、国家による追及の圧力がないように、(まだ) 国家の構造が未発達な地域に好んで設置される。同時に、テロリストを支援して対外政策の安あがりの道具として動員できるようにしようとする、いわゆるならず者国家もたしかに存在する。そのような国家は、私的ないし準私的なネットワークを利用して、競争相手に損害を加え、自らがその張本人ないし責任者であることを表に出すことなく、相手が競争に参加するコストを引き上げようとするのである。だから、テロとの戦いは、なによりもまず、テロの後方支援構造を目標としなければならない。それは、テロリストのネットワークから領土的な根が奪われたとき、初めて成功の栄誉に浴する。国家構造が数十年にわたる内戦によって崩壊している、アフガニスタン、レバノン、ソマリアなどの地域における国家構造の創設ないし再構築が、テロとの戦いの中心的な部分である。それには、アフガニスタンのタリバーンのように、内戦の一派として国際テロ組織と結合し提携しているグループとの戦いも含まれる。

第八節

内戦地域と隣接している国家にとって、紛争を終わらせるための軍事的介入が、近隣の内戦経済が自国の平時経済に恒常的に浸潤するのを阻止するために適切であることも稀ではない。時折繰り返されるアメリカ合衆国による中央アメリカへの介入、NATOによるバルカンの複数の紛争地域への介入、最後にカフカス地方におけるロシアの軍事行動は、いろいろあるなかでも、内戦経済が平時経済の脆弱な境界に展開するのを阻止する試みとして理解されうる。その際、介入を正当化するための人道的な論証も相変わらず役割を演じるものの、国家が道徳的義務にのみ基づいて、そして、たとえば内戦の経済的結果が自らの経済に対する脅威とならないようにするという、適切な自己利益を動機とすることなく、軍事的に危険であるばかりか政治的にも危険な介入を決断することはとうていありそうにない(16)。その他にも、今までより大きな難民の移動を生み出すこともまた、内戦の隣接地域に対する潜在的な脅威になりうる。それによって、政治的に安定した関係が破壊され、うまく機能している経済に過重な負担がかかるのである。

しかし、内戦における公然たる暴力行使を自国の部隊を派遣して阻止する心づもりは、それと結びついている政治的ないし軍事的リスクならびに介入のコストのせいで、該当する諸国の間ではむしろ弱い。軍事的リスクは、外からの介入に対して内戦の当事者たちが激しく抵抗することにあるというよりも、むしろ戦闘行為の範囲内の小さな損失から生じる。そのような損失が知られるようになると、政府による介入の決定に対する支持がたちまち消えていき、介入のために派遣された兵力の即時撤退を支持する人々の数が次第に大きくなる。このような展開は、往々にして、アメリカ人によって指揮されたソマリアにおける国連の介入の場合のように、捕虜になり、侮辱され、殺害された介入兵力の兵士の映像が広まることによって加速される。これらの捕虜や死体の映像は、ジャーナリストの報道の一部というよりは、なによりもまず、そういった映像の制作を可能にし、それを世界中に頒布することを促進する内戦の当事者たちやテロリストのネットワークの武器なのである。そういった映像によって、その土地の戦争指導者だけでなくテロの戦略家も、介入を決定する政治的基盤を直接的に攻撃する。クラウゼヴィッツは戦場は物理的な力の助けを借りて道徳的な力と物理的な力を測定するはかりだ、と定義したが、(17)テロは直接的に道徳的な力を狙い、とりわけ、あるときは死んだ兵士が通りを引きずられる様子を、またあるときは乗っ取られた旅客機が高層ビルに激突して爆発する様子を写した映像を利用するのである。(18)

第九節

これまで、西洋の民主主義国は、軍事的介入の政治的リスクを低く抑え、また軍事的介入能力を歪みなく保つために、二つの方法をとってきた。まず――たしかに軍需産業の利害によって動機づけられてもいるが――ハイテク兵器をさらに開発することであり、これにより自国の兵士に対するリスクは最小化するはずである。精密誘導兵器の配備は、原理的に、自国の兵士がもはや戦場に赴く必要がなく、安全な距離から戦場へ作用を及ぼすことができることを目指している。(19)それと結びついて、従来型の地上部隊の意義は大幅に消失し、とりわけ航空兵器の重要性が増大した。従来の戦場は殺すことと殺されることとの確率が比較的平等に配分される場所とされ、古典的な戦時国際法に規定されているように、兵士は、制服によって殺すための特別なライセンスを保持するが、それと引き換えに同じ制服によって殺される対象として認識されるというリスクを冒すものと理解される。ハイテク兵器を、それを所持しない敵に対して組織的に配備することは、ヨーロッパの戦争の歴史の数百年にわたる特徴であったそのような兵士の類型を決定的に終わらせるものである。それに応じて、このような事態の展開に対して軍や公共圏の一部で見られる反感も強いが、その展開によって――戦時法の規定とともに――暴力に対するもっとも重要な保護と境界設定の一つを示してきた兵士という身分の職業倫理の風化が加速しもする。戦闘の原理的な非対称性を生み出す長距離兵器は、殺戮への潜在的傾向の形成を促し、準軍事的集団の殺戮のメンタリティを補完するが、それは特に内戦において生じる。これらのハイテク兵器に支えられた殺戮のメンタリティは、兵士の職業倫理によってはもはや制限されず、兵器システムの技術的精確さならびにその配備の国際法担当官によるコントロールによってのみ制限される。[20]

さて、まさに内戦の終結を目的とする軍事的介入において、航空兵器を手段として政治的意志の貫徹を制限する、ということがたしかに見られた。NATO軍のコソボへの進駐に先立つセルビア人への空からの攻撃によって、たしかにベオグラード政権の政治的意志は数週間後に打ち砕かれたが、アルバニア系住民の追放と彼ら・彼女らに対して犯された殺戮は直接的には阻止されなかった。それができるのは地上軍の即時投入のみであったが、その投入が行われたのは、それと結びついた政治的－軍事的リスクを考慮して、ユーゴスラビア連邦軍がコソボから撤退した後のことであった。[21] 最近のバルカン戦争の経験、そしてまたアフガニスタンにおけるタリバーン政権の崩壊とそこで二〇〇七年以来再燃した戦争が示したのは、民主主義国は、航空兵器によってしか介入することができない場合、自らの利益を保護しようとするときも、また必要とあらば軍事的手段によって人権の尊重を貫徹すべしという要求を遂行するにあたっても、多大な制限を受ける、ということである。それに加えて、遠隔操縦の長距離兵器を長期にわたって配備することは政治的に長続きしにくい。戦闘の非対称性を示す映像によって、たとえ兵器技術の劣った側がもともとの侵略者であり紛争の激化にそもそも責任がある場合でも、その劣った側に対する同情が生まれるのは避けがたく、まもなく、たいていは爆撃の最初の効果が現れたころ、爆撃を止めよという要求が浮上するのである。兵器技術の発達が地上部隊を一時的に戦場から追いやったのだとすれば、それをふたたびそこに出現させるのは政治論理の要請である。

第一〇節

ハイテク兵器を支えとして軍事的介入の政治的リスクを縮小することに代わるもう一つの選択肢は、傭兵または援軍の投入を強化することである。傭兵や援軍は、介入の決定に責任のある政府の有権者に由来するものではないので、それらの部隊に人的損失が出たとしても、政府が政治的に支持されるか否認されるかには直接の影響がない。傭兵や援軍は、政治的リスクの一種の買い取りを意味する。それは、政治的に担われる責任を商業の論理に置き換えるのである。そのため、それは西洋の民主主義国にとって非常に魅力的なものになる。それによって、同じ政治的－軍事的行動を明らかに縮小されたリスクの下で行うことが可能になるのである。なかでもフランスは第二次世界大戦後、外国人部隊を使うことによってこの道を歩んだ。いささか単純化した言い方だが、軍事的介入の政治的－軍事的リスクを縮小するにあたって、ハイテク兵器を好むことを特にアメリカ方式、傭兵の利用を特にフランス方式と呼ぶこともできるだろう。しかし、イギリス軍もグルカ部隊の設置によってこのフランス方式をとったし、イスラエルも、いわゆる南レバノン軍を数十年にわたって保有することによって、まったく同様である。そして、二〇〇一年のアフガン戦争における北部同盟は援軍の古典的な役割を演じ、それによってアメリカ合衆国とその同盟国が自国の地上部隊を大々的に投入することを節約することが可能になったのである。

国家によって設置され直接的に管理される傭兵部隊と並んで、ついに民間経済的に組織された傭兵会社に密かに頼る傾向が強まっている。危険地域にある遠隔生産地を傭兵会社によって守らせる国際的コンツェルンが示した模範は、政治において模倣され始めている。このようにして、自国の部隊を投入することなく、政治的目標を軍事的手段によって追求することができるのである。この傾向が軍事的機能のアウトソーシングに向けてさらに強まることは大いにありそうなことだ。そうすれば軍事的機能は市場で調達されることになる。そこでは、安あがりでやる気のある労働力がいつでも使える状態で待っている。たとえば旧ソ連のお役御免になった兵士、南アフリカ人、元合衆国軍人、これらの人々は、もちろん戦闘配備向けというよりも教育や助言の仕事向けであり[22]、そして、もちろん、アルジェリアからアフガニスタンまで配備されていた、ないし配備されているイスラームの戦士たち。これらの戦士たちは、とりわけアラブ諸国ならびに裕福なアラブ民間人に傭兵として仕えるのである[23]。

第二節

古典的な国家間紛争においては、軍隊の投入が政治的利益を追求する際に手を伸ばすことのできる最後の手段だったとしても、新しい戦争においては話は別だと思われる。新しい戦争において、武装兵力の投入は、強調して言い表せば、政治の最初の手段であって、内戦において荒れ狂う暴力を早期に阻止するために投入されるのである。しかし、それに意味があるのは、平時経済の再構築と安定化への手段がそれに続く場合だけである。この意味で、戦争は他の手段による政治の続行だというクラウゼヴィッツ的な戦争の定義が追い越され、内戦の終結のための、そしてまたテロリストのネットワークを崩壊させるための軍事的介入の枠内で遂行される戦争は、政治を可能にするものないし回復するものとして定義されなければならないだろう。この意味で、二十一世紀の紛争のシナリオにおいて兵士は根本的に変容した機能を担う。その任務は、紛争当事者が軍事的手段という形の暴力を選択するのを阻み、そうすることによって内戦激化のスパイラルを低いレヴェルに抑え、内戦経済の発生を阻止することにある。しかし、その後で、介入の成功にとって決定的なのは、平時経済が強化されるか再興されることである。マフィア的な構造の硬化に対抗する軍自体あるいはそれに付随して投入される警察によって、また、インフラの回復や整備に活躍する援助機関によって、長期的な投資の決定を可能にし有意味にする経済援助によって、そして最後に、内戦を促進するメンタルな傾向を解体するためのもっとも広い意味で教育的で社会的な方策によって。その結果、軍の任務領域では劇的な変化が見られる。新しい戦争は新しい兵士を求める。それが正確に言ってどのような姿になるか、予言するのは難しい。しかし、確かなのは、十九世紀と二十世紀の集団戦士は過去に属するということ、しかし、それを高度に専門的な技術者によって補完しても部分的な解決にしかならないということ、である。二十一世紀の最大の挑戦は、明らかに、今すでに進んでいる暴力の民営化と商業化のプロセスが加速するのを制限し、できるだけ元に戻すことである。国家がもはや戦争の主導者ではない世界は、これまで私たちを不安にしてきたことすべてを上回る予測不可能で制御不可能なリスクをもたらすのである。

註

（1）スパルタの政治とその根底にあった危惧と計算にかんするトゥキュディデスの分析は『ペロポネソス戦史』の第一巻、二四―六五章に見られる。それにかんする優れた分析が Karl-Heinz Volkmann-Schluck, *Politische Philosophie*, Frankfurt am Main 1974, S. 17–30 に見られる。それに加えて Herfried Münkler, *Über den Krieg. Stationen der Kriegsgeschichte im Spiegel ihrer theoretischen Reflexion*, Weilerswist 2002, S. 19 ff.

（2）Sammuel Huntington, "The clash of civilization?", *Foreign Affairs* 72（1993）, S. 22–49, また書物としてまとめられたもののドイツ語訳として次のものも参照せよ。*Kampf der Kulturen. Die Neugestaltung der Weltpolitik im 21. Jahrhundert*, Müünchen/Wien 1996.（サミュエル・ハンチントン、鈴木主税編訳『文明の衝突』集英社、一九九八年）。

（3）この立場は次の文献にまとめて論じられている。Klaus Jürgen Gantzel, "Kriegsursachen. Tendenzen und Perspektiven", in : *Ethik und Sozialwissenschaften* 8（1997）, S. 257–266.

（4）以下の文献を参照せよ。Arbeitsgemeinschaft Kriegsursachenforschung（AKUF）, *Das Kriegsgeschehen 1999. Daten und Tendenzen der Kriege und bewaffneten Konflikte*, hg. von Thomas Rabehl, Opladen 2000, S. 14 ff.

（5）以下の文献を参照せよ。Mary Kaldor, *Neue und alte Kriege. Organisierte Gewalt im Zeitalter der Globalisierung*, Frankfurt am Main 2000, S. 160.

（6）それについては Herfried Münkler, *Über den Krieg*, S. 220 ff.; ders., *Der Wandel des Krieges. Von der Symmetrie zur Asymmetrie*, Weilerswist 2006, S. 135 f.

（7）Ryszard Kapuściński, *Wieder ein Tag Leben. Innenansichten eines Bürgerkrieges*, Frankfurt am Main 1994.

（8）この投資控えのスパイラルの優れた分析として Philipp Genschel und Klaus Schlichte, "Wenn Krieg chronisch werden : der Bürgerkrieg", in : *Leviathan* 25（1997）, S. 501–517.

（9）その迫力のある記述は次の文献に見られる。Beqë Cufaj, *Kosova. Rückkehr in ein verwüstetes Land*, Wien 2000.

（10）Edward N. Luttwak, "Give War a Chance", in : *Foreign Affairs* 78（1999）, S.36–44.

（11）以下の文献を参照せよ。Wolfgang Schreiber, "Die Kriege in der zweiten Hälfte des 20. Jahrhunderts und danach", in Arbeitsgemeinschaft Kriegsursachenforschung（Hg.）, *Das Kriegsgeschehen 2000. Daten und Tendenzen der Kriege und bewaffneten Konflikte, hrsg.* von Thomas Rabehl und Wolfgang Schreiber, Opladen 2001, S. 16f.

(12) これについては以下の文献を参照せよ。Francois Jean/Jean-Christophe Rufin（Hg.）, *Ökonomie der Bürgerkriege*, Hamburg 1999. および Mats Berdal/David Malone（Hg.）, *Greed and Grievance. Economic Agendas in Civil Wars*, Boulder/London 2000.

(13) それについては Benett R. Rubin, *The Political Economy of War and Peace in Afghanistan*（*Council on Foreign Relations*）, New York 1999.

(14) 以下の文献を参照せよ。Mark Duffield, "Post-modern Conflikt : Warlords, Post-adjustment States and Private Protection", in : *Civil Wars I*（1998）, S. 654–102. ここはS. 92 ff.

(15) それについては Loretta Napoleoni, *Die Ökonomie des Terrors. Auf den Spuren der Dollars hinter dem Terrorismus*, München 2004.

(16) それについては次の文献所収の寄稿論文を参照せよ。Gustav Gustenau（Hg.）, *Humanitäre militärische Intervention zwischen Legalität und Legitimität*, Baden-Baden 2000.

(17) Carl von Clausewitz, *Vom Kriege*, 19. Aufl., hg. von Werner Hahlweg, Bonn 1980, S. 356 f.（カール・フォン・クラウゼヴィッツ、清水多吉訳『戦争論（上・下）』中公文庫、二〇〇一年）。

(18) それについては Herfried Münkler, "The Brutal Logic of Terror", in : *Constellations* 9（2002）, S. 66–73. S. 70 ff. また、"Terrorismus als Kommunikationsstrategie. Die Botschaft des 11. September", in : *Internationale Politik* 56（2001）, S. 11–18.

(19) それについては James Dar Derian, "Virtuous war/virtual theory", in : *Foreign Affairs* 76（2000）, S. 771–788.

(20) 以下の文献を参照せよ。Michael Ignatieff, *Virtueller Krieg. Kosovo und die Folgen*, Hamburg 2001, S. 94 ff.（マイケル・イグナティエフ、金田耕一ほか訳『ヴァーチャル・ウォー――戦争とヒューマニズムの間』風行社、二〇〇三年）。

(21) それについては Herfried Münkler, "Den Krieg wieder denken. Clausewitz, Kosovo und die Kriege des 21. Jahrhunderts", in : *Blätter für deutsche und internationale Politik* 44（1999）, S. 678–688.

(22) それについては Peter W. Singer, *Die Kriegs-AGs. Über den Aufstieg der privaten Militärfirmen*, Frankfurt am Main 2006. また Tony Geraghty, *Guns for Hire, The Inside Story of Freelance Soldering*, London 2007.

(23) これについては詳細な情報に満ちた次の文献を参照せよ。Peter Berger, *Heiliger Krieg Inc. Osama bin Ladens Terrornetz*, Berlin 2001.

第二章　民主主義的平和と共和主義的戦争
――危機およびコンフリクトの状況における民主主義国家の非民主主義国家に対するふるまい(1)――

ローター・ブロック（舟場保之訳）

【解　題】「民主主義国家同士は戦争をしない」という考察は、例外を除けば、事実によって裏づけられている。このとき、世界平和にとって問題となるのは、民主主義国家と非民主主義国家の関係であり、前者は後者に対してどのようにふるまうべきか、という問いは、この関係を論じるうえで答えが与えられなければならない非常に重要な問いである。この問いには、民主主義国家が法によって自己を拘束することそのことをどのように理解するかによって、現在二つの対立する答えが与えられている。一方の理解においては、法によって自己を拘束することが民主主義的な自己決定の主張を意味し、他方の理解においては、同じことが民主主義的な自己決定の制限を意味する。歴史的‐思想史的文脈で言えば、アメリカ革命の成果をヨーロッパ列強の干渉から守ることを第一とする〈フェデラリスト〉たちは、なによりも民主主義的な自己決定を優先する。この発想はそのまま現代の国際政治におけるアメリカの一国主義につながっている。民主化を実現するためであれば、非民主主義国家に対して、場合によっては暴力行使も辞さず、〈共和主義的戦争〉に至ることもありうる。他方、ヨーロッパ大陸の啓蒙思想家であるカントは、同時代人の〈フェデラリスト〉たちとは異なり、平和連合によって民主主義国家の自己決定に制限を加え、当時のヨーロッパの秩序そのものを克服しようとした。現代においては、この考え方がヨーロッパの多国間主義に反映されていて、自己決定は抑制されるため、目的はどうあれ非民主主義国家に対して軍事的介入を行うことには消極的であり、その結果それらの国家における暴力を容認することにもなりうる。

ヨハン・ヴォルフガング・ゲーテ大学（フランクフルト大学）で長く政治学の教鞭を執り、現在ヘッセン州立の平和・紛争研究所にも所属する論者のローター・ブロックは、以上のようにいずれの理解によっても民主主義的であることが好ましくない状況を招きうる現状において、なお民主主義的であることを堅持しつつ状況を打開する方策を考察している。

政治学が信頼できると考えている数少ない確実な事柄の一つとして、〈民主主義国家同士は戦争をしない〉という考察がある。これは専門家のジャーゴンでは、〈民主主義的平和〉と呼ばれる。非民主主義国家に対する民主主義国家のふるまいに関して言えば、もちろんこうした確実さは成立しない。一九八〇年代初頭より国際関係論においてもっとも多く引用されてきたテクストの一つである『永遠平和のために』を書いたカントの考えに従えば、この場合次のように議論できるだろう。民主主義国家が非民主主義国家との関係において、自分たちのふるまいを相互に規制する諸原理をできるかぎり妥当させるなら、それは理性的であろう、と。〈民主主義的平和〉がもつこうした規範的側面は、国際連合憲章、とりわけ集団的平和保障（第七章）のための諸規定によって、以下の場合には支持されうるだろう。すなわち、これらの諸規定において暴力を囲い込むための、つまり恣意性を〈正規の〉強制力へと、したがって（一国主義的な）暴力を（多国間主義的な）権力[2]へと変換するための道具立てが使用できるようになる場合である。

これらの諸規定とは反対に、アメリカ合衆国の文献では何年も前から〈ポスト国連憲章　自助パラダイム〉という言い方がなされている。このパラダイムによれば、集団的平和保障は時代遅れになってしまった。[3]その代わりに登場するのは、国連憲章第五十一条による自衛である。[4]二〇〇二年九月のアメリカの国家安全保障戦略では、軍事力による〈先制〉攻撃が自衛と見なされた。[5]それとともに、規範的なものとなった民主主義的平和理念は、自由を守るためには国際法による既存の諸制限を揺るがさざるをえないとする安全保障の思考に譲歩するのか。（世界）秩序のための政策が依拠する審級としてのカントは、キケローによって（ヘーゲルによってではないにしても）[6]駆逐されるのか。[7]キケローが平和を信奉する者として主張したのは、暴力を厭わないということであり、キケローがより高い価値をもつ善であると見なした事柄、つまり共和制の維持[8]が達成されるのであれば、暴力を抑制するはずの法則も場合によっては破られるということであった。このことは、内部に対して力を確保することと結びついていた。では同じことは、外部の敵に対して共和制を維持することにとっても妥当すべきなのか。[9] 民主主義的平和は自由の名の下で、共和主義的戦争を形作るための大枠としての制約となるのか。

私は以下において、まず、集団的平和保障を扱い、私たちが戦争のための国際法を平和を保障する法へと変換する長いプロセスに関わっていることを示すつもりである。この変換は、十九世紀後半には人道的な国際法を設定し、常設の仲裁裁判所を設置することによって多大な推進力を手にし、暴力の一般的な禁止を国連憲章へ取り入れることによって最初の最高点を迎えた。東西対立の終焉は、この変換が加速されるチャンスとなった。

第二節では、国際法を変換するプロセスの不連続性と断絶を扱う。断絶は、あらゆる生活領域において、物質的およびコミュニケーション的状況が相互作用を及ぼし合いますます錯綜する中で生じている。しかしこの断絶は、国家の事実的な行動様式が同時にそっくり変換されるとともに生じるものではない。むしろ、国際法の解体は、物質的な絡まり合いと脱中心的な権力秩序との緊張関係を、脱中心的な権力秩序を破棄することなく架橋しようとする試みを示している。したがってそのかぎり、ますます複雑化する世界状況といかにつき合うかを学習するプロセスが重要である。これは、諸国家を包括する次元で政治的な舵取りが最適に行われるようになるとともに、個々の国家が行う利害関心に基づいた政治に正当性が与えられるようになる学習のプロセスである。この二重性は、東西対立の終焉において集団的平和保障をより発展させるチャンスが利用された際の、その首尾一貫しないやり方に示されている。たしかに民主主義国家は、介入禁止と人権保護との間に新しい均衡が必要であると言う。しかし、集団的行為へと強く自己を義務づけること（したがって、自身の自律性要求を制限すること）によって、こうした均衡を達成しようとする具体的な用意に欠けているのは、アメリカだけではないのである。

第三節では、西側の民主主義国家に関して、こうした具体的な用意に欠けていることについて考えうる理由を探る。

私のこの件に関するテーゼは、民主主義国家の法的な自己拘束が、民主主義国家の他の国家との、とりわけ非民主主義国家とのかかわり合いにおいて、民主主義的な自己決定の主張として姿を現わすと同時に、民主主義的な自己決定の制限としても姿を現わすことによって、軍事的な暴力行使が公的に受容されることになったり、あるいは甘受されることになったりする、というものである。[10] こうした二義性は、国際政治における一国主義と多国間主義という大西洋をはさんで現在成立している相違点に現われている。この二義性の根底には、歴史に根ざした対立がある。対立の一方にあるのは、カント主義的な平和理念であり、他方にあるのはカントと同時代の北アメリカの人々、つまり〈フェデラリスト〉たちによって主張された共和制の擁護という理念である。[11] カントは平和連合における民主主義国家の自己拘束を支持し、〈フェデラリスト〉は民主主義的な自己決定の条件として、外部に対して（第三国に対して）国家が何らかの行為を行う可能性を強化することを支持する。しかし両者は、アメリカ（あるいは〈アングロ＝アメリカ〉）とヨーロッパ大陸それぞれの外交政策の文化における根本的な差異や、ケーガンによって主張されるような、[12] 弱者と強者のパースペクティヴにおける払拭できない相違を指し示しているだけでなく、――第一に、ではないとしても――国際関係の法制化を民主主義的な自己決定として理解するのか、それともその制限とするのかという、まさに前述の二義性をも指し示しているのである。法的な自己拘束の二義性は、集団的平和保障を拡大するために行為する余地を切り開くが、しかしまた集団的平和保障に制限を与えるものでもあり続ける。目標をめぐるコンフリクトをどちらの方向へ向けて解決するかは、一国主義的な行為あるいは多国間主義的な行為のどちらが有用かを吟味するとともに、どちらが適切と考えるかにかかっている。このように考えると、アメリカ合衆国の政治が帝国の政治の論理に原理的にとらわれていると見なす必要はなくなる。もしこのような論理に対抗しようとすれば、ヨーロッパ独自の権力（あるいは対抗権力）を構築するしかないだろう。[13] むしろ、〈紛争地域〉における共同の平和保障の可能性は今後も存続する。この共同の平和保障はいずれにせよさしあたりは〈一気に〉生み出されるものではなく、（首尾一貫性を欠いた）不完全なものにとどまり続けるだろう。そしてこのような不完全なものでさえ、実現するには、国連憲章と合致した集団的平和保障を促進する固い決意をもった〈有志同盟〉が今後もなくてはならないのである。

第一節　国連のアジェンダとしての文明化

ここでは議論の出発点として、コソボ紛争についてのユルゲン・ハーバーマスの見解を改めて思い起こすことにしたい。[14] ハーバーマスがそのよく引用される論文において論じるところによれば、平和を保障したりあるいは平和を創出したりする措置の正当性や有効性には、それが失われる可能性があるがゆえに、国際法は制度化される途上にある。したがってＮＡＴＯの加盟国は、コソボ紛争において、正規の法的手段（したがって、国連安全保障理事会による承認）を遵守することが、悪辣な人権侵害を防止する有効な活動の妨げとなると判断した以上、もっともなことをしたのだ、とハーバーマスは言う。このような事情の下では、ハーバーマスによれば、諸国家からなる一つの集団が、（現にそうであるように）当事者であると同時に、（自分たちがそうであることを要求する）世界市民的な審級として活動することができる。

私はここで、ハーバーマスの議論に取り組むつもりはない。それは他のところで行った。[15] もっぱらここで確認しておきたいのは、次のことである。国連の承認に先立って行為することができるというハーバーマスの考え方が現在の国際政治の展開を解明するうえで興味深いのは、この考え方が、国連憲章からはずれた行為や国連憲章に矛盾する行為、つまり安保理による承認のない軍事介入をも、文明化へと導く世界秩序のための政策を形成する問題の解明と関係づけることを許容するからである。それ相応の承認に先立って行為することができるという考え方は、文明化へと導く世界秩序のための政策の可能性を実践が不十分であるということではじめから斥けたりはせずに、国際的な政策の展開全体を分析することを可能にするのである。[16]

こうしたやり方を裏づけるものとして、次のような一連の考察を挙げることができる。東西対立の終焉は、国際政治の主たる行為者である諸国家によって、国際的な義務や国際的な機関から身を引く機会としては理解されなかった。反対に諸国家の世界は、自らを新たに〈国際的な共同体〉として形作った。この共同体は、同盟関係を拠りどころとする安全保障政策から集団的平和保障へと前進する必要性を認めたのであり、国連憲章が定めるような（そしてブロックを超えた運動によってたえず求められてきた）共同体である。[17] 第二次湾岸戦争（一九九一年）は、この文脈において、そのようなもくろみを拒絶するものというよりは、推進するようなものとして作用した。こうして国連安保理は一九九二年一月、したがって湾岸戦争勃発の九ヶ月後、当時の国連事務総長であるブトロス・ブトロス＝ガリに、集団的平和保障を強化するための構想をまとめるように委託した。事務総長は六ヶ月で〈平和のためのアジェンダ〉を提言した。また、すぐに〈開発のためのアジェンダ〉が、さらには〈民主化のためのアジェンダ〉が続けて提言された。[18] 平和のためのアジェンダは、間違いなく最大限の関心を引いた。国連加盟国の側からも、非政府組織や平和政策に関与するさまざまなグループの側からも、である。この提言を反映して、一九九〇年代前半、国連のこの件に関する活動はとてつもなく拡大した。安保理による関連する決議の数は一九八八年から一九九四年の間に十五から五十八に、国連による平和維持活動の件数は五件から十七件に、これに加わった兵士の数は約一万人から七万人以上に、平和維持活動のための予算は二億三千万アメリカドルから三十六億アメリカドルに、それぞれ増加したのである。[19]平和のためのアジェンダがもくろんでいたのは、こうした展開を制度的、手続き的、財政的措置によって予防外交や平和維持および（場合によっては強制力の投入によって実施されるべき）平和創造（peacemaking）の領域で確保し、維持することだった。このような枠組みで、加盟国は安保理がたんにアドホックにではなく、国連憲章第四十三条に従い該当する条約の締結によって継続的な形で、部隊をもち援助を行い軍事施設を設けることを認めるように求められた。

開発のためのアジェンダは、〈平和構築システム〉という国連憲章の根幹をなす機能主義的な考えと一致して、政治的‐軍事的平和保障を経済的‐社会的平和保障によって補完するものであった。同じような仕方で、民主化のためのアジェンダも国連の実質的な平和政策の計画のうちに位置づけられる。その際に拠り所とされたのは、〈民主主義的平和〉という根本理念であり、この理念は「諸国家がもつ民主主義的制度や手続きは、諸国家間の平和に役立つ」と表現できる。議論を基礎づけるためにブトロス＝ガリがもち出すのは、学問においてなされた民主主義的平和の説明であり、とりわけ、〈戦争の負担を負わなければならない人々は戦争に踏み切るかどうかをよく考えるだろう〉というカントの議論である。[20]

一九九〇年代の大規模な世界会議では、このような包括的な平和政策への展望が、グローバルなコンセンサスとして書き留められていた。諸々の世界会議は、グローバルな公共財の身分を定めるフォーラムを提供したが、この身分確定は、その後個別国家のもつ正当な利害関心が定式化されたり、こうした利害関心を定める議論が対内的に行われたりする際に参照される枠組みとして、妥当しうるものとなった。[21] 国際政治のこうしたアプローチを強調したのは、一九九二年以来、国連開発計画によって刊行されている『人間開発報告書』である。『人間開発報告書』は、開発政策に関して世界銀行によって行われる報告のオールタナティヴを標榜し、人間開発や人間の安全保障をめぐる構想について新たな論争をまきおこした。このことは、以下のことを指し示す事柄として解釈できる。それは、現実の社会主義が破綻したことで、近代化をともなう解放を拠り所とした進歩という理念が揺らいだ後で、グローバル化時代の開発政策の戦略形成がますます混迷をきわめるようになり、現実の社会主義の終焉後、世界の経済政策についての考え方を支配した〈ワシントン合意〉が、当初からまさしく南北関係において激しい議論の余地を残すものだった、ということである。とはいえ、一九九九年ケルンでの〈債務帳消しサミット〉や二〇〇〇年のミレニアム開発目標、二〇〇五年の開発協力の効果に関するパリ宣言とともに、〈報告と宣言による政策〉の実践を、政治が自らに課す具体的な義務と結びつけるか、あるいはこうした実践そのものを具体的な義務とするような試みがなされた。

このような意味で、世界会議は国際社会による自己演出と見なすことができる。この自己演出は、指導的な政治的集団の正当化要求に奉仕してきたのであり、正当化のための報告および宣言でもって台本を提供してきた。それでもこの種の催し物は、たんなる仮装行列にすぎないとしてその価値を貶めることはできない[22]。なんといっても注目すべきことに、指導的な政治的集団は一般に、自分たちを国際社会の一員と見なし、そのことによって正当化がもつ国際的ならびに内政的な効果を獲得することに、関心を抱いているのである。したがって、それぞれの国内世論を操作しようとする試みと結びついた形で、アクターの背後に国際世論が成立していることになる。グローバルな問題を引き合いに出すことが、逆に、国内の改革政策を基礎づけることに役立ちうるのである。すでに一九八〇年代初頭に始められ、一九九〇年代の会議と報告の政治に引き継がれた、世界の諸問題についての討論が、グラスノスチとペレストロイカを基礎づける参照点として役立ったのであり、そのことによって東西対立の平和的な終結に貢献したのであった。このことは、世界の諸問題を論じる言説において用いられた言語が、現実の社会主義を根本的に変革する理念を、破産宣告としてではなく、人類が挑むべき問題を解決するうえで前向きな貢献を果たすものとして、解釈することを可能にするようなものだった、ということを意味するはずである。このような意味で、一九九〇年代初めの世界会議も、国家レヴェルでの正当化を調達するフォーラムを提供しただけではなかった。むしろこうした世界会議の貢献によって、少なくとも兆しとしては国際的な市民社会を形成することが可能となったのである。さらに、一九九〇年代初めのこうした〔新時代の〕幕開けは、国家を超えたところで国家的なものを作り出すための、たとえ不連続であるとしても、長く続く道のりを進む一歩として見ることができる。[23]

国際的な規範や規則体系が作り出される長い道のりは、ウェストファリア講和まで遡る。この講和は、たしかにそれ自身の側から見れば、部分的には、すでに成立している法の発展を取り上げただけであるが、こうした法の発展を新たな基礎の上におき、これに新たなダイナミズムを与えたのである。[24] 規範と規則体系が関与したのは、第一に、国家間の相互承認と国家間で戦争を行う場合のルールだった。しかし十九世紀には、テクノロジーの発展とこの発展が国際関係に対してもつ意味との相互作用によって、より広範にわたるルールと制度が必要になった。それゆえ、大衆が動員され、兵器に関係するテクノロジーが新たに開発される時代において遂行される戦争を、一般市民および戦闘員の保護を目指すルールの下におくような、人道的な国際法が作り出された。そして第二次産業革命との相互作用の中で形成された新しい国際的分業体制を可能にする政治的インフラストラクチャーの一部として、機能的に整えられた最初の国際的な組織が形成された。

その後、国際連盟という最初の包括的で全世界を傘下に収める国際的な組織ができたが、この組織の規約には戦争を（たんにルール化する代わりに）回避するための予防措置が記された（差し迫った紛争において、軍事力を投入する前に三ヶ月間の冷却期間を設けることが義務づけられた）。一九二八年のブリアン－ケロッグ条約によって、加盟国は通常、侵略戦争を放棄することが義務づけられた。この同意は、国連憲章によって一般的な武力行使の禁止にまで高められたが（第二条第四項）、この禁止は憲章第七章の集団的平和保障によって後押しされるはずである。国連憲章はたしかに同じように他国による内政干渉を禁止しているが（第二条第七項）、東西関係および南北関係における国際政治の問題として内政干渉の禁止が中心にあるにもかかわらず、諸国家の〈固有の場〉（domain reservé）となりうる領域が次第に制限された。この件に関してもっとも大きな意味が与えられてしかるべきなのは、一九四八年の世界人権宣言と、人権概念およびグローバルな次元と各地域の次元とで人権を国際的に保護する方法の双方が継続的に発展し続けていることである。

たしかにこの発展は（まだ？）国際的な人権裁判所を創設するまでには至っていない。いずれにせよ、諸国家の連合は一九九〇年代に規範形成の手続きを軌道に乗せることに成功した。そうした手続きの（暫定的な）目標に位置するのは国際刑事裁判所であるが、この間、この裁判所はその役目を果たし始めている[25]。

今日実際に、諸国家を包括する規則のシステム、したがって（国際的な政治体制という形での）国際的な取り決めが存在しないような生活領域というものはない。こうした意味において、諸国家は長期にわたって規範的に錯綜した状態にあると言え、したがって次のような歴史的プロセスがあると言えよう。それは、たしかに繰り返し、一国主義が発生することによって中断され、国民国家的な自治権の追求に基づいて通常なされる抵抗によってブレーキがかけられてきたけれども、あらゆる障害に抗して確保され、進展してきたプロセスである。こうした見解に従えば、一九九〇年代初めに起きたことは単発の出来事ではなく、近代国家システムの歴史のうちに書き込まれるような、アクターと行為次元と適切な行為の標準とが作り出されていくプロセスに連なるものだった。これらが作り出されていくおりには、（意図された合理性という形での）費用対効果の計算と（急速に変化する行為連関において求められるアイデンティティを明示するものとしての）世界像および（とりわけ法の言説を介した）規範の内面化とが相互に関連し合っている[26]。このような見方は、近代の（法治）国家的なものが形成される中で社会の諸関係は文明化されていくとするディーター・ゼングハースの考察によって、支持されうるだろう。だからといって、歴史的な文明化のプロセスが、国際関係が発展してゆく方向性を解釈するうえで直接用いることのできる手がかりを与えてくれる、ということを主張したいわけではない。主張したいのはただ、文明化のカテゴリーを用いて考え、こうした考えによって国民国家の限界を超えようとすることは完全に間違っているというわけではない、ということにすぎない。歴史的な文明化のプロセスは、たしかに数多くの偶然性を示しているからである。ところが、こうした数多くの偶然性も、ゼングハースによる〈持続する社会化のための何重にも複雑なプログラム〉といった平和創設のコンセプトにおいて、解決されうるものである。というのも、国際関係の次元においても、たしかに経験的には、文明化のプロセスとして行われるような社会化のプロセスを観察することができるからである。このことは、少なくともOECDの世界にはあてはまる。[27] その際に、民主主義的体制にある個別国家（〈民主主義的平和〉）がどの程度中心的な役割を演じているかは、以下において明らかにする。ここでひとまず留意しておきたいことは、国連の発足を導いたきわめて異質な諸国家群が、第二次世界大戦の衝撃のもとで〈戦争の災厄から人類を解放すること〉を世界機構の指針としたことである。それとともに、一つの格率が定式化されたが、この格率は完全にカントの意味で、一つのすぐれた憲法によって後押しされるはずである。憲章は、カントによって糾弾された諸国家の〈選択意志の自由〉を廃棄し、これを普遍的な平和の義務のもとにおき、個々の国家がこの義務に従わないケースに対して集団的平和保障を定めたのである。それまではまだ存続していた、暴力行使に関する決定に際して個別国家がもつ法的な裁量の余地は、こうして明確な仕方で制限された。個別国家の裁量に取って代わったのは、国連安保理による集団的決定である。安保理はたしかに暴力を独占しているわけではないが、しかしおそらく暴力行使の正当化は独占している。これは、国連憲章が〈正戦〉論を背景としていることを意味する。[28] 今日問題となるのは、もはや戦争の正当性や非正当性ではなく、軍事力を行使することが国連憲章の規定に従って適法的であるか、非適法的であるかということである。これは、正式に決定された強制措置という枠内での暴力行使が、法規定に合致しているということだけですでに何の問題もない、ということを意味するわけではない。強制力も、つまるところ暴力なのであり、したがってつねに問題である。しかし決定的なのは、暴力行使が原理的に問題であることから帰結するのは普遍的な平和の義務であって、自己自身を法の審級とするような個別国家の権利ではない、ということである。このことが、人道的介入やテロに対する戦争という枠組みで正戦論が復活してくる際には見過ごされた。こうした具体的なコンテクストにおいては、正戦という考え方が復活することは、暴力行使に際して、国連憲章によって封印されていた個別国家の裁量の余地が改めて認められることを意味した。こうした裁量が封印されても、個別的な自衛権や集団的な自衛権については何ら変わるところがない。[29] 近代法治国家においては、紛争当事者の自救行為は警察や正式な裁判権に取って代わられた。暴力的な自救行為は緊急の状況に対してだけ、そして第三者が危害を加えられない場合にのみ許される。国連憲章によれば、諸国家を包括する次元においても自救行為が認められるのは、正当防衛あるいは緊急救助の場合だけであり、それも安保理が動きを取るまでの間にすぎない（国連憲章第五十一条）。もちろんこの件に関しては、要求と現実、規範とアクターの実際の行為との間にはとんでもなく大きな隔たりがある。しかしこのような差異は国際法に限られたことではなく、近代の法治国家の日常でもあった。だからといって、それを根拠に法治国家の理念が放棄されるべきではないように、暴力行使に際して個別国家が自由に行為する余地を国際法によって制限するという理念は、その効力には限界があるという議論によって放棄されるべきではない。個別国家の行為が適切であるかどうかを定める標準を堅持することが重要であり、諸規範は違法行為を問題化し、そのことによって法の公共性を創出し、強者の権力だけでなく議論の力もまた作動するように用いることができるのである。[30] 諸々の人権（およびますます一般的に妥当性をもちつつある社会的標準と環境の標準も）が作り出されるのと並行して国連憲章によって正戦論が克服されることは、まさしく、世界という社会（Weltgesellschaft）の体制が次第に形作られつつあることの証拠となりうる。このような体制の枠組みにおいて、一国内の法社会が〈グローバルな法社会〉へと変換されるのである。(31)

第二節　選択的多国間主義

しかし文明化というパースペクティヴは、啓蒙の伝統に繋ぎとめられたり、あるいはこれにとらわれたままの観察者が、国際政治の厳しい現実を軽々と飛び越えるうえで用いるたんなる理想像ではないのか。(32)国際関係の規制化の営為はすべて、戦争を行うための付け足しにすぎないのではないか。国連による文明化のためのアジェンダを明らかにし、これを個別国家の選択意志を克服する歴史的な方向性を継続するものとして解釈する試みは、まさしく、第一にこうしたアジェンダの担い手と見なされる諸国家、つまり西側の民主主義国家において破綻するのではないか。(33)チェムピールが診断したような「国際政治の大変革」という歴史的なチャンスを棒に振った「唯一残存している超大国」が属しているのは、まさしく西側の民主主義国家ではなかったか。

東西紛争の終焉後、国連がどのように変貌してきたかを見てみれば、加盟国による自治権の追求とその集団的行為の必然性（自己拘束）との間には緊張関係が続いていることが確認される。平和のためのアジェンダ、開発のためのアジェンダそして民主化のためのアジェンダにおいて具体化された国連による文明化のプロジェクトとは対照的に、国家の次元や国家間の次元そして国家を超えた次元で数多くの武力衝突があり、世界経済全体の危機が出現するのと同時にアフリカにおける開発をめぐる問題が深刻化しており、そして国家を超えたテロリズムが今日歴史的に先例を見ないほどの規模と化している。しかしふたたび力を取り戻しつつあるロシアと西側との新たな緊張関係に関してすら、文明化というパースペクティヴを、東西紛争の終焉が可能にした長くは続かない幸福感を表現したものとして、退けることは誤りであろう。前述のように、集団的平和保障を強固なものとする営みは、長い歴史を伴うプロジェクトである。このプロジェクトは戦争の経験と国際法の発展との間の相互作用の表現であり、国際法はけっしてたんに暴力の記録ではなかったし、また現在もそうではなく、諸国家全体にとって周知の暴力行使をめぐる問題性にたえず応えるものなのである。したがって、人間の本性や国政の本性に関する月並みな想定に早まって依拠する代わりに、東西紛争の終焉以来、文明化のプロジェクトがどのように展開されてきたかをより正確に見ることが有益である。

　当時の国連事務総長ブトロス＝ガリは、国連組織の効率性向上よりも国連のもつ対応能力拡充を優先した。これは、ソマリア危機（一九九二年）の際に示されたように、ジョージ・ブッシュ（父親）政権のアメリカによっても第一次クリントン政権によっても支持された。しかしアメリカ議会において上院下院ともに共和党が過半数を占める結果を招いた選挙後、ソマリアへの介入が失敗したこともあり、第二次クリントン政権によるアメリカの国連に対する政策の力点は、まったく正反対の方向に置かれた。アメリカ上院議員ジェシー・ヘルムズによる強硬な反対意見が相互に影響を及ぼし（また明らかに、アメリカ合衆国国務長官Ｍ・オルブライトとブトロス＝ガリとの個人的な反目が高まったこともあって）、ブトロス＝ガリはかつてアメリカが望んだ事務総長候補者であったという事情があるにもかかわらず、クリントン政権と国連事務局との関係は急速に冷え込んだ[34]。またしてもアメリカによって後押しされた後継者であるコフィ・アナンは（もちろん、ワシントンが、未払いの分担金の支払いを、プレッシャーをかけるためのしかるべき手段としたという理由もあるが）、世界機構の官僚組織を改革することに専心した。だがこのことによって、国連が後退し、たんに自分自身のことだけに従事するようになったというわけではけっしてない。たしかに、一九九〇年代初めにあった改革に対する多大な期待は現実的ではないことが判明し、それは遅くとも、この点に関して大いに失望を与えたこの世界機構の設立五十周年記念式典において、明らかとなったとおりである。[35] しかしコソボ紛争について、安保理が決定を回避したことによって、大騒動にまで発展することになったこのような後退にもかかわらず、国際政治の舞台におけるアクターとして、国連が完全に端役に追いやられるということにはけっしてならなかった。コソボ紛争そのものに関して言えば、NATO加盟国の単独行為によって安保理は当初は締め出されていたが、平和協定に多数の国家が賛同したことに応じるとともに、平和を確かなものとするために関連する措置を準備するうえで、ただちに再度紛争処理に関与することになり、国際的な監督機関を設立するに至るが、こうした形での監督機関は歴史上、まったく新しいものであった。[36] これらは、以下の事柄を示唆していると言えるかもしれない。すなわち、このケースにおいてまさしく重要なのは、バルカン半島におけるヨーロッパ列強の歴史的な対抗関係を背景として、影響力の及ぶ圏域を定めることや、布置関係をめぐりパワー・ポリティクスによって争うことだけではなく、スレブレニッツァの経験から学び、非常に火種となりやすいと同時にきわめて複合的でもある紛争を、西洋の人権理念と合致した仕方で取り扱うこともまたまさしく重要である、ということである。紛争を規制する西洋的なやり方にベオグラードが賛同することを拒否したことに端を発するケースに対してさえ、おそらくはコソボのアルバニア人たちについては賛同させることに成功したからこそ、こうしたパースペクティヴの下で西洋の民主主義国家は巧みに身を処することができたのである。

アフガニスタンのケースにおいても、またアフガニスタンのケース以降のテロに対する戦争においても、展開は矛盾をはらんでいる。一方で、アメリカは当初、コソボ紛争で用いた行為の自由をさらに使い続け、〈不朽の自由作戦〉(Operation Enduring Freedom, OEF) の枠内で、集団的平和保障についての国連の規定を適用することではなく、自らの指揮の下で〈有志連合〉を成立させることに尽力することを決定していた。このことに合致するように、九月一一日のテロ攻撃による国際的な平和に対する脅威が国連憲章第三十九条に従って確定されたものの、しかし具体的な対抗措置を挙げなかった国連安保理の決議第一三六八号が、アメリカによってアフガニスタンに対する軍事攻撃の認可として解釈された[37]。たしかにNATOは初めて、NATO条約第五条に従って同盟の問題であることを公言した。しかしワシントンにとって重要だったのは、明らかに、自発的な協力の枠内で自己の行為の自由を最大限確保することであり、国連が呈示するような集団的自衛の枠内で、制度化された形での共同決定に他の国家が加わるのを認めることではなかった。

他方で、〈九・一一〉のケースにおいてアメリカ政府はそもそも、しかもただちに国連安保理の意向を尋ねたのであり、その後（九月一四日）になってアメリカ議会がブッシュ大統領に対して軍隊を投入するための全権を承認したことは注目に値する。しかも国連は当初より——ブラヒミ国連特使が個人的に強く主張したこともあり——アフガニスタンを変革するあらゆる民間の計画に関与していた。こうしてすでに二〇〇一年一〇月半ばに、アフガニスタン紛争解決に向けて国連の五点計画が公表されたが、これはとりわけ暫定行政機構の設立を定めるものだった。その後すぐに、ボン近郊のペータースベルクで国連後援の下、アフガニスタン会議が開かれ、そこに集まったさまざまな地域のグループの代表者たちが（穏健なパシュトゥーン人指導者ハーミド・カルザイを議長とする）暫定行政機構を形成することで一致した。同時に、国連および国連アフガニスタン担当特使ブラヒミの支援の下、非政府組織の会議が並行して催され、そこでアフガニスタンの民間のグループが変革のプロセスへ参画できるように要求した。その後まもなく、アフガニスタン復興のための多国籍からなる国際治安支援部隊（ＩＳＡＦ）が設置され、国連の委託を受けてNATOが指揮を執っている[38]。

武力衝突が続く中、国際治安支援部隊と不朽の自由作戦は――きわめて関係を緊密にし――少なくとも多くのアフガニスタン人の視点からすると、ほとんど区別ができないほどになっている。結果的に、西側の軍事介入については、国連が定める正当性の枠組みに依拠しているが、しかし作戦を遂行する次元では、完全に単独で事がなされていると言うことができる。他方で、アフガニスタン国内では数多くの民間の支援組織および開発に従事する組織が復興に関与しているが、これらの組織にとって引き続き重要なことは、政治の次元において多国間主義的な行為の枠組みが存在することであり、この枠組みが紛争を文明化し、したがって武力による紛争処理に対して市民による紛争処理を強化する試みを後押しするのである。

再開された対イラク戦争においても、一国主義と多国間主義が同じように混在している。アメリカはまたしてもアドホックに集められた同盟国とともに単独で戦争を行い、そのために民主主義国家のグループに分裂さえ招いたが、他方でイギリスとともにこの戦争の前哨戦として、安保理において正当化の論争に乗り出したのである。この論争は、議論が劇的な展開を見せた点からも、世界中の世論を喚起した点からも、先例のないものだった。このときワシントンが依拠したのは、二〇〇二年九月の安全保障に関する国家戦略において用いられた〈先制的〉(präemptiv)自衛権ではなく、安保理決議第六七八号、六八七号、一四四一号だった。したがって、アメリカおよびイギリスの視点からすれば、問題となっているのは、一九九一年に始まり、一九九八年に再開されたイラクへの爆撃によって継続されていた、サダム・フセインに対する戦争の一局面なのである。二〇〇三年と同様に当時（一九九一、一九九八年）も、アメリカおよびイギリスは、〈安保理に承認されることなく行為しても構わない〉といったような権利を要求したわけではなく、〈イラクによって決議が遵守されない場合には、安保理も軍事的な措置をとることを決定していただろう〉という考えに依拠したのである。いずれにせよ、その際アメリカおよびイギリスは、関連する国連決議の中で示された義務に対する重大な違反（material breach）がイラク側においてあったかどうかを、自分たちだけで決定するという越権を行ったのではあるが。

したがってアメリカの政策は、コソボ紛争においてはNATOの同盟国の側に立って行われていたのと比べ、直近の対イラク戦争においては、より具体的な形で国連決議と結びついていたのである。[39] たしかに国連は、現在のイラク戦争においてはコソボ紛争の終結時ほど大きな役割を果たしてこず、また現在果たしてもいない。しかし、〈対イラク戦争を正当なものと認めないなら、ワシントンは国連に対してもはや真摯に向き合わないだろう〉という脅しは、急激に（そして戦争後の戦争に関してだけでなく）無意味なものとなった。限界はあるものの、国連は〈絶対に必要な国家〉（アメリカ）と並んで絶対に必要な組織となったのであり、それはアメリカにとってもそうである。ただし、コフィ・アナンによってイラク戦争後に強行された改革も、その支援者たちの期待にはやはり遠く及ばないものだった。いずれにせよ、〈保護する責任〉の発表により、近代国家システムの中心概念の一つである主権概念を一層発展させるための具体的なパースペクティヴが呈示された。この視角の下で、国際関係を文明化することが今後も可能であり続ける。こうした確認が重要であるのは、このように確認することによって〈今後もプロジェクトとして国際関係の文明化に尽力すべし〉という義務を、カントとともに導出することができるからである。それに反して、〈東西対立の終焉以降に経験したことが、国際関係を文明化することは不可能であることを示している〉という保守陣営以外にも広まっているような確認は、文明化のプロジェクトを今後も遂行することを、危険な幻想として退けるだろう。そうした幻想に対してなされる月並みな警告は、以前から広く流布している。今世紀の初めには、（アメリカ的な、あるいはやや一般的に言えば自由主義的な）帝国が有効な選択肢として考えられたが、今日では、カール・シュミットとメッテルニヒの思想を混ぜ合わせたような、覇権主義的に構造化された複数の広域圏からなる世界秩序というものが構想され始めている[40]。しかしこのような議論は、比較的短命であることが明らかとなり、繰り返し国連改革へと、そしてとりわけ安保理の改革へと戻っていくのである。

第三節　世界秩序のための民主主義的政策がもつ特異性

西側の民主主義国家やとりわけアメリカが、国連および国連憲章に記される集団的平和保障に対する義務と関わり合う仕方が以上のような矛盾を孕んでいることは、偶然ではない。こうした矛盾には、脱中心主義的なパワー・ポリティクスに通常見出される特異性だけではなく、国際的な次元における他ならぬ民主主義国家に対して特別な仕方で立てられる諸問題もまた、示されている。周知のようにカントは、啓蒙において一般に承認される平和を目指す理性は、民主主義という制約の下で初めて働き始めると想定した。しかしカントは、理性の命令と政治的な実践とが民主主義的な参加においても、合致しない可能性があることをおそらく見て取っていた。それに対抗するために、民主主義国家は周知の平和同盟を形成すべきなのだろう。このようにカントは、理性の命令と政治的な実践との間の予想される隔たりを少なくするために、諸制度によって政治を方向づけることに賭けたのだった。

したがってカントは、永続的な平和の可能性を基礎づけるために、功利主義的な議論と制度主義的な議論とを組み合わせる。その際カントは、自分のモデルがしかるべき道徳的心情に依拠しているのではなく、各人の自己利害に依存しているので、悪魔の世界においてさえ有効であるに違いないということを確認する。この確認とともに、民主主義の平和を創出する力は「たんに敬虔な希望に過ぎないのではなく、理想的ではない制約の下においてであっても展開することができる」[41]ということが言われているのである。また同時に帰結するように、カントの考えは非民主的な国家が平和同盟へ参入する可能性をけっして排除するものではなく、しかもカントはある国民がよく道徳的に形成されていることを、よき国家体制の前提としてではなくその結果と見なしているのである。[42]したがって、カント的なパースペクティヴからすると、さまざまな体制の国家によって構成される平和同盟としての国連は、民主主義国家からなる連合よりもたしかに影響力に乏しいが、しかしだからといって原理的に影響力をもたないというわけではない。最近の経験的な研究によって、このことは確証できると思われる。[43]

換言すればこうである。民主化とともに戦争を放棄する可能性が増加するというカントの議論は、非民主的な国家も目的に合致するかどうかを考えることによって戦争を放棄する、ということを排除しないし、またその逆にカントの議論は、民主主義国家も戦争を行うということを排除しない。こうした意味で、諸制度にはそれぞれ独特の影響力が付与されるが、それはいずれにしても加盟国の性格に応じてさまざまである。事実としてそのような状況にあることは、「民主主義的平和」[44]についての最近の研究と並んで、政治体制に関する研究もまた明らかにするところである。[45]しかし他方で、民主主義国家の側においても、集団的平和保障は個々の国家がもつ行為の自由に対する要求と競合している。この要求は、近代国家システムを構成するものである個々の国家の主権を承認することのうちに含意されている。主権が意味するところは、内部に対する不干渉と国際協定によって定められた範囲内での外部に対する行為の自律性とである。問題は、この範囲に議論の余地があるという点にある。明らかに民主主義国家は、実体的規範（人権）を具体化してゆくために不干渉の範囲を狭く解釈し、行為の自由の範囲を広く解釈する傾向にある。こうした視角の下では、干渉の禁止は、人権を国際的に保護することを制限するものとして作用すべきではないし、暴力の禁止は、暴力の使用が国際的な人権保護という目的の帰結するところであれば、これを制限するものとして作用すべきではない。このことは〈人道的介入〉という思想のうちに含意されているが、この思想においてまず重要なのは、だれが暴力の行使を決定するかということではなく、いかなる動機が暴力を行使する根底にあるかということなのである。アメリカは二〇〇二年の安全保障戦略をもって最高度の自立性を不可欠のものと考えたのであり、国連憲章第五十一条（個別的および集団的自衛）の枠内で〈先制的〉危機防衛の権利を要求する。それは、侵略戦争への権利をふたたび導入することに限りなく近づいている。しかしまさしくこれらの問いにおいて、民主主義国家のふるまいや自由主義的な民主主義国家の内部で主張される立場が、さまざまに現われるのでもある。二〇〇三年のイラク戦争以後、西側のリベラルな国家の間には、この問題において亀裂が入ることさえありうると思われた。

こうした多様性が示しているのは、根本においてはリベラルな立場をとるさまざまな政治的スタンスがあり、その幅は広いということである。(46) したがって、リベラリズムの内部で保守派と左派と急進派を、〈抑制のリベラリズム〉と〈強要のリベラリズム〉を、あるいは単純に、よりハト派の民主主義的政治文化とよりタカ派の民主主義的政治文化を区別することができる。(47) 結局のところこれらの差異は、リベラリズムが外交の場では根本的に両義的であるということを帰結する。換言すれば、リベラルなアクターがとる具体的な行為は、それぞれの考え方の根本にあるリベラルな立場だけによって規定されるわけではない。そこでは偶然性が働く。偶然性はさまざまなコンテクストをもとに明らかにすることができるが、こうしたコンテクストにおいてカントは平和同盟を支持したのだし、アメリカの〈フェデラリスト〉は北アメリカにあった当時のイギリス植民地が独立後統合されることを支持したのである。

ヨーロッパの啓蒙主義者たちの、標準的な北アメリカの同時代人たちが、〈民主主義は平和をもたらす〉という考えを確信していなかったのは明白である。〈フェデラリスト〉はむしろ、北アメリカの新しい（民主主義的な）国家同士による戦争の危険性を強調した。それゆえハミルトンは書いている。「同じ場所に位置する、独立し、つながりをもたない数多くの主権同士の間に持続する調和を求めることは、人間の引き起こす出来事がいつもたどってきた道筋を無視し、時間をかけて集積されてきた経験を無視することを意味するだろう」[48]。こうした文言やジョン・ジェイによる同じような一節は、連邦国家へと連合がさらに発展することを擁護するものであるが、そうした擁護の背景にあるものは、私たちが今日なら政治的リアリズムに帰するような考えだけではなかった。議論のコンテクストを構成したのは、むしろ、一方で北アメリカの新しい共和国が戦争によって自分たちの自由を獲得していたのであり、まさにこの戦争によって連帯感が成立していたという経験である。しかし他方で、戦争の経験には次のような恐れが結びついていた。植民地を脱した新たな共同体は相互にそれほど強い結びつきをもっておらず、ヨーロッパ列強の争いに翻弄される可能性があるのではないか、という恐れである。それに対しては、革命の諸成果を包括的な政治的秩序によって守ることが重要だった。これらの諸成果は、強力な中央集権国家を設立することによってもまた危険に晒される可能性があり、しかしたんなる国家連合では外部から引き起こされる争いに対抗するには弱体すぎたから、〈フェデラリスト〉の視点からすると、政治的権力を均衡させるという特別な可能性をもつ連邦主義的な解決だけが、考慮されることになった。新たな政治的共同体は、内部において自由を脅かす権力の集中が助長されることがなく、外部に対してはその身が守られなければならないだろう。他の政治的共同体との連合は、民主主義的な自己決定とそれに応じた行為の自由とが確保されるうえで越えてはならない範囲でのみ、認められた。被植民地状態を脱した政治的共同体同士の平和や、そうした共同体内部の平和は、このような連関においては、制度主義的に保障された理性の命令を充足するものとして理解することはできなかった。これらの平和とは、外部に対する行為能力を創出することであり、そのようにして創出された政治的権力を、〈抑制と均衡〉によって、何度も新たに繰り返される要求に応じてコントロールすることだったのである[49]。

カントの民主主義的な平和理念が成立したのは、まったく異なるコンテクストにおいてである。その理念はヨーロッパ諸国家が相互にもつ過酷な戦争経験に対する反応であり、ヨーロッパに平和秩序を創出することを目指すものであったが、この平和秩序は、カントによってヨーロッパ大陸の他の啓蒙思想家のだれよりもよりはっきりとした形で、普遍主義的な構想として練り上げられた。ここでは、カントの議論における世界市民法およびこれと結びついた世界法の意識がそれぞれもつ、中心的な価値に注目したい。周知のように、この連関においてカントは、世界のある場所での法の違反が世界の至る所で感じ取られることを強調した。しかしこのことから導くことのできる〈法を引き受けるべし〉という義務は、干渉の禁止においてその限界をもち、干渉の禁止はやはり民主主義的な自己決定の制約として機能する。[50]そのかぎりで、ここでは世界の平和秩序について多元主義的な構想を論じることができるのであるが、いずれにせよこの構想において〈不正な敵〉は〈残滓〉として残るのであり、不正な敵に対しては、多元主義をとることはできないのかどうかという問いが残るには残る。ハラルド・ミュラーは、世界秩序のための政治についてリベラリズムがもつ二義性を批判する際の中心点に、このような考え方をおいている。[51]いずれにしても、〈永遠平和〉のための議論において不正な敵は体系的な位置をもっておらず、[52]その結果、根本的に多元主義的で普遍主義的なアプローチは、不正な敵という考え方によって、ともかく廃棄されることはない。不正な敵との遭遇は、いわば例外状況であり、カントによってもくろまれた秩序を特徴づける事柄ではない。

〈フェデラリスト〉の思考のアプローチは、それに対して特殊主義的である。このアプローチによって、ちょうど確認したところでもあるが、たしかに新しい共和国同士による戦争の危機が指摘されるが、しかしこうした危機は、正確には外部から試みられる干渉によって導かれるものである。連邦国家として統合することを支持する議論の中心にあるのは、したがって外部から迫りくる危機である。重要なことは、普遍的な平和秩序あるいは普遍化可能な平和秩序を設立することではなく、イギリスからの解放戦争において獲得されていた自由を守り、維持することだった。

これらの自由は普遍的なものと見なされたし、また現在も普遍的なものと見なされるが、しかし民主主義的に正当化される固有の行為の自由を制限しうる国際的な秩序に対して抵抗する拠り所も、まさしくこれらの自由に求められるのである。[53]「(……)アメリカは自分たちの価値を普遍的なものと見なしている。アメリカにとって、最終的な正当性は自身の憲法のうちに求められるのであり、国民国家の外部にある制度に求められるのではない」[54]。このことが意味するのは、アメリカの外交は自身の民主主義的システムに基づいて正当化されなければならないということであり、どのような形であっても外部から与えられる正当化に拘束されることになるとすれば、それはこうした民主主義的な正当化の制限を意味するだろう、ということである。拠り所とされた自身の価値の普遍主義は、それとともに逆に干渉主義的になる。というのも、外部に向かってこうした価値が主張されるとき、その主張が、諸規則に拘束されることはないからである、かりにそうした拘束を行う規則があるとすれば、それは民主主義的に正当化される行為の自由に対する制限を意味するだろう。ここから生じうるのが普遍主義と自然主義との結合であり、この結合によって自由の代償は(アメリカ国旗に対する「忠誠の誓い」において言われるような)〈絶え間なく警戒すること〉のみならず、戦場での死ということでもありうる。こうした死は、普遍的なもの(自由)と特殊的なもの(ネーション)との統一として気高いこととされるのである。カント主義的な啓蒙の側において、このような死に対置されるのは、比較的英雄からは遠く離れ、(自身のもくろみに関しては合理主義的である)利益の最大化をはかるような人であるが、この人はいかなる戦争も行わないことを理性の命令と見なす。なぜなら、普遍的な価値は人々の自己解放という形でのみ認められるからであり、このとき自己解放はやはり理性の活動として理解されるのである。

ダニエル・デュドニーに依拠すれば、アメリカのアプローチは〈共和主義的な安全保障政策〉と特徴づけることができよう。この政策は、革命の成果を守るためにヨーロッパの復興の営為に対して干渉する可能性を含んでいる

（一八二三年のモンロー・ドクトリン）。カントも、民主主義的な自己決定に大きな価値を与えている。しかしカントの場合、自己決定は当人自身によってのみなされうることなので、自己決定の原理から帰結するのは〈干渉してはならない〉という命令なのである。このような意味で、第三国（〈ならず者国家〉）に対してとりわけ民主主義的な自由を守ることに定位している〈共和主義的な安全保障政策〉には、〈民主主義的な平和政策〉というカント的理念を対置することができるだろう。この平和政策では、必ずしもそうであるわけではないし、もっぱらそうだというわけではないが、可能なかぎり民主主義的であるような法共同体の内部における平和保障がとりわけ重要である[55]。戦争と平和についての共和主義的な見解に合致するのは、実体的な価値に依拠することで正当化されている地政学であり、他方、民主主義的な見解はむしろ一様に妥当性をもつ法秩序に定位するだろう。

　こうした概念化は、もちろん理想型による抽象である。とはいえ、リベラルな民主主義国家のふるまいがコンテクストに依存することを示唆するものではある。こうした特殊なコンテクストの他に見出されるのは、同一の事柄がもつ二つの側面である。一方で、脱中心化された権力秩序のうちで民主主義的な自己決定を擁護する側面がある。他方で、競合する自己決定の要求を穏やかなものにするという視点の下で、個々の国家によってなされる自己決定に対して必要な限界を与える側面がある[56]。小論において民主主義的な平和理念の擁護者として選ばれたカントは、国内的な自己決定の要求が国際的な統合によって制限されうることの問題を、十中八九意識していた。それゆえ、諸国家を包括する（世界）国家を拒絶したのである[57]。同じくインゲボルク・マウスは、グローバル化を引き合いに出して「主権の原理がたんなるアナクロニズムにすぎないものと見なされてゆく[58]」ことに反対しているが、それは正しいことである。問題なのは、共和主義的なパースペクティヴからすると、自国の主権だけが何ほどか妥当性をもつものであり、自国以外の主権の要求は、それらが自国の世界秩序のプログラムと両立する場合にのみ承認されるということである。

さらに、このような主権に基づく強い留保を主張する者は、同時に国際法のルールに対して国内的な自己決定を堅持することを強く求めるのであり、やはり次のような問いを免れることはできない。つまり、政治的、経済的、そして社会的に錯綜した世界において国際法の憲法化を拒否することは、それはそれで国内的な自己決定を危うくしないか、という問いである。[59] こうして、政治的正当性の源泉として国際的な制度（つまり今日では国連）を承認しないことが、カント的な平和の土台だけでなく、[60] 民主主義そのものをも掘り崩すというリスクが生じることになる。

民主主義的平和は、たしかにつねに、民主主義国家による非民主主義国家に対する非平和的なふるまいを伴ってきた。[61] しかし民主主義的な〈諸国家共同体〉の内部で現在多様な意見があることに関しては、次のように言えよう。すなわち、（今日、グローバル化という形を取る）相互依存性が増すにつれて、非民主主義国家に対する非平和的なふるまいは、ますます民主主義国家同士の協力関係に関わる問題となり、平和問題に対する共和主義的な見解と民主主義的な見解とが相違する傾向を加速する、と。根本的な問題は、民主主義と国際的な組織と相互依存性とが、問題を伴うことなく補完し合うということがない点にある。民主主義的平和がもつこの三項構造は、[62] それ自身のうちに緊張関係を孕んでいる。共和主義的な平和のパースペクティヴには、国家単位の民主主義を政治的正当性の唯一の源泉として絶対化することにより、こうした緊張関係を解決しようとする傾向がある。民主主義的な平和のパースペクティヴには、国連のような国際的な制度も民主主義的な正当化の源泉として承認する傾向がある。もっともそのことによって、ハンス・ケルゼンの言う法が支配する一つの〈世界国家〉（civitas maxima）というイメージ、つまり個々の国家の行為能力の根拠になるような世界の法秩序というものが、まだ支持されているわけではないのだが。

共和主義的なアプローチのジレンマは、グローバルな相互依存性と国家を超えた絡み合いとを統括することを求める要求に応えない点にあり、民主主義的なアプローチのジレンマは、相互依存性と国家を超えた絡み合いを引き合いに出して、民主主義的な自己決定を逆説的な仕方で崩壊させうるような形で政治の国際化を実践する点にある。[63] ユルゲン・ハーバーマスの呈示する解決（適切に制度化された世界秩序を先取りする一国主義的行為）は、平和問題に関する民主主義的見解として位置づけることができる。一国主義的行為は、適切に制度化された世界秩序へ向かう歩みであるかぎり、民主主義的見地に基づいて正当である。〈保護する責任〉の導入が人道的介入およびコソボ紛争をめぐる論争に由来することを考慮するなら、そうであるかぎりここで〈先取り〉という言い方をすることができるだろう。いずれにせよ、世界秩序の問題を民主主義的に解釈することには、なお共和主義的な解釈が対置される。この共和主義的な解釈は、社会的紛争を軍事の問題とし、軍事行為を安保理によるコントロールから大幅に切り離すことによって、（集団的平和保障の領域において）国連システムが徐々に弱体化することを帰結する。

世界秩序の問題構制に関する民主主義的側面と共和主義的側面とを、国際政治の民主化という戦略において統合することに成功しうるかどうかは、[64] 未来に関してはわからないが（原理的にありえないわけではないので）、しかし現在に関しては、どちらかといえばそれは成功しそうにない。目下のところは、ただ現行の国際的な法そのものを適切な行為のための規準として採用し続けるしかない。このことが、たえず国際政治の合法性（ハーバーマスにおいては正当性）と有効性の崩壊につながるのではないか、というハーバーマスの危惧は、もちろんもっともである。他方で、この問題は国家の次元においても成立する。民主主義国家においては、法治国家であるということのためにこのコンフリクトは明白である。というのも、そのようにしてのみ、民主主義は実践することができるからである。同じように国際法の次元では、政治的行為の合法性と有効性を比較検討する際に、結局は（適切に制度化された秩序をもたらすという意味で）有効性に関しても有意味になるという期待をしつつ、原則的にはまず、合法性の原則に従って事が進められるべきだろう。このことから、集団的平和保障のためのルールを遵守しない場合はいつでも、少なくとも特別な根拠づけが必要となるということが帰結するだろう。しかも、たんなる合法主義的な独断論に基づいた根拠づけではなく、コンフリクトの当事者がそれぞれの好き勝手に従ってコンフリクト解決のためのルールを形成できるのなら、あらゆるコンフリクトは完全に力の観点から解決されることになるという経験を視野に収めたうえでの根拠づけである。[65] 他方、ヨーロッパ大陸の（あるいはむしろドイツの？）[66] 法の伝統では、合法性と有効性との差異の扱いに関して、しばしばプラグマティズムを欠いている。このようにプラグマティズムが欠けていることに関しては、ドイツについては、とりわけファシズム下で演じた自身の歴史的役割とそこから学んだ教えを背景にして解釈することができる。この点に関しては、アングロ＝アメリカの法の伝統の方が融通が利くことを認めなければならない。しかし融通が利くということで、まさしく問題解決に合わせてプラグマティックに法と関わり合うことから、〈絶え間なく警戒すること〉、つまり政治的な行為の根拠づけに対して最高度の注意を払わなければならないことにもなる。[67]

とはいえもう一度思い起こしておきたいのは、世界秩序の政治に対する共和主義的なアプローチと民主主義的なアプローチは、相互に正反対に位置しているのではなく、むしろ異質なものからなる状況において民主主義国家が行う政治の二つの側面を表しているということである。このことは、以下のことに示されている。つまり、第一次世界大戦および第二次世界大戦後に、国際連盟および国連という形でグローバルな規則体系を創出するうえで決定的なイニシアティヴをとったのは、他ならぬアメリカだったということであり、当の国際的な規則体系によって首尾一貫して自己を拘束することに対してなされる留保は、まさに他の民主主義国家の側において行われ、――インゲボルク・マウスの議論に従えば――また行われなければならない、ということである。この点に関して、ドイツ連邦共和国は東西対立の終焉以来、〈国際主義的な〉国家という自画像にかえて、他の民主主義国家と同様に国民国家という自画像を採用しているように思われる。[68]

ただ一つ残る超大国として、アメリカは新保守主義の下で世界秩序の政治に対する共和主義的なアプローチを絶対化し、〈リベラルな〉帝国という形でこれを実現しようと思ったのかもしれない[69]。しかし、この政治の意図せざる成り行きや国際的なシステムにおいて生じた新たな力関係（パワー・ポリティクスによる自己主張に関して、一連の新興国が躍進しロシアが後退したこと）に関して、このアプローチが成功したかどうかについては、新保守主義の視点からでさえ、もはや肯定的に答えることはできないだろう。アメリカと残りの世界との間には、今後も大きな力の開きが存在する。しかしこのような力の開きがあるからといって、共和主義的な自律の追求と民主主義的な自己拘束との矛盾を覇権から帝国へと移行することによって解消することが、もはやアメリカに許されないことは明白である。今後もこのようなアメリカの試みはなくなるわけではない。しかし今日重要なのは、〈帝国による秩序かカオスか〉という二者択一よりも、帝国による共和主義的な秩序形成の試みが、それ自身カオスを作り出すということである。こうした事態は、世界秩序に対する民主主義的なアプローチとして位置づけられるような反対勢力を、アメリカにおいて動員することにつながった（オバマという選択）。とはいえさしあたりは、選択的な多国間主義が継続されるだろう。これは、それぞれの政治を実行に移すコストを協力によって少なくし（民主主義的な局面）、しかし同時に協力へと自己を拘束することの影響を、したがってそれぞれの行為の自由に対する法による制限をできるかぎり少なくする（共和主義的な局面）ことを可能にするものである。

第四節　結論および展望

小論の導入として、〈民主主義的平和〉は東西対立の終焉以降、〈共和主義的戦争〉に枠を与える制約となったのかどうかが問われた。この問いとの連関において、〈民主主義的平和〉とは、民主主義国家が相互に維持する平和を意味し、〈共和主義的戦争〉とは、自由をもち法治国家であり政治的な責任を負うことを理由にして、非民主主義国家に対してなされる暴力行使を意味している。したがって具体的には、内部に対しては安全を保障する共同体であり個々の価値を承認する共同体であるリベラルな民主主義国家が、同時に、どの程度外部に対して、つまり非民主主義国家に対して、アジェンダを遂行するためには必要に応じて暴力さえも行使するような戦争を行う共同体を形成するか、ということが問題である。あるいは、民主主義国家は傾向としては、むしろ国際法を使えるようなものとすることを推進し、グローバルな体制とまではいかないにしても、世界規模の法共同体を作り出すことに寄与していないかどうか、ということが重要である。こうした問いがもつ両側面は、小論においては、世界秩序についての共和主義的思考と民主主義的思考として位置づけてきた。世界秩序についての共和主義的思考は、北アメリカの当時のイギリス植民地がおかれていた政治状況において生じたものであり、民主主義的モデルは、啓蒙時代のヨーロッパの状況において生じたものであった。〈フェデラリスト〉の視点からすると、北アメリカにおいて重要だったのは、アメリカ革命の成果を、干渉しようとするヨーロッパ列強から守ることだった。それに対してヨーロッパの啓蒙にとって重要だったのは、ヨーロッパの秩序そのものを克服することだった。この秩序は、戦争を調整装置として受容してはいたが、しかしコスト的に有利で道徳的に優れている、戦争の代替物としての平和を求める理性との矛盾が、増大しつつあったからである。カントは出発点として、国民が戦争か平和かについての決定に参加すれば、平和を求める理性を実践的にも平和同盟という形で出現させることになるだろうと考えた。〈フェデラリスト〉が前面に押し出した議論は、革命による民主主義的成果をヨーロッパの敵から守ることが重要であるというものであった。このように関係する状況が異なるということから、戦争と平和に関する問いとの関わり方については異なる伝統があるということを導こうとするなら、それは大胆すぎるだろう。しかし歴史的な状況が異なる点を顧みることは、以下のことを知る手がかりとなりうる。それは、民主主義国家がそれぞれ共通して一定の政治的原則を信奉しているにもかかわらず、戦争と平和への関わり方は異なっていることや、この多様性は世界秩序についての民主主義的な政治がもつ根本的なジレンマを反映しており、このジレンマが実践的－政治的にもつ意味は、しかしコンテクストに依存しているということである。

問題の核を形成するのは、自己決定の格率と諸国家を包括する法を義務づける命令との間にある緊張関係である。自己決定の格率は、国民主権の理念のうちに書き込まれているが、しかし自己決定に対する自身の要求を、好戦的な仕方で度を越して強く行うことにつながりうる。諸国家を包括する法は、諸国家の平和的な相互関係を可能にするという仕方で理性に合致するが、しかし民主主義的な自己決定を崩壊させうる。こうした緊張関係は、自己拘束を続けることによっても、自らを不自由な世界における自由の擁護者とするリベラルな諸国家の連合を形成することによっても、和らげられない。これは、一方で、何度も議論されてきたEUの民主主義のもつ欠点が示すところであり、他方で、ここ何年かの間にアメリカの指揮の下〈有志連合〉によってなされた、世界秩序についての政治の軍事化が示すところである。

中間の道があるとすれば、それは、法と審議的な仕方で関わりをもち、その中で適切な行為のための新たな標準を呈示するプラグマティックな普遍主義だろう。この標準は、外からの規定としてではなく、諸国家を包括する規範への、民主主義的に正当化できる自己拘束として受容されるだろう。世界規模で増加しつつある社会的な不均衡や、拡散しつつある暴力、そしてさまざまな原理主義によって揺さぶりをかけられる〈諸文化〉の間で増大しつつある相互了解の困難さ、これらを前にして、世界の問題と審議的な仕方で関わりをもつ余地は狭まっているように思われ、また競合する自己決定の要求を文明化する道のりはより長くなるように思われる。打開策として残るのは、国連憲章によって定められた手続きのルールに定位すること、つまり有効性に関する一国主義的な考慮に対して合法性を優先するという原則だけである。東西対立の終焉以降の経験が教えるところによれば、共和主義の刺激を受けた行為が民主主義の刺激を受けた行為よりも効果的であることはなく、おそらくそれははるかにリスクを孕むものであるだろう。

註

(1) 大幅に書き加えた拙論 »Zwischen kollektiver Friedenssicherung und republikanischem Krieg« は、以下に収められている。Jörg Callließ (Hg.): *Chancen für den Frieden*, Loccumer Protokolle 76/03, S. 243–278.

(2) Lothar Brock, »Gewalt in den internationalen Beziehungen«, in : Paul Hugger und Ulrich Stadler (Hg.), *Gewalt. Kulturelle Formen in Geschichte und Gegenwart*, Zürich 1995, S. 167–187, ここは S. 167. 暴力によって暴力を否定するという平和のパラドクスがこのような区別によって解消されるわけではないという批判については、以下を見よ。Gertrud Brücher, *Frieden als Form. Zwischen Säkularisierung und Fundamentalismus*, Opladen 2002, S. 156.

(3) 国連憲章第七章において、集団的平和保障が規定される。たしかに章末では、自衛権が〈自然に付与された権利〉として保証される。しかしこの章の意義と目的は、自衛に対して集団的平和保障(第三十九条に従って、国際平和に対する脅威あるいは違反の存在が正式に確認されたことに基づき、安全保障理事会が制裁を課すこと)を優先することを認める点にある。自衛が許されるのは、集団的平和保障が作動し始めるまでの間だけである。〈ポスト国連憲章　自助パラダイム〉という言い方は、トーマス・M・フランクによって一九七〇年代初頭に導入された。それについては、現在は以下を参照せよ。Thomas M. Franck, *Recourse to Force. State Action Against Threats and Armed Attacks*, Cambridge : Cambridge University Press 2002, 第三章以下。

(4) Anthony Clark Arend, Robert J. Beck, »International Law and the Recourse to Force : A Shift in Paradigms«, in : Charlotte Ku, Paul F. Diehl (Hg.), *International Law*, Boulder 1998, S. 177–202, S. 339.

(5) *The National Security Strategy of the United States of America*, Washington, D. C. 2002. Vgl. Michael Byers, »Preemptive Self-

defense : Hegemony, Equality and Strategies of Legal Change«, in : *The Journal of Political Philosophy*, 11（2003）, S. 171–190. Mary Ellen O'Connell, »Pre-Emption and Exception : The US Moves Beyond Unilateralism«, in : *Sicherheit und Frieden*, 3（2002）, S. 136–141.

（6）ヘーゲルにおいては、いかなる民族も時とともにその現にある体制を「真の」体制に近づけなければならない。こうしたことを行わない場合、その民族は「より低次の法則のもとにとどまったままである。あるいは別の民族がより高次の体制に到達しており、そのことによってこの別の民族はより優れた民族である。前者の民族は後者の民族に対して民族であることをやめ、後者の民族に従属しなければならない」。G. W. F. Hegel, *Vorlesungen über die Geschichte der Philosophie II*, Frankfurt am Main : Suhrkamp Werkausgabe Bd. 19, 1977, S. 112–113.（G・W・F・ヘーゲル、長谷川宏訳『哲学史講義〈中巻〉』河出書房新社、一九九二年）。この指摘は、スラーブ・クベーラとその解釈に負うものであり、それは、ヘーゲルにおける自然法と世界精神が、〈人道的介入〉に関する今日の議論にとってもつ意味についてなされた解釈である。Slave Cubela, *Naturrecht und Weltgeist. Hegel und das Problem der Formulierung eines überstaatlichen Vernunftrechtes*, Magisterarbeit, Frankfurt am Main : Johann Wolfgang Goethe-Universität 2000, S. 49–50.

（7）マーティン・ウーラコットは「ブッシュが軍資金としているのは、ローマ帝国の模倣である」と言う。「カーネギー財団のアナトール・リーヴェンによれば、『ブッシュたちは軍事的愛国主義の波に乗っており、それを自分たち自身の目的のために利用している。第一に国外のアメリカのライバルたちを打ち負かすために、第二に国内の選挙戦に勝つために』。戦闘とワシントン、政治家と普通の人々、そしてワシントンとアメリカの残りの地域との間にはへだたりがあるにもかかわらず、物事に対する帝国の感触は否定しがたく、あるアメリカ人コラムニストが最近使用したキケローからの引用が示すように、人々の頭の中にはローマがある」。Martin Woollacott, in : *The Guardian*, 15. 3. 2002.

（8）Christian Habicht, *Cicero der Politiker*, München : Beck 1990, S. 117.「われわれが平和を望むのであれば、われわれは闘わねばならない。われわれが闘いを回避するのなら、われわれはけっして平和を享受することはないだろう」。Siebte Philippische Rede, in : Marcus Tullius Cicero : *Reden*, München 2001, S. 273.（キケロー、小川正廣訳『キケロー選集』第三巻、岩波書店、一九九九年）。共和国の脅威は、ここでは外部ではなく内部に、つまりアントニウスに由来した。

（9）Robert Kagan, »America's Crisis of Legitimacy«, in : *Foreign Affairs* 83（2004）, S. 65–87.

(10) この二義性に対して、オットフリート・ヘッフェのアプローチは一方の側に、インゲボルク・マウスのアプローチはもう一方の側に立っている。Otfried Höffe, »Globalität statt Globalismus. Über eine subsidiäre und föderale Weltrepublik«, in : Matthias Lutz-Bachmann und James Bohman（Hg.）, *Weltstaat oder Staatenwelt? Für und wider die Idee einer Weltrepublik*, Frankfurt am Main : Suhrkamp 2002, S. 8–31; Ingeborg Maus, »Vom Nationalstaat zum Globalstaat. Oder : Der Niedergang der Demokratie«, ibid., S. 226–259.

(11) ここでは意識的に類型化を行っている。私の議論では、カントのアプローチと〈フェデラリスト〉のアプローチとを対置することで、両者の議論そのものに含まれる矛盾を明らかにすることができる。これに関して、カントについては以下を参照せよ。Bruno Schoch, »Kants Entwurf ›Zum Ewigen Frieden‹ und die Französische Revolution«, in : Christine Hauskeller（Hg.）, *Wissenschaft verantworten. Soziale und ethische Orientierung in der technischen Zivilisation, Wolfgang Bender zum 70. Geburtstag*, Münster 2001, S. 164–175; ders., »Frieden als Progress? Ein Großbegriff zwischen politischem Projekt und Geschichtsphilosopie«, in : Mathias Albert, Bernhard Moltmann und Bruno Schoch（Hg.）, *Entgrenzung der Politik. Internationale Beziehungen und Friedensforschung*, Frankfurt am Main : Campus 2004, S. 13–39.

(12) Robert Kagan, »Power and Weakness«, in : *Policy Review* 113（2002）（www.policyreview.org/Jun02/kagan_print.html）; ders., *Macht und Ohnmacht. Amerika und Europa in der neuen Weltordnung*, Berlin : Siedler 2002; Herfried Münkler, *Imperien. Logik der Weltherrschaft*, 3. Aufl., Reinbek 2005; Sabine Jarberg, Peter Schlotter（Hg.）, *Imperiale Weltordnung–Trend des 21. Jahrhunderts?*, Baden-Baden 2005.

(13) これについては、以下に寄稿されたさまざまな論文を参照せよ。Ulrich Speck/Natan Sznaider（Hg.）, *Empire Amerika. Perspektiven der neuen Weltordnung*, München : Deutsche Verlagsanstalt 2003.

(14) Jürgen Habermas, »Bestialität und Humanität«, in : *Die Zeit* Nr. 18, vom 29. 4. 1999, S. 1 und 7.

(15) Lothar Brock, » ›Staatenrecht‹ und ›Menschenrecht‹. Schwierigkeiten der Annäherung an eine weltbürgerliche Ordnung«, in : Matthias Lutz-Bachmann und James Bohman（Hg.）, *Weltstaat oder Staatenwelt? Für und wider die Idee einer Weltrepublik*, Frankfurt am Main 2002, S. 201–225; ders., »Normative Integration und kollektive Handlungsfähigkeit auf internationaler Ebene«, in : *Zeitschrift für Internationale Beziehungen* 6（1999）, S. 323–348.

（16）カントの意味での世界市民的秩序とは異なる選択肢があるとすれば、それは帝国主義的秩序か、あるいは暴力による世界秩序（Weltgewaltordnung）だろう。以下の記事を参照せよ。Karl Otto Hondrich, »Auf dem Weg zu einer Weltgewaltordnung«, *Neue Zürcher Zeitung*, Nr. 68, 22./23. März 2003, S. 50.

（17）一九九〇年代初めの国連改革の理念については、以下を見よ。Klaus Hüfner（Hg.）, *Die Reform der Vereinten Nationen. Die Weltorganisation zwischen Krise und Erneuerung*, Opladen 1994; Ernst-Otto Czempiel, *Die Reform der UNO. Möglichkeiten und Missverständnisse*, München : Beck 1994.

（18）Boutros Boutros-Ghali, *An Agenda for Peace*, New York, United Nations, 2nd Edition with the New Supplement and Related UN Documents, 1995; ders., *An Agenda for Development*. With Related Documents, New York, United Nations 1995; ders., *An Agenda for Democratization*, New York, United Nations 1996.

（19）Agenda for Peace 1995（註18）, S. 8.

（20）「戦争のリスクと重荷を耐え忍ばなければならないのは国民であるから、国民が戦争に対して十分用心深くなるだろうということは理解がたやすいが、こうした自国の国民に対して民主主義的な政府がもつ説明責任と透明性とによって、他国家との軍事的な衝突を頼みとするようなことは避けられるようになるかもしれない」。*Agenda for Democratization* 1996（註18）, S. 7.

（21）Inge Kaul, Isabelle Grunberg, Marc A. Stern（Hg.）, *Global Public Goods. International Cooperation in the 21st Century*, New York 1999.

（22）一九九〇年代初めに開かれたすべての世界会議の総決算をドイツ語で初めて行ったのは、〈開発と平和研究所〉の刊行物である。Dirk Messner, Franz Nuscheler（Hg.）, *Weltkonferenzen und Weltberichte. Ein Wegweiser durch die internationale Diskussion*, Bonn 1996.

（23）これについては、オットフリート・ヘッフェによる〈補完的な世界共和国〉の擁護を参照せよ。Otfried Höffe, »Globalität statt Globalismus. Über eine subsidiäre und föderale Weltrepublik«, in : Matthias Lutz-Bachmann und James Bohman a. a. O.,（註10）S. 8-31. さらに、マティアス・ルッツ＝バッハマンの論考を見よ。Matthias Lutz-Bachmann, »Weltweiter Frieden durch eine Weltrepublik? Probleme internationaler Friedenssicherung«, ibid., S. 32-45. カントに従って世界国家の理念をタブ

ー視することについては、ディルク・ハンネマンによる積極的でよく練られた論考を見よ。Dirk Hannemann, »Weltstaat - Forschungsprogramm einer politischen Theorie der Globalisierung«, Ms., Berlin 2002. ハンネマンが注目するのは、世界国家という思想のタブー視は、世界国家が国民国家の否定と見なされることに依拠する点である。しかし実際には、国民国家－世界国家という二元論を克服するような形でのグローバルな国家的なものを考えてみることもできるだろう。それについては、以下に収められた諸論考を参照せよ。Mathias Albert/Rudolf Stichweh（Hg.）: *Weltstaat und Weltstaatlichkeit. Beobachtungen globaler politischer Strukturbildung*, Wiesbaden 2007. また、Ulrich Bartosch, Klaudius Gansczyk（Hg.）, *Weltinnenpolitik für das 21. Jahrhundert*, Münster 2007 ; Morten Ougaard und Richard Higgott（Hg.）: *Towards a Global Polity*, London und New York 2002. こうした枠内で行われた、国際法を憲法化することに関する論争については以下を見よ。Jürgen Habermas, »The Constitutionalization of International Law and the Legitimation Problems of a Constitution for World Society«, in : *Constellations* 15 : 4, 2008, S. 444–455.

（24）これについては、以下を参照せよ。Lothar Brock, »Normative Integration und kollektive Handlungskompetenz auf internationaler Ebene«, in : *Zeitschrift für Internationale Beziehungen* 6（1999）, S. 323–348.

（25）人権政策については以下のもの。Tim Dunne/Nicholas Wheeler, *Human Rights in Global Politics*, Cambridge : Cambridge University Press 1998 ; 国際刑事裁判所の成立については以下のもの。Nicole Deitelhoff, *Überzeugung in der Politik. Grundzüge einer Diskurstheorie internationalen Regierens*, Frankfurt am Main : Suhrkamp 2006. また以下を参照せよ。Habermas（註23）.

（26）トゥキュディデスが『戦史』第五巻の中で「伝える」ように、〈強者が弱者に歩調を合わせることは、強者にとっても利益となる〉という議論とともに、すでにメロス島の住人たちがアテナイ人たちに感銘を与えようとしていた。しかし重要なことは、規範を遵守することを自己の利害関心の対象としてよく理解することだけでなく、また適切な行為のための規準として規範を内面化することである。適切なものとして妥当性をもたなければならない事柄が何であるか、ということについて論争が行われることから、政治において説得を目指した議論を行う余地があるとわかる。このことについては、以下のもの。Nicole Deitelhoff, *Überzeng in der Politik*（註25）, Harald Müller, »Arguing, Bargaining and all that«, in : *European Journal of International Relations* 10 : 3, 2004, S. 395–435. 唯物論的な法理論においては、ちょうど前述した議論を行う余地が、資本主義社会の複雑な全体性がもつ〈不完全性〉のうちに明らかにされる。このことについては、以下のもの。Sonja Buckel, » Neo-Materialistische Rechtstheorie«, in : dies., Ralph Christensen, Andreas Fischer-Lescano（Hg.）, *Neue Theorien des Rechts*, Stuttgart 2006, S. 117–138, auf S. 136. こうした議論の連関へグローバル化を関係づけることについては、次を参照せよ。Mathias Albert, »Globalization Theory : Yesterday's Fad or More Lively than Ever?«, in : *International Political Sociology* 1（2007）, S. 165–182.

（27）これについては、とりわけ以下のもの。Dieter Senghaas, *Zum irdischen Frieden*, Frankfurt : Suhrkamp 2004. この著作は、文明化プロセスについての過去の論考とこれらの論考を文明化の完成に向けて仕上げたものをとりまとめ、世界平和のための政治の連関全体へと関係づけている。

（28）この論のコソボ紛争への適用については、次を見よ。Peter Mayer, »War der Krieg der NATO gegen Jugoslawien moralisch gerechtfertigt? Die Operation ›Allied Force‹ im Lichte der Lehre vom gerechten Krieg«, in : *Zeitschrift für Internationale Beziehungen* 6（1999）, S. 287–321. 批判については、次を見よ。Brock, »Normative Integration«（註24）und ders., » ›Staatenrecht‹ und ›Menschenrecht‹. Schwierigkeiten der Annäherung an eine weltbürgerliche Ordnung«, in : Matthias Lutz-Bachmann, James Bohman a. a. O.（註15）, S. 201–225.

（29）正戦論の枠内で展開される、暴力行使が許容されるための基準は、合法的な、したがって憲章の諸規則に従って発動される強制力が行使される場合にも、効力をもたねばならないということは、別問題である。これらの基準は普遍的に妥当性をもっている（釣り合いがとれていることや目的にかなっていることなど）。これらの基準のために、憲章にとって代わられた正戦論に依拠する必要はない。議論については次を見よ。Gerhard Beestermöller, Michael Haspel, Uwe Trittmann（Hg.）, »*What we are fighting for ...« – Friedensethik in der transatlantischen Debatte*, Stuttgart : Kohlhammer 2006.

（30）Deitelhoff, *Überzeugung in der Politik*（註25）, Müller, »Arguing, Bargaining«（註26）. 国内レヴェルと国際レヴェルを区別する基準としての暴力独占の相対化については次のもの。Friedrich Kratochwil, »How do Norms matter?«, in : Michael Byers（Hg.）, *The Role of Law in International Politics*, Oxford : Oxforder University Press 2000, S. 36–68.

（31）Hauke Brunkhorst, *Solidarität. Von der Bürgerfreundschaft zur globalen Rechtsgenossenschaft*, Frankfurt am Main : Suhrkamp 2002 ; Habermas, »Constitutionalization«（註23）. 法制化の（グローバルな体制の形成へ至るまでの）展開については、次の

もの。Martin List und Bernhard Zangl, »Verrechtlichung internationaler Politik«, in : Gunther Hellmann, Klaus Dieter Wolf und Michael Zürn（Hg.）, *Die neuen Internaitonalen Beziehungen. Forschungsstand und Perspektiven in Deutschland*, Baden-Baden : Nomos 2003, S. 361–400.

（32） John Mearsheimer, »Back to the Future«, in : International Security 15（1990）, S. 5–56 ; Dirk Schümer, »Die Krimkriegsituation«, in : *Frankfurter Allgemeine Zeitung* vom 12. 12. 2001.

（33） Ernst Otto Czempiel, *Weltpolitik im Umbruch*, München : Beck 1991（初版）.

（34） Volker Rittberger, »Die Vereinten Nationen zwischen weltstaatlicher Autorität und hegemonialer Machtpolitik«, in : Berthold Meyer（Hg.）, *Eine Welt oder Chaos*, Frankfurt am Main 1996, S. 301–336; Lothar Brock, »Die USA und die UN : Reform oder Abbau der Weltorganisation?«, *HSFK Standpunkte* 2（1998）.

（35） »50. Jahrestag der Gründung der Vereinten Nationen«, Dokumentation, in : *Internationale Politik* 1（1996）, S. 99–130.

（36） したがって、ガライスとファルヴィックが一九九〇年代半ば以降の展開として一般的な形で明らかにしている事柄が、まさしくコソボ紛争に当てはまる。国連が任されていた平和活動の遂行は、その複雑さが従来なされてきた活動をはるかに超えるようなものである。「軍事的手段による平和保障と民間の力による平和の強化とは、この新しいタイプの活動において不可分に結びつき、〈第四世代の平和活動〉という言い方をすることもある程度は正当だろう。」Sven Bernhard Gareis/Johannes Varwick, *Die Vereinten Nationen*, Opladen : Leske und Budrich 2002, S. 262. 前述の改革については以下のもの。ibid., S. 262. 引用文中の引用は、以下からのもの。Winrich Kühne : »Die Zukunft der Friedenseinsätze. Lehren aus dem Brahimi-Report«, in : *Blätter für deutsche und internationale Politik* 11（2000）, S. 1355–1364, auf S. 1357.

（37） 安全保障理事会決議第一三六八号（二〇〇一年九月一二日）。

（38） 安全保障理事会決議第一三八六号（二〇〇一年一二月二〇日）。

（39） これについては以下を参照せよ。Jochen A. Frowein, »Ist das Völkerrecht tot?«, in : *Frankfurter Allgemeine Zeitung* vom 24. Juli 2003, S. 6.

（40） Herfried Münkler, *Imperien*（註12）; Parag Khanna, *Der Kampf um die Zweite Welt. Imperien und Einfluss in der neuen Weltordnung*, Berlin : Berlin Verlag 2008.

（41）Peter Niesen, »Volk-von-Teufeln-Republikanismus. Zur Frage nach den moralischen Ressourcen der liberalen Demokratie«, in : Lutz Wingert/Klaus Günther（Hg.）, *Die Öffentlichkeit der Vernunft und die Vernunft der Öffentlichkeit. Festschrift für Jürgen Habermas*, Frankfurt am Main : Suhrkamp 2001, S. 568–604, ここは S. 586. モンテスキューにおいては、共和制のもつ平和を創設する力は、共和制が君主制国家に対して非力であることに基づいていた。この非力さが、平和を用意し節度を保つよう、共和制に促すのだった。これについては、次のものを参照せよ。Torbjörn L. Knutsen, *A history of International Relations theory*, Manchester/New York : Manchester UP 1997, S. 124.

（42）何と言ってもカントは〈思慮のある〉悪魔を出発点としているという観点から、こうした文言を解明するものとしては、次を見よ。Niesen（註40）, S. 584.

（43）Bruce Russett und John Oneal, *Triangulating Peace. Democracy, Interdependence, and International Organizations*, New York und London : Norton 2001, 5. Kap.

（44）Russett und Oneal, *Triangulating Peace*（註43）; また次を参照せよ。Lothar Brock, »Triangulating War«, in : Anna Geis, Lothar Brock, Harald Müller（Hg.）, *Democratic War. Looking at the Dark Side of Democratic Peace*, Basingstoke u. a. : Macmillan 2006, S. 90–122.

（45）とくに関連しているのは、ここでは、東西対立のコンテクストにおける体制研究の結果である。次を見よ。Andreas Hasenclever, Peter Meyer, Volker Rittberger, *Theories of International Regimes*, Cambridge : Cambridge UP 1997; Harald Müller, *Die Chance der Kooperation*, Darmstadt : Wissenschaftliche Buchges. 1993; Michael Zürn, »Vom Nutzen internationaler Regime für eine Friedensordnung«, in : Dieter Senghaas（Hg.）, *Frieden machen*, Frankfurt am Main : Suhrkamp 1995, S. 465–481.

（46）マクミランによれば、〈根本におけるリベラルな立場〉というのは、ここでは、平和と正義の間には連関があり、戦争は歴史的に偶然的であるという信念とともに、法治国家であることや政治的責任そして個人の自由を支持することである。John Macmillan, »Whose Democracy; Which Peace? Contextualizing the Democratic Peace«, in : *International Politics* 41（2004）, S. 472–493, ここは S. 474.

（47）John Macmillan, »Whose Democracy«（註46）; Georg Soerensen, »Liberalism of Restraint and Liberalism of Imposition :

Liberal Values and World Order in the New Millennium«, in : *International Relations* 20 (2003), S. 251–271; Harald Müller, »Kants Schurkenstaat : Der ›ungerechte Feind‹ und die Selbstermächtigung zum Kriege«, in : Anna Geis (Hg.), *Den Krieg neu denken. Kriegstheorien und Kriegsbegriffe in der Kontroverse*, Baden-Baden : Nomos 2006, S. 229–250. 以下を参照せよ。Beate Jahn, »Kant, Mill and Illiberal Legacies in International Affairs«, in : *International Organization* 59 (2005), S. 177–207. ジャンは、カント主義とリベラリズムとを区別し、そうしてカントにおいてではなく、カントの議論から切り離されたリベラルな思想に問題を見ている。

(48) Alexander Hamilton, James Madison, John Jay, *The Federalist Papers*, hrsg. von Clinton Rossiter, New York 1961, S. 54.

(49) これについては次を参照せよ。Peter T. Manicas, *War and Democracy*, Oxford : Basil Blackwell 1989, とりわけ S. 139ff.

(50) Lothar Brock, »Einmischungsverbot, humanitäre Intervention und wirtschaftliche Interessen«, in : Ulrich Menzel (Hg.), *Vom Ewigen Frieden und vom Wohlstand der Nationen. Dieter Senghaas zum 60. Geburtstag*, Frankfurt am Main : Suhrkamp 2000, S. 124–157.

(51) Müller, »Kants Schurkenstaat« (註47).

(52) Jürgen Habermas, »Kants Idee des ewigen Friedens – aus dem historischen Abstand von zweihundert Jahren«, in : Matthias Lutz-Bachmann und James Bohman (Hg.), *Frieden durch Recht*, Frankfurt am Main : Suhrkamp 1996, S. 7–24, S. 8.（ユルゲン・ハーバーマス、高野昌行訳「カントの永遠平和の理念——二〇〇年という歴史を経た地点から」『他者の受容』法政大学出版局、二〇〇四年）。

(53) これについては次を見よ。Andrew J. Bacevich, »Neues Rom, Neues Jerusalem«, in : Ulrich Speck/Natan Snaider (Hg.), *Empire Amerika*, München : DVA 2003, S. 71–82.

(54) *The Just War Debate : Transatlantic Values in Transition?*, Washington : American Institute for Contemporary German Studies (an der Johns Hopkins University), Protokoll einer Debatte zwischen Francis Fukuyama, David Blankenhorn, Jean Bethke Elshtain, Henryk Broder und Robert von Rimscha, Mai 2002. 引用された文言は、フランシス・フクヤマの発言である。www.aicgs.org/events/2002/fukuyama_summary.shtml.

(55) Daniel Deudney, *Publius versus Kant : Federal Republican Security vs. Democratic Peace*, Beitrag zur 42. Jahreskonferenz der

Inernational Studies Association, Chicago 21.–24. Februar 2001. カント主義的な思考の伝統に対する同様の反発については次のもの。Scott A. Silverstone, *Federal Democratic Peace. Domestic Institutions, International Conflict and American Foreign Policy*, 1807–1860, ibid. 次を参照せよ。Kagan（註9）. 安全保障政策におけるさまざまな文化的伝統については、次を見よ。Peter Katzenstein（Hg.）*The Culture of National Security. Norms and Identity in World Politics*, New York 1996.

（56）これについては次を見よ。Lothar Brock, »Republikanischer Friede. Hegemonie und Selbstbindung in der interamerikanischen Regionalpolitik der USA 1823–1948«, in : Markus Jachtenfuchs/Michele Knodt（Hg.）, *Regieren in internationalen Institutionen. Festschrift für Beate Kohler-Koch*, Opladen : Leske und Budrich 2002, S. 79–110; Harald Müller, »The Paradox of the Democratic Peace«, Ms. Frankfurt am Main : Hessische Stiftung Friedens- und Konfliktforschung 2003.

（57）Klaus Dieter Wolf, *Die neue Staatsräson. Zwischenstaatliche Kooperation als Demokratieproblem in der Weltgesellschaft*, Baden-Baden : Nomos 2000. これについては、以下で論じられているグローバル化の議論と民主主義的平和の分析との結びつきを参照せよ。Ulrich Teusch und Martin Kahl, »Ein Theorem mit Verfallsdatum? Der ›Demokratische Friede‹ im Kontext der Globalisierung«, in : *Zeitschrift für Internationale Beziehungen* 8（2001）, S. 287–320. 執筆者たちが議論しているのは、グローバル化のコンテクストにおいて国家が国際化されることにより、脱民主主義化の問題が先鋭化するのに応じて、〈民主主義的平和〉が脅かされている、ということである。

（58）Ingeborg Maus, »Vom Nationalstaat zum Globalstaat oder : der Niedergang der Demokratie«, in : Matthias Lutz-Bachmann/James Bohman（Hg.）, *Weltstaat oder Staatenwelt?*, Frankfurt am Main : Suhrkamp 2002, S. 226–259.

（59）Lothar Brock, »Verweltlichung der Demokratie. Aus der Verflechtungs- in die Entgrenzungsfalle?«, in : Michael Th. Greven（Hg.）, *Demokratie – eine Kultur des Westens?*, Opladen : Westdeutscher Verlag 1998, S. 39–54; ders., »Die Grenzen der Demokratie«, in : Beate Kohler-Koch（Hg.）, *Regieren in entgrenzten Räumen*, PVS Sonderheft 29, Opladen : Westdeutscher Verlag 1998, S. 271–291.

（60）念頭にあるのは、民主主義と平和同盟と相互依存性である。最後のものは、もちろんそれ自体としては論じられたわけではなかったが、〈世界の一つの場所における法からの逸脱が、世界の至る所で感じられるだろう〉というよく引用される文とともに、おそらくは考察されていた。次を見よ。Bruce Russett/John Oneal : *Triangulating Peace : Democratization,*

Interdependence and International Organisations, New York : Norton 2001.

(61) Thomas Risse-Kappen, »Demokratischer Frieden? Unfriedliche Demokratien? Überlegungen zu einem theoretischen Puzzle«, in : Gert Krell und Harald Müller (Hg.), *Frieden und Kooperation in den internationalen Beziehungen*, Frankfurt am Main : Campus 1994, S. 159–189; Anna Geis, »Diagnose : Doppelbefund – Ursache : ungeklärt? Die Kontroverse um den ›demokratischen Frieden‹ «, in : *Politische Vierteljahresschrift* 42 (2001), S. 282–289.

(62) Russett/Oneal, *Triangulating*（註60）.

(63) Wolf, *Die Neue Staatsräson*（註57）; 国民主権を強い概念として引き合いに出す論考は、次を参照せよ。Maus, »Vom Nationalstaat zum Globalstaat«（註58）.

(64) 数ある最近の文献の中から、デヴィッド・ヘルドを中心とした研究グループのものをまっさきに挙げることができる。David Held, *Democracy and the Global Order. From the Modern State to Cosmopolitan Democracy*, Cambridge : Cambridge University Press 1995.（デヴィッド・ヘルド、佐々木寛ほか訳『デモクラシーと世界秩序――地球市民の政治学』ＮＴＴ出版、二〇〇二年）。Anthony McGrew, »Democracy Beyond Borders?« in : ders. (Hg.), *The Transformation of Democracy*, Cambridge : Cambridge University Press 1997, S. 231–265.（アンソニー・マッグルー編、松下冽監訳『変容する民主主義――グローバル化のなかで』日本経済評論社、二〇〇三年）。David Held, *Global Covenant. Social Democratic Alternative to the Washington Consensus*, Cambridge : Polity 2004.（デヴィッド・ヘルド著、中谷義和・柳原克行訳『グローバル社会民主政の展望 経済・政治・法のフロンティア』日本経済評論社、二〇〇五年）。ドイツ語による諸論考は、ＥＵとの結びつきがやや強い。それについては、次の論文。Beate Kohler-Koch (Hg.), *Regieren in entgrenzten Räumen*. Politische Vierteljahresschrift, Sonderheft 29, Opladen : Westdeutscher Verlag 1998. さらに次のもの。Edgar Grande, »Demokratische Legitimation und europäische Integration«, in : *Leviathan* 24 (1996), S. 339–360; Fritz W. Scharpf, »Demokratische Politik in Europa«, in : *Staatswissenschaften und Staatspraxis*, 6 (1995), S. 565–591; Rainer Schmalz-Bruns, »Bürgergesellschaftliche Politik – Ein Modell der Demokratisierung der Europäischen Union?«, in : Klaus Dieter Wolf (Hg.), *Projekt Europa im Übergang*, Baden-Baden : Nomos 1997, S. 63–89; Michael Zürn, »Über den Staat und die Demokratie im europäischen Mehrebenensystem«, in : *Politische Vierteljahresschrift* 37 (1996), S. 27–55.

(65)　したがって、多かれ少なかれ控えめになされるアメリカ帝国に対する弁明は、きわめて疑わしい。そのような帝国に対するオールタナティヴは、無秩序ではなく、集団的平和保障のシステムである。次を参照せよ。Ulrich Speck und Natan Sznaider（Hg.）, *Empire Amerika. Perspektiven einer neuen Weltordnung*, München : DVA 2003.

(66)　Torbjörn L. Knutsen, *A History of International Relations Theory*, Manchester/New York : Manchester UP 1997, S. 125ff.

(67)　George A. Lopez, »The Style of the New War : Making the Rules as We go Along«, in : *Ethics and International Affairs* 16 (2002), S. 21–26.

(68)　これについては、以下によるアクチュアルな布置状況を視野に収めた分析を参照せよ。Rainer Baumann, Volker Rittberger, Wolfgang Wagner, »Macht und Außenpolitik. Neorealistische Außenpolitiktheorie und Prognosen über die deutsche Außenpolitik nach der Vereinigung«, in : *Zeitschrift für Internationale Beziehungen* 6（1999）, S. 245–286. 同化を一層強調するものとしては次のもの。Gunther Hellmann, »Deutschlands Kraft und Europas Vertrauen oder : die Selbstbewußtsein, die Befangenen und die Betroffenen der neuen deutschen Außenpolitik«, in : Christian Lammers und Lutz Schrader（Hg.）, *Neue deutsche Außenpolitik? Eine friedenswissenschaftliche Bilanz zwei Jahre nach dem Regierungswechsel*, Baden-Baden : Nomos 2001, S. 42–77.

(69)　次を参照せよ。Robert Kagan, »America's Crisis of Legitimacy«, in : *Foreign Affairs* 83（2004）, S. 65–87.

第三章　正戦か、国際的統治体制の民主的立憲化か

ハウケ・ブルンクホルスト（石田京子訳）

【解　題】 グローバル化が進む今日、国際機関やNGOなどの組織が国際政治のなかで大きな役割を果たすようになる一方で、国家の果たす機能は相対的に低下しているといわれる。そうした傾向とともに、近代国家の礎石たる「民主主義の理念」の喪失が危惧されている。

本論では第一節において、シュミットやウォルツァーに代表される現代正戦論へのラディカルな批判が展開され、第二節ではルーマンの機能主義的な憲法理解への批判を通じて、現行の国際法および国連やEU等の超国家的な組織の制度が抱えている矛盾が明らかにされる。両批判において筆者が依拠するのは、カントの憲法概念である。カントによれば、憲法とは「支配される人々による支配」を命じる民主的な規範であり、あらゆる実定法や統治権力を正当化する唯一の根拠とされる。カントにとっては、個別国家の戦争の権利はあくまで「自然状態から法的状態への移行」、すなわち「民主的制度の設立（「民主的立憲化」）」を条件に「許容」されるにすぎない。現代の正戦論は、超国家的レヴェルでの民主的立憲化の可能性を否定することによって、自身の主張の根拠を足元から掘り崩していることになる。

このことは今日の国際法秩序にも該当する。なぜなら、どの国際機関も、戦争以外の紛争解決方法を提供し、情報公開や人権保護といった民主的・平等主義的な規約を有しているとはいえ、そこでの裁定や法は、大国間のパワーバランスのうえで有効性を持ちえているのみで、国家間の平等や民主的な代表制度は軽視されているからである。このような現状において、民主主義の理念はふたたび影響力をもちうるのだろうか。筆者は、グローバル化への抗議活動や、国際会議におけるNGOのオブザーバー権などの「支配される人々」の要求のうちに、グローバルな法的制度の民主化への契機を見出す。これらの抗議が個々の政策だけでなく、トップダウン式の政策決定過程そのものに向けられるなら、「国際的統治体制の民主的立憲化」は実現するかもしれない。国家レヴェルでの民主主義の没落の時代においても、「民主主義の終焉」ではなく、その発展を語ることはなお可能なのである。

第一節

私たちは今日、「《正戦》をめぐる論争のトポスの復活」[1]を体験している。ソビエト帝国崩壊後の一九九〇年代初頭、安定した超国家的・国際的法秩序への希望は大きなものがあった。多くの人々は、マーティン・クリーレのように、「民主的な世界革命」を期待していた。あるいはロバート・ダールのように、民主主義の転換を、すなわち、新時代の――古代における共和制への転換や、近代における国民国家への転換に次ぐ――つまり脱近代的な「第三の転換」を期待していた。[2] フランス大革命から二百年を経て、十八世紀にみられた憲法革命による普遍主義的な要求の実現は、手の届くところまできたように思われていた。(少なくとも名目上は)民主的な立憲国家の数は爆発的に増加し、全国家のうちに占める割合は、一九七〇年代の二十パーセントから、一九九〇年代初頭には六十パーセントを超えるまでになった。全国家の六十パーセント超ということは、国内的な慣例からすると、憲法の破棄および制定を可能にする多数派を形成するまで、あと少しのところまできているということである。ジョージ＝ブッシュ・アメリカ合衆国大統領が〔一九九〇年に〕宣言した「新世界秩序」において、平和の保証は、国内の民主化と超国家的統治(ガバメントなきガバナンス〔統一的統治機構の介在しない政策形成・実行〕)[3]とのあいだの適切な相互作用の問題になった。しばらくすると、これらの希望は――多くの観察者の見るところ――失望へと変わっていった。かわりに実際に予期されるようになったのは、「民主主義の終焉」[4]であり、戦争と内戦の一般化であり、[5]そして――西側諸国の同盟によってなされた、国際法違反のいくつかの戦争を経た後では――正戦の復権であった。[6]

マイケル・ウォルツァーはすでに一九七〇年代に正戦論を復活させており、それにより、今日まで続く広範な論争を引きおこした。[7]

・第一に、ウォルツァーは国際法の法的形式主義のかわりに、プラトンやキケロー、アウグスティヌスに端を発する倫理的自制という理念をすえた。[8]〔そのことにより、〕ウェストファリア講和、すなわちオスナブリュック、ミュンスター両条約の締結以降、国際法に課せられてきた法と道徳の分離は、無意味なものとされた。[9]

・第二に、倫理的自制を重視する弱い「反復的普遍主義〔類似した形態をもつ暫定道徳が、異なる時代と場所において反復されること〕」[10]は、当然ながら個別の政治的共同体の一面的な見方につなぎとめられており、国際法違反を自ら是正しようとする、社会の内なる力をあてにしなければならない。ウォルツァーは超国家的組織に対して根深い懐疑を抱いており、この懐疑を、最高審級でありその意味で主権国家である限りでの個別国家それぞれの責任に結びつけている。[11]しかし、実定的国際法の法治主義的パラダイム〔侵略要件の定式化〕に対するウォルツァーの批判の決定的な点は、彼自身が折に触れ付記するように、その内容の性質にあるのではない。なぜなら、侵略の禁止や内政不干渉の原理、ジェノサイドや大規模な人権侵害が生じた場合のその内政不干渉原理の制限、あるいは「非戦闘員への攻撃禁止」という強い規範に関して、相違はそれほど大きくないからである。[12]

・第三に、むしろ決定的なのは、ウォルツァーが国際関係の立憲化を不可能と見なした点にある。〔彼によれば、〕憲法や実定法、そして民主主義は、国家にかたく不可分に結びついている。[13]

ウォルツァー（と二〇〇一年九月一一日以降のアメリカ合衆国の国際法学者たちのたいてい）が今日の国際法を疑

わしいと見なすのと同じように、カントは二百年も前に当時の国際法に懐疑の目を向けていた。グロティウスやプーフェンドルフ、ヴァッテルなどの国際法学者たちは、カントにとっては「さわぎたててへたに慰め、かえって苦しめる者」[14]であった。しかし、彼らを批判する際にカントがとった視点は、ウォルツァーのものとは全く異なっていた。カントにとって問題なのは、憲法によって正戦論を克服し、廃棄することであって、ウェストファリアの平和秩序のうちで十分な根拠をもって脱道徳化と明文化がすすめられた国際法に対抗して、正戦論を復権させることではない。ウェストファリアの講和締結からウィーン会議までの時代に戦争の正当化がはかられたことによって、歴史上初めて「ヨーロッパの戦争の囲い込みと飼い馴らし」[15]が達成されたというカール・シュミットの主張に、カントは完全に同意しえたであろう。ただし、このような正当化の進展は囲い込まれることも飼い馴らされることもない植民地主義と帝国主義に基づいてのみ可能であったというシュミットの前提[16]に対しては、植民地主義を正当化しようとするロックの試みに対する場合[17]と同じように、カントは激しく異議を唱えたであろう。カントは「歓待」の「権利」を、誰もが有する亡命権を基礎づけるためだけでなく、ヨーロッパ以外の大陸で「不正を水のごとく飲む」[18]ヨーロッパ諸国の征服者たちを特に批判するためにも用いている。だが、カントとシュミットが意見を異にしているのは、国際法を実定法として法制化・定式化することでも、道徳から国際法を分離することでもなく、実定的な国際法を立憲化する可能性という問題に関してであり、この可能性をシュミット（以下参照）はウォルツァー同様強く否定している。[19]

　カントの議論は以下の三つの段階を追って展開される。第一に、カントは戦争のいかなる道徳的正当化も、普遍化可能ではないとして退けている。道徳的に命じられた自衛の戦争（ウォルツァー）も、法的に許容された侵略戦争（シュミット）も、道徳的には正当化することができない。カントにとって、戦争は絶対悪であり、「あらゆる善の破壊者」、「救いがたい」ものである。それゆえに、厳格な、戦争における権利（ius in bello）によっても、戦争を救い出すことはできない。「私たちのうちにある道徳的実践理性」は、その「抗いがたい拒否権を行使し、戦争はあるべきではないと宣言する」[20]。厳格に道徳的な観点からすると、何の罪もない犠牲者をただ一人でも意識的に含むかぎり、比例原則〔攻撃目標と攻撃手段の均衡〕もまた正当化されえない。自衛の戦争ですら、このような理由からして普遍化可能なものではない。だがとりわけ「普遍的法則」になりえないとされるのは、「自分自身の事柄について裁判官である」ことである[21]。

第二に、カントはそれでも道徳と法をはっきりと区別している。憲法の問題は、「私法」から「公法」への移行という法の問題であり、（第一義的な意味での）道徳の問題ではない[22]。道徳的に禁じられているものでも、一定の条件のもとでなら法的に許容することができるのである。カントが『法論』の冒頭（第二節〔原文の「第八節」を修正〕）で導入する「許容法則」は、次のような道徳的に禁じられている（普遍化可能ではない）ものを、法によって許す。

（1）地表の根源的総体占有への侵奪（自然状態における暫定的権利）。
（2）支配者層の自己利益追求による法律の制定——人民の正統化による保証が全く欠けている場合であっても（支配者によって歪められた社会状態における暫定的権利）。
（3）革命の暴力。ただしこれが許容されるのは、それによって新たな法的状態がもたらされ、革命の無政府状態が取り除かれる場合にかぎる（革命に関する暫定的権利）。
（4）不正の否定としての戦争（暫定的国際法）。

カントは自らの議論の第三段階において次のように考えている。すなわち、戦争行為（4）——そして強奪（1）

や服従（2）、もしくは転覆（3）といった、他の簒奪行為すべて――を法によって許容する場合の条件となるのは、立憲化された法的状態である。あるいはむしろ、上記の許容条件は、そのような立憲化された法的状態への移行を可能にする条件（つまり確定的権利の条件）であると言ってもよいだろう。シュミットは、十七世紀から十九世紀までの「戦争への自由権」[23]や「法に適った」[24]戦争を美化している。この美化を「苦しみをもたらすへたな慰め」の長い系列の一部に組み入れるよう告げるのは、私たちのうちなる「道徳的実践理性」の声ばかりでない。とりわけ、国際法の立憲化は不可能であるというシュミットのこの条件が、彼の美化を「苦しみをもたらすへたな慰め」にしてしまうのである。たしかにシュミットは国際法の実質的な「憲法」（土地・空間秩序）についても語ってはいる。[25]しかし、彼がそれによって述べるのは、ヨーロッパの支配者や君主、貴族たちが、臣民の運命も観念的な国家権力も一方的に意のままに操っており、その彼らのもとで世界が分割されるということにすぎない。シュミットが「大地のノモス」[26]と名づけたものを、マクス・ホルクハイマーは「戦利品としての世界」と呼んでいる。しかしながら、実質的憲法についてのシュミットの理解は、法に服従する市民という観点を覆い隠してしまう。シュミットにおいては、市民は臣民として存在するのであって、決して公的自由を有する権利主体としてではない。シュミットにとって、法はつねに「庇護と服従の永続的な連関」[27]というもっぱら支配をあらわす表現として立憲化されるにすぎない。それゆえ、彼の正戦論もまた、苦しみをもたらすへたな慰めにすぎないのである。

法に服従する市民という観点は、カントがウォルツァーと共有するものである。しかし、カントはその観点を、道徳や市民の徳ではなく実定法に結びつけ[28]、そこから形式的で法治主義的なしかたで憲法を理解するに至る。そういった理解にとって、憲法は、公的自律を個別に行使するための組織規範の体系以外の何ものでもないとされる。[29]それにより、カントの基礎づけは、さしあたり（今日では疑わしいとされる）合理的自然法の道筋にとどまることになる。

万人の万人に対する潜在的闘争は、自然状態の消極的側面である。そして、カントは自然状態の積極的側面から、自然状態を法的状態へと解消する理性法的原理を見て取る。つまり、外的な法の法則に従って「相互に」「拘束しあう」ための「平等な」「独立」という、「唯一の根源的で、すべての人にその人間性ゆえに帰属する権利」を見て取るのである。[30] 自然状態での万人の万人に対する潜在的闘争は、国家によって組織された法的状態へと入ることによって取り除かれる。それと同じしかたで、国家間の自然状態も取り除かれなければならない。しかも、世界国家（カントはその理想を専制的であるとして退けている）によってではなく、むしろ立憲化によって取り除かれなければならない。[31]「人間の自然権に合致する憲法という理念は、すなわち、法に従う者が同時に、統合されたうえで立法する者でもあるべきだという理念は、あらゆる国家形態の根底におかれ……、あらゆる戦争を遠ざける」。[32] しかしながら、このような、「あらゆる市民的憲法一般の」「根底に」おかれる「永続的な規範」が現実化するのは、統治が「共和的」――今日の私たちであれば「民主的」と言うだろう――形態で行われることを通じてだけである。[33]

カントの議論のこの最後の段階において決定的なのは、民主的憲法という観点であり、国家という観点ではない。というのも、古代の政治理論と同じく、そしてヘーゲルとは異なり、カントは国家を市民社会と同一視するからである。カントにとって、絶対主義的な国家機構とは、市民から国家を分離させるものであり、それは支配者に押しつけられた形態にすぎない。しかしながら、古代における国家と違い、カントの国家（＝市民社会）は形式的な法的状態以外の何ものでもない。「国家（市民社会 civitas）は法的法則のもとでの一団の人間の統合である」。[34] したがって、カントにとっては「国家＝市民社会」だけではなく、「国家＝法」もまた重要なのであり、その点で後のケルゼンの場合と全く同様である。固有の意志を有する主体として法に先行したり、法を完全に超越して存在したりするかのような、憲法の前提としての国家（フォルストホフ、クリューガー、ベッケンフェルデ、キルヒホフなど）は、カントには考えがたいものであった[35]。カント的な憲法とは国家の憲法のことではない。それは根本的には市民の憲法であり、社会の憲法である。カントにとって、私的自律と公的自律との差異は、市民社会が自らの自律を行使することそれ自体のうちに見出す法理学的な区別であった。十八世紀の革命意識のうちに深く根付いていたこのような憲法理解は、ドイツにおいてはヘーゲルと国家意志実定主義からの影響により長きにわたって排除されてきたのであり、ごく最近になってようやくふたたび姿を現した[36]。カントにおいて、共和制として理解される「国家」は、(文化習俗的な意味での「民族」とは区別される)「人民」もしくは市民集合の別名にすぎない[37]。そして、法に服従する者はだれでも、自律原理を根拠に、市民権を要求することができる。カントの時代には今日と全く異なり、法への服従は各国家の法への服従と同義であると広く考えられていたという。だが、たとえそうだったとしても、国家なき憲法を原理のうえで拒否する議論は、カントのなかにはまったく存在しない。

国際法の立憲化に関するカントの複雑な議論を、現在の国際法秩序へと適用するなら、次のような二つの重要な結論がもたらされることになる。

第一に、国家間の法的状態において、もはやいかなる正戦も存在せず、「法的な」戦争だけが残されることになる[38]。法的な戦争は、国際法上の正当防衛の場合を除き、もはや個別の国家や国家同盟同士の戦争ではなく、国際的共同体の戦争なのである[39]。侵略戦争は犯罪となり、その制圧は警察活動の問題となる[40]。一国家内においても国家間においても、法的状態にあるからといって、法への違反がなくなるわけではないが、正と不正を区別することは許されることになる[41]。そのような区別こそ、私たちが期待していたものを保証するのであり、信頼に足るものである。カントは「永遠平和」という言葉をさしあたり「皮肉をこめて」引用したにすぎない[42]。法的状態が保証するのはその「永遠平和」ではなく、法による平和である。そのことは、少なくともブリアン－ケロッグ協定〔パリ不戦条約、一九二八年〕

以降の、国際法の実定法化の進行状況に対応している。「侵略からの防衛はケロッグ協定によっても許容されるが」――グスタフ・ラートブルフが一九二九年にこう述べている――、「その防衛は、自衛戦争ではない。なぜなら、防衛においては、正が不正に対置するが、しかしながら、戦争は同等の権利〔正しさ〕を有する敵対者を前提にするからである」[43]。

しかし第二に、そしてここがまさに正戦に対するカントの反論の本来的なポイントなのだが、――単なる「暫定的な」ではなく、「確定的な」[44]――法的状態は、「支配された人々の支配」を組織し、そういった支配を描写することができる民主的な憲法を前提とする[45]。というのも、公法がそのようなかたちで立憲化されなければ、どのような法的状態もただ「奪われる」ままとなり、結局は自然状態において正しいとされる単に「私的な」法と同じように、「暫定的な」ままにとどまるからである[46]。カントがなおもよりどころにしていた前社会的な自然法の最後の氷の溶け残りが溶けてしまったので、国家の法的状態だけではなく、国家間の、そして超国家的な法的状態の正統性の根拠として、私たち――わずかな板きれにしがみついて実践の海を漂っている――にいまや残されているのは、民主的正統性をおいてほかにない[47]。憲法の概念は、原理だけでなく事実のうえでも、国家から切り離された。国家が――社会学上、ヘーゲルやイェリネックに対置される考え方によれば――社会の国家となるように、憲法もふたたび社会の憲法となる[48]。民主的な立憲主義は、一方的に申し立てられた正戦のかわりをつとめることになる。ここまでが、カントの理念のアクチュアルなかたちでの再構築である。「客観的精神」（ヘーゲル）の実在性もまた今日ある部分ではこの理念に歩み寄っていることを、私はきわめて大雑把なかたちながら描きたいと思う。そのために私は本論文の第二部、すなわちヘーゲル的な、あるいはより適切に述べるならヘーゲル・マルクス主義的な部分へと移ることにする。

第二節

私たちは、地球規模および地域内のサブシステムや組織の立憲化が、徐々に、より自立的に進展するプロセスのなかにいる。[49] そのことを私はここでさらに根拠づけることはしないが、多くの論者とともにそう仮定することにしよう。政治や経済、スポーツ、学問、健康、観光、セクシュアリティ、親密関係、情報媒体、技術、交通、インターネットなどが機能するためのシステムはグローバル化され、「多くの規範を必要」[50] とするようになった。自律的でグローバルな法システムは、そういった法外な規範要求に付随して生まれた。すぐに、そのグローバルな法システムは、最低限の自立的な立憲化を必要とするようになった。[51] サブシステムによる規範の産出はますます増えて複合的なものになっており、その産出をコントロールするためには、また、法や政治、経済、その他のサブシステムのあいだの境界を保ちながら、そういった境界の横断を秩序のもとに安定させるためには、立憲化が必要なのである。互いに遮蔽したシステムのあいだのこの境界横断に秩序をもたらすことができたときにだけ、次のような区別をする現実的なチャンスを手にすることができる。すなわち、機能分化という画期的な過程において発揮されるようになるコミュニケーションのもつ生産力と、このとき同時に解き放たれるのだが、一面的な見方にとらわれ、公共の福祉の声に耳を傾けることのない特殊なコミュニケーションのもつ破壊力との区別である。法と政治、もしくは法と経済のあいだの「構造的カップリング〔構造連結――互いに閉鎖的なシステムをつなぎあわせる機能〕」（つまり、境界の安定化と秩序のもとでの境界横断の安定化）というこの機能を、ルーマンはすでに「憲法」と呼んでいた。[52] 憲法は以前は国民主権と関係づけられて理解されていたのだが、この〔ルーマンの〕憲法概念からは、あらゆる規範的内容が取り去られており、その限りで、カントの規範的な憲法理解の対極をなす機能主義的なものである。しかしまさにそのことが、この憲法概念を、今日的なグローバルな憲法を分析するための有用な道具にする。

だが、グローバル社会にみられる実際の立憲化を分析するためには、憲法概念におけるいくつかの区別が必要とされる。とりわけ、私たちがすぐに見るように、構造的カップリングとしての憲法という機能主義的な理解は、統治形成や統治の基礎づけの理念に定位した規範的な憲法理解とは、区別されなければならない。

法と政治、そして経済とのあいだの構造的カップリングは、今日ではとくに、新たな権力分立のもとで機能している。そういった権力分立は、ＥＵや、あるいはまたＷＴＯ〔世界貿易機関〕、国際連合といった超国家的な組織において、脱国家的な法秩序と国家による権力の独占との分立というかたちで、なじみのものとなっている。現行の法規範——そういった規範が生みだされるスピードは一層速くなっている——は、（事実的な、もしくは法律上の）超国家的組織（ＷＴＯやＷＨＯ〔世界保健機関〕、ＩＭＦ〔国際通貨基金〕、国際連合、ＥＵなど）の法人によって制定され（gesetzt）、国内の裁判所や行政機関、政府、議会の定める規則において置き換えられ（umgesetzt）[53]、場合によっては、国家の警察もしくは国家の軍隊の連合体によって貫徹される（durchgesetzt）。このことによって、たしかにもともとは純粋に国家のものである裁判所や官庁、政府は、そしてまた議会や警察、軍隊ですら、国際化あるいはトランスナショナル化しつつあるとはいえる[54]。だがそれでもなお、超国家的な憲法レジームはこれまでのところ、当のレジームによって作られた法を補完するために、強力で民主的な国民国家を必要としている。この必要性は、ＥＵ憲法が、ＥＵと同じタイプの組織であるメルコスール〔ＭＥＲＣＯＳＵＲ、南米南部共同市場〕やＣＩＳ〔独立国家共同体、旧ソ連諸国から構成される〕の憲法、あるいは国連やＷＴＯの憲法よりはるかに機能しているということを通じて、すでに知られるところとなっている。超国家的な組織の補完機能が不完全なのは、その所属国家における「委任型民主主義〔中南米に見られる政治形態、大統領が強大な行政権を握り立法過程を無視して政治を行う〕[55]の存在や、所属国家の憲法が「名目」ないし「象徴」であること[56]と関連している。超国家的な組織のもたらす社会発展は、国家権力や国家主権を相対化する。だが、国家はグローバル化の嵐のなかに自らの居場所を見つける。国家は全権を維持することを断念し、自らを秩序維持のための古典的な「警察」機能と社会保障に特化する。このような特化が法治国家に対する新たな危険をはらんでいることは明白である。

新たな権力分立は、複数の連邦州から構成される連邦制からはっきり区別されなければならない。また、この新たな権力分立は、一七八九年のフランス「人権宣言」第十六条〔またはドイツ基本法第二十条二、三項〕にある古典的な権力分立とも異なるものである。[57]連邦国家との区別で言えば、超国家的な組織が直接手にすることができるような「連邦強制〔ドイツ基本法第三十七条――連邦法上の義務を履行しない州に対し、連邦政府は必要な措置をとることができる〕」は存在しないし、そういった強制手段も（これまでのところ）存在していない。フランス革命における古典的な権力分立との区別はさらに重要である。立法権と行政権についての新たな区分が導入されることにより、この古典的な権力分立は多層的システム〔マルチレヴェル・ガバナンス（国家以外の行為主体にも、政策決定に参与する権限を認める統治形態）にみられる構造〕において、ある部分では維持されるが、別の部分では廃棄される。つまり、国家権力の古典的な機能区分は、人民主権や個々人の権利と不可分に結びつき、国家のうちに内在化していた。このような状況は、新たな権力分立においても連邦州からなる連邦制においても、けっして起こりえない。新たな権力分立は、法や政治、経済の構造的カップリングの基盤となるだろう。だが、この権力分立は構造的カップリングなのであり、そのかぎりで、人権や市民権、法の支配を保証するものではないし、ましてや民主主義を保証することもない。[58]十九世紀の憲法史がすでに示しているように、発展のもたらす成果が革命のもたらす成果と同じとは限らない。十八世紀後半、発展と革命は一致するものと規定されたが、そのような一致は十九世紀になってふたたび失われることになった。この点で、「グローバルな法（Weltrecht）」の現実の姿は、共和制を旨とするカントの理想からはかけ離れてしまっている。

しかしながら、超国家的組織における新しいグローバルな憲法レジームは、構造的カップリングという機能的な意味でだけ憲法なのではない。普遍的で包括的な権利や「法の支配」レジームなどをつうじての統治形成という規範的な意味においても、やはり憲法なのである。WTOによる世界経済の憲法は、普遍的人権や法治国家による基礎保障、公的制度の最低限の透明性を確固として存立させることに結びついており、それは、国際法の憲法（国連憲章）やEU憲法の場合と同様である。だが——そしてこれはもちろん民主制についての（ルソー・カント的な）問いなのであるが——、統治を基礎づけながら同時に革命的でもあるような力を超国家的な組織がもつとして、そういった力とは、どのようなものなのだろうか[59]。この問いはきわめて緊迫したものである。なぜなら、安全保障理事会の議決やWTO協定、WTOの仲裁裁判による調停、WHO基準、国際刑事裁判所もしくはヨーロッパ人権裁判所の判決は、それどころかEU綱領や政令、欧州裁判所の判決ですら——民主的に実現することが不可能な欧州中央銀行による独自政策はもちろんいうまでもなく——、その都度関係する国民の私的自律や公的自律に多大な影響を与えるからである[60]。現行の国際法やWTO法、EU法に十分な民主的正統性があるとはいえない。だから、超国家的な法が個々の国家法よりも実際に優先されたり、それどころか法律上優位におかれたり、国家法を直接的に支配することになれば、そこから非民主的な帰結がもたらされることになる[61]。多くの論者の判断によれば、これが今日の状況なのである[62]。たとえばキルヒホフは、「高次の決定が脱議会化[63]」していると言い切っている。グローバル社会において、立憲化は実際に大いに進展しているが、この立憲化は、一九八九年当時に現れた「民主的な世界革命」（クリーレ）に対する規範面での希望に応えてくれるものなのだろうか。つまり、カントにとっての憲法の理念とは、「法に従う者は同時に、統合されたうえで立法する者でもあるべきだ」というものだが、現状の立憲化は、カントのこの理念にかなうものなのだろうか。これはまだ解決されていない問題である。

それでも、平等主義的な法の規範内容を保証するのは、今日では国家だけではない。グローバル社会の憲法レジームもまたそういった保証を行うものとされ、その点で半ば信頼を得ているといってもよいだろう。いずれの場合も、平等主義的な法は強行法（ius cogens）つまりハード・ローとして、その内容の保証がなされる。これこそが、民主主義への希望の一つの契機である。それに加え、脱国家化されたグローバルシステムのなかでは近年、多かれ少なかれいくらかの激しさを伴う「憲法闘争」[64]を観察することができるようになった。

私が主張したいのは、WTOや国連、EUといった超国家的組織の憲法が構造上の矛盾を抱えているということである。その矛盾とは、一方で平等主義的な法が公布され、それが半ば効力をもってはいるのだが、他方で組織規範が覇権主義的であって民主的ではないという矛盾である。組織の問題は急速に複雑さを増しており、私たちはその複雑さとともに生きなくてはならない。超国家的組織の憲法にみられる矛盾には、そういった複雑さが反映されているように思われる。それればかりか、以下でみるように、既存の支配関係を変更することができるといった優越性が反映されているようにも思われる。

・WTOに仲介裁判の権限を与える憲法規範は、その権限を、「国際法上の慣習的規則」（DSU〔「紛争解決に係る規則及び手続に関する了解」、WTO協定の一つ〕第三条二項）に拘束されるものとしている。そしてそれによって、とりわけ――相当の法創設力を備える――控訴審級が解決しなければならないような難解な案件の場合には、市場開放という組織にとっての主要関心とならんで、国際法における人権や民主主義の原理が、とりわけ平等原則がその効力を発揮することになる。小国が大国に訴訟で勝つこともある——たとえば、コスタリカ対アメリカ合衆国の場合のように。それでもなお、WTOレジームの組織法に平等主義的な代表制度が十分に備わっているとはいえない。よって、WTO法は依然として「構造上問題がある」[65]覇権主義的な法なのである。[66]カントであれば、この法のことを「強要的であるにすぎず」、その意味で「暫定的」と言っただろう。カントにとって、WTO法は許されるものだろうが、よいとは言われないだろう。一連の正統化〔Legitimationskette——政治システムにおける各行為主体の行為と、これに正統性を与える人民の意思決定とのつながり〕は、WTOによる法制定の手続きにおいては冗長で不透明である。個別国家の議会は——アメリカ合衆国連邦議会のような著名な例外はあるが——もともと関与していない。[67]関係企業や社会集団を——エーターが言うように——「分立する支配権と訴権」から排除することによって、「権利保護の欠落」が生じ、「巨大な経済企業や経済同盟」と同じく、「巨大貿易大国」において保護政策を志向する政府に、特権が与えられることになる。[68]「無条件的な」「拘束力をもつ」超国家的な法（DSU第十七条十四項、第二十二条一項）や、統治形成的な国際法原則、そして非民主的な組織規範が組み合わさることにより、新たな決定すべてに関する民主的正統性の欠如は拡大する。[69]——ラートブルフによれば、法が覇権を握った者によって定められる場合であっても、「法の形式に固有の法則性」が弱者の利益として働く。だがそうであっても、上記の欠如の増大が進行するのにかわりはない。[70]

・世界経済の憲法は、あくまでパターナリスティックにではあるが（つまりドゥオーキンのいう「裁判官ヘラクレス〔法実践の全体を把握し、正しい結論を導き出す超人的な裁判官〕」の手によってということである）、国際法の平等主義的な法原則を受け入れている。他方、国際法の憲法は国連憲章の前文のなかで、統治を明確に根拠づけるよう要求している。[71]条約締結国ではなく、「われわれ、国際連合の人民」が——名目上の——憲法制定権力なのである。いつのまにか、国家ではない関係者や組織に法人格が承認され、それらはいくつかの権利を備えるようになってきた。そして、国家間または超国家的な人権レジーム(もはや人権協定ではない)が、地域レヴェルでの緊密なネットワークを構築するようにもなってきた。こういった状況とともに、次のように言うことができるだろう。すなわち、国際社会は今日、国家レヴェルの憲法において権利として明示されているものと同等のものを、グローバルなレヴェルで利用しているのだ、と。ファスベンダーが示すように、国連憲章第二条一項にある「主権の平等」は、ウェストファリアの平和秩序における「平等な主権」とは似ても似つかぬものである。この「主権の平等」という考えによれば、「国家が要求できるのはただ、法において、そして法の前で平等に扱われることだけである」[72]。しかしながら、レーヴェンシュタインの言う意味での名目的な国際基本法は、国連憲章(第七章や第一〇八、一〇九条)における国際組織法が規範的な実効力をもつことによって失われてしまい、覇権主義的な憲法秩序に取り込まれてしまった。[73]安全保障理事会の権力の増大により、国際連合の独裁的な要素も強められるようになった。フィンランドの国際法学者、マッティ・コスケンニエミの述べるように、警察が法の聖堂に侵入しているのである。[74]規範的な実効力をもっている組織規範は、国際法レヴェルの憲法における諸権利や前文がもとめるような、平等な権利と人民主権への要求に明らかに反している。たしかに安全保障理事会の覇権主義的な構造に基づかなければ、現行の国際法憲法は平和を保証するための半ば有効な道具にはならなかった。だが、民主主義を代償にした平和は、まさにカントが墓地の安らぎという意味での永遠平和と表現したものなのではないだろうか。

・マーストリヒト条約〔一九九三年発効〕およびアムステルダム条約〔同一九九九年〕締結以降、EU憲法のなかにはある矛盾が存するようになった。すなわち、潜在的には民主的な平等の法と非民主的な組織規範とのあいだの矛盾である。それどころか、この矛盾は、二つの正統化原理のあいだの緊張関係、つまり政治組織としての正統化の道筋と民主的正統化の道筋とのあいだの緊張関係を伴いながら、EU憲法条約自体の組織法のなかに埋め込まれている。EU憲法第六条一項および三項をつうじ、所属国家だけでなくEUの機関にも自らを実現するよう義務づける民主制の原理は、EU市民権（EU憲法第十七条から第二十一条）や、民主的かどうかという見地からは不十分ながらも増加しつつある、議会の権利と結びついている。しかしこうした民主制の原理によって、民主的なインプットの正統性と官僚的で覇権主義的なアウトプットの正統性という矛盾が、EU組織法のうちに入り込んでいたのである[75]。その意味で、EUにおいては、これまで疑わしく思われてきた超国家的な組織の民主化の進歩が[76]、同時に——そしてこれまでのところ明らかにこうした民主化の進歩より早く——進行する、国家レヴェルの民主主義の没落に結びついている。

法の文面に表れる現実についてはここまでにしておこう。それでもこれらの文面のなかには、希望に満ちた発展段階（WTOや国連、EU）を私たちに認識させるものが含まれている。実際に働いている法規範の拘束力についてはまだ何も述べられていない[77]。だが——フリードリヒ・ミュラーの言うように——、「人は規範のテキストを、特に憲法のテキスト〔条文〕を、不誠実な理解とともに起草する。だが最終的に人はその咎から逃れることはできない。テキストは私たちに報復する力をもっているのである[78]」。

それに関連するいくつかの出来事を私たちはすでに感じ取ることができる。グローバルな憲法秩序をめぐる多様な紛争――グローバル化に反対する人々の抗議運動から、ＮＧＯのオブザーバー権に関する争い、そしてアメリカの「力学の文化〔国際間で妥当しうる普遍的規則の存在への懐疑によって特徴づけられる文化〕」と古きヨーロッパの法治主義的な「形式主義の文化」[79]との対立まで――において肝心なのは、民主的正統性と代表性にまつわる問いなのであり、その問いの重要性は増すばかりである。ジェノヴァでは「あなたたちはＧ８、私たちは八十億人」という抗議声明がだされた。二〇〇三年二月一五日のサンフランシスコでの平和デモでは、一九六〇年代のヒッピーの古い言いまわしをもじり、「戦争ではなく法を！ Make Law, not War!」という最新版の政治的スローガンが掲げられた。そういった活動とともに、ルソーやシェイエス、カントの声が世界公共圏のなかの政治の舞台に戻ってきた。だが、実定法の客観的精神に端を発する「形式主義の文化」がもっている非帝国主義的な普遍主義に立ち戻ることがなければ、どんなに美しい言葉であっても、それは空虚な冗語にすぎない[80]。法が民主的な規定にかなうものになりうるかどうかは、最終的には法的形式主義にかかっている[81]。法的形式主義なくして、いかなる民主主義もありえない。抗議運動が法的形式主義の文化と結びつき、原理に従う改革をもたらす場合にのみ、戦争の際限ない正当化〔正戦の永続的猶予〕へのカントの対案に、実現の機会が到来するのである。

註

（1）ハインハルト・シュタイガーの古希を記念し、二〇〇三年九月一一、一二日にラウイシュホルツハウゼン城で行われた会議「適法性、正当性、そして道徳――正義の要請は戦争を正当化することができるか？」への案内における、ティロ・マラウーンの言葉である。

（2）Martin Kriele, „Die demokratische Weltrevolution", in: *ARSP* Beiheft 44 (1991), S. 201–211; Francis Fukuyama, *The End of History and the Last Man*, *New York*, 1992.（フランシス・フクヤマ、渡部昇一訳『歴史の終わり（上・下）』三笠書房、

二〇〇五年)；Rainer Schmalz-Bruns, *Reflexive Demokratie*, Baden-Baden 1995 ; Robert Dahl, *Democracy and Its Critics*, Yale 1989 ; Jürgen Habermas, *Die postnationale Konstellation*, Frankfurt am Main1998.

（3）Michael Zürn, *Regieren jenseits des Nationalstaats*, Frankfurt am Main1998.

（4）Jean-Marie Guéhenno, *Das Ende der Demokratie*, München 1994.（ジャン・マリゲーノ、舛添要一訳『民主主義の終わり』講談社、一九九四年)。

（5）Herfried Münkler, *Über den Krieg*, Weilerswist 2002; Karl Otto Hondrich, *Wieder Krieg*, Frankfurt 2002.

（6）代表的なものとしては以下のものがある。Michael Walzer, *Erklärte Kriege – Kriegserklärungen*, Hamburg 2003.

（7）Michael Walzer, *Gibt es den gerechten Krieg?*, Stuttgart 1982.（マイケル・ウォルツァー、萩原能久監訳『正しい戦争と不正な戦争』風行社、二〇〇八年)。これに関する議論に関しては以下のものがある。David Luban, „Just War and Human Rights“, in : *Philosophy and Public Affairs* 9 (1980), S. 160ff. ; Gerald Doppelt, „Walzers Theory of Morality in International Relations“, in : *Philosophy and Public Affairs* 8 (1978), S. 3ff. ; Carol C. Gould, „Rethinking Democracy“, in : dies., *Rethinking Democracy*, Cambridge 1988, S. 307ff. ; Charles Beitz, „Nonintervention and Communal Integrity“, in : *Philosophy and Public Affairs* 9 (1980), S. 385–391 ; M. Walzer, „The Moral Standing of States“, in : *Philosophy and Public Affairs* 9 (1980), S. 209ff. ; Marcia Sichol, *The Making of a Nuclear Peace*, Washington DC 1990 ; Brian Orend, *Michael Walzer on War and Justice*, Cardiff 2000.

（8）Walzer, *Krieg*（註7）.

（9）その限りで、Carl Schmitt, *Der Nomos der Erde*, Berlin 1988, S. 113.（カール・シュミット、新田邦夫訳『大地のノモス』慈学社出版、二〇〇七年）はこれに該当する。また、Bardo Fassbender, „Die verfassungs- und völkerrechtsgeschichtliche Bedeutung des Westfälischen Friedens von 1648“, in : Ingo Erberich u.a.（Hg.）, *Frieden und Recht*, Müinster 1998, S. 9–52. を参照のこと。これを批判し、十九世紀（ウィーン会議）における強調点の変化について述べたものとしては、Heinhard Steiger, „Remarks Concerning the Normative Structure of a Modern World Order in a Historical Perspective“, in : Thomas Groß（Hg.）, *Legal Scholarship in International and Comparative Law*, Frankfurt 2003, S. 79f. 当該論文に他の文献も紹介されている。

（10）Michael Walzer, „Zwei Arten des Universalismus“, in : *Babylon* 7（1990）, S. 7–25. これを批判したものとして、以下のもの

がある。Hauke Brunkhorst, „Gesellschaftskritik von innen?“, in : Karl-Otto Apel/Matthias Kettner（Hg.）, *Zur Anwendung der Diskursethik in Recht, Politik und Wissenschaft*, Frankfurt am Main 1992, S. 149–167.

（11）Walzer（註8）.

（12）Walzer（註8）. とりわけイラク戦争についての彼の最近の発言は、このことをまたもはっきりと示している。Walzer（註6）.

（13）Walzer（註6、註8）. これが、ウォルツァーが十九世紀以降の保守的なドイツ国法〔論〕の大きな流れと軌を一にする点である。

（14）Immanuel Kant, „Zum Ewigen Frieden“, in : ders., *Werke* XI, Frankfurt 1977, S. 210.（イマヌエル・カント、遠山義孝訳『永遠平和のために』カント全集14、岩波書店、二〇〇〇年）。

（15）Schmitt（註9）, S. 112.

（16）Schmitt（註9）, S. 114, S. 120, S. 155, S. 171f., S. 188f., S. 190ff.

（17）Immanuel Kant, „Metaphysik der Sitten. Rechtslehre“, in : ders., *Werke* VIII, Frankfurt am Main 1977, S. 377.（イマヌエル・カント、樽井正義・池尾恭一訳『人倫の形而上学』カント全集11、岩波書店、二〇〇二年）。

（18）Kant（註14）, S. 213, S. 216.

（19）その限りで、「さわぎたててへたに慰め、かえって苦しめる者たち」についてのカントの定式に対するハインハート・シュタイガーの批判は相対化されることになる。H. Steiger, „Frieden durch Institution. Frieden und Völkerbund bei Kant und danach“, in : Matthias Lutz-Bachmann/James Bohman（Hg.）, *Frieden durch Recht. Kants Friedensidee und das Problem einer neuen Weltordnung*, Frankfurt 1996, S. 140–169. ここでは特に一五三、四頁を参照のこと。人はカントとともに国際法の実定化にみられる現実の進歩を否定してはならない。それでも、民法ないし「私法」にすぎない現行の国際法は、「公法」という憲法状態への移行という観点からすれば、単に暫定的なものにすぎないとして批判することができる（vgl. H. Steiger, S. 152）。当時の〔国際関係における〕法的状態が立憲化以前の段階にあったというカントの批判は、けっして純粋な道徳的当為による批判なのではない。カントの批判は、原理に従う改革という視点からの批判であり、この批判は、実定法のなかにすでに現れている理性に基づいてなされている（vgl. Claudia Langer, *Reform nach Prinzipien. Zur politischen Theorie Immanuel Kants*, Stuttgart 1986.）。この内在的批判における改革主義的な観点によって、カントの法哲学は彼の道徳哲学の厳格主義からは一線を画すものとなっている。

(20) Immanuel Kant, „Der Streit der Fakultäten“, in: ders., *Werke* XI, Frankfurt am Main 1977, S. 365（イマヌエル・カント、角忍・竹山重光訳『諸学部の闘争』カント全集18、岩波書店、二〇〇二年）; Kant（註17）, S. 478.

(21) Immanuel Kant, „Kritik der praktischen Vernunft“, in: ders., *Werke* VII, Frankfurt am Main 1977, S. 51.（イマヌエル・カント、坂部恵・伊古田理訳『実践理性批判』カント全集7、岩波書店、二〇〇〇年）; Immanuel Kant, „Die Religion innerhalb der Grenzen der bloßen Vernunft“, in: ders., *Werke* VIII, Frankfurt 1977, S. 756.（イマヌエル・カント、北岡武司訳『たんなる理性の限界内における宗教』カント全集10、岩波書店、二〇〇〇年）。

(22) Kant（註17）, S. 422ff.

(23) Schmitt（註9）, S. 164.

(24) Schmitt（註9）, S. 158.

(25) Schmitt（註9）, S. 169f.

(26) Max Horkheimer, „*Zur* Kritik der instrumentellen Vernunft“, in: ders., *Kritische Theorie der Gesellschaft III*, Frankfurt am Main 1968, S. 270.

(27) Schmitt（註9）, S. 295. Carl Schmitt, *Der Begriff des Politischen*, Berlin 1987, S. 53.（カール・シュミット、田中浩・原田武雄訳『政治的なものの概念』未來社、一九七〇年）も参照のこと。

(28) 以下の論文において、はっきりと明確化されている。Peter Niesen, „Volk-von-Teufeln-Republikanismus. Zur Frage nach den moralischen Ressourcen der liberalen Demokratie“, in: Lutz Wingert/Klaus Günther (Hg.), *Die Öffentlichkeit der Vernunft und die Vernunft der Öffentlichkeit*（*Festschrift Habermas*）, Frankfurt 2001, S. 568–604.

(29) 「共和的な」「憲法」は、「私の外的（法的）自由」を、「私が自らを規定するために定めることができた以外のいかなる法則にも従わない権能」ということからだけ「説明する」。Kant（註14）, S. 204.

(30) Kant（註17）, S. 345.

(31) Kant（註14）.

(32) Kant（註20）, S. 364. これについては以下も参照のこと。Jürgen Habermas, „Kants Idee des ewigen Friedens“, in: ders., *Die*

Einbeziehung des Anderen, Frankfurt 1996, S. 192ff.（ユルゲン・ハーバーマス、高野昌行訳「カントの永遠平和の理念――二〇〇年という歴史を経た地点から」『他者の受容』法政大学出版局、二〇〇四年）。

(33) Kant（註20）, S. 364 ; Kant（註14）. カントにおける民主制については以下を参照のこと。Ingeborg Maus, *Zur Aufklärung der Demokratietheorie*, Frankfurt 1992.（インゲボルク・マウス、浜田義文・牧野英二監訳『啓蒙の民主制理論』法政大学出版局、一九九九年）。

(34) Kant（註17）, S. 431.

(35) こういった憲法の独断的なあり方への批判については以下を見よ。Christoph Möllers, *Staat als Argument*, München 2000.

(36) 憲法概念は近年数多くの観点から検討されており、特に以下を参照のこと。Möller（註35）; Hauke Brunkhorst, *Solidarität. Von der Bürgerfreundschaft zur globalen Rechtsgenossenschaft*, Frankfurt am Main 2002; Brun-Otto Bryde, „Konstitutionalisierung des Völkerrechts in Internationalisierung des Verfassungsbegriffs“, in : *Der Staat* 42 (2003), S. 61–75 ; Jürgen Habermas, *Faktizität und Geltung*, Frankfurt 1992.（ユルゲン・ハーバーマス、河上倫逸・耳野健二訳『事実性と妥当性（上・下）』未來社、二〇〇二・二〇〇三年）。全く別の国際法的含意をもつものとしてはMaus（註33）。システム論的視座からの検討としては以下の文献を参照のこと。Gunther Teubner, „Privatregimes : Neo-Spontanes Recht und duale Sozialverfassungen in der Weltgesellschaft“, in : Dieter Simon/ Manfred Weiss (Hg.), *Zur Autonomie des Individuums*, Baden-Baden 2000, S. 437–453 ; Andreas Fischer-Lescano, „Globalverfassung : Verfassung der Weltgesellschaft“, in : *ARSP* 88 (2002), S. 349–378.

(37) Kant（註17）, S. 466.

(38) Ulrich K. Preuß, „Zwischen Legalität und Gerechtigkeit“, in : *Blätter für deutsche und internationale Politik* 7 (1999), S. 828.

(39) この概念については以下を見よ。Christian Tomuschat, „Die internationale Gemeinschaft“, in : *Archiv des Völkerrechts* 33 (1995), S. 1–20. 包括的に論じたものとしては Andreas L. Paulus, *Die internationale Gemeinschaft im Völkerrecht*, München 2001.

(40) Hauke Brunkhorst, „Paradigmenwechsel im Völkerrecht? – Lehren aus Bosnien“, in : Lutz-Bachmann/Bohman（註19）, S. 251ff.

(41) Niklas Luhmann, *Rechtssoziologie*, Opladen 1987, S. 99, S. 105.（ニクラス・ルーマン、村上淳一・六本佳平訳『法社会学』岩波書店、一九七七年）; Niklas Luhmann, *Das Recht der Gesellschaft*, Frankfurt 1992, S. 126, S. 131f., S. 152.（ニクラス・ルーマン、馬場靖雄・上村隆広・江口厚仁訳『社会の法』法政大学出版局、二〇〇三年）。

(42) Kant（註14）, S. 195.

(43) Gustav Radbruch, *Rechtsphilosophie*, Stuttgart 1950, S. 308.（グスタフ・ラートブルフ、田中耕太郎訳『ラートブルフ著作集第一巻　法哲学』東京大学出版会、一九六一年）。

(44) Kant（註17）.

(45) Christoph Möllers, „Der parlamentarische Bundesstaat – Das vergessene Spannungsverhältnis von Parlament, Demokratie und Bundesstaat", in : Josef Aulehner（Hg.）, *Föderalismus – Auflösung oder Zukunft der Staatlichkeit?*, München 1997, S. 97. Brunkhorst（註36）, S. 96ff.も参照のこと。カントについてはMaus（註33）。

(46) Kant（註17）; Maus（註33）; Brunkhorst（註40）.

(47) Vgl. Kriele（註2）, S. 207 ; Habermas（註36）. ここでは以下も参照のこと。Helmut Willke, *Heterotopia*, Frankfurt am Main 2003, S. 123f.

(48) 国際法においても同様である。Stefan Oeter, „International Law and General Systems Theory", in : *German Yearbook of International Law* 44（2001）, S. 72–96.

(49) Vgl. Brunkhorst（註36）; Hauke Brunkhorst, Demokratie in der globalen Rechtsgenossenschaft – Einige Überlegungen zur poststaatlichen Verfassung der Weltgesellschaft, in; *Zeitschrift für Soziologie* Sonderheft „Weltgesellschaft" 2005, S. 330–347（他文献への指示あり）.

(50) Teubner（註36）.

(51) Fischer-Lescano（註36）.

(52) Niklas Luhmann, „Verfassung als evolutionäre Errungenschaft", in : *Rechtshistorisches Journal* 9（1990）, S. 176–220.

(53) ＥＵにおける裁判所については、特に以下を参照のこと。Karen Alter, „The European Court's Political Power", in : *West European Politics* 19（1996）, S. 458–487.

(54) Christian Tietje, „Die Staatsrechtslehre und die Veränderung ihres Gegenstandes : Konsequenzen von Europäisierung und Internationalisierung", in : *Deutsches Verwaltungsblatt* 17 (2003), S. 1081–1096（特に行政について）.

(55) Guillermo O'Donnel, „Deligative Democracy", in : *Journal of Democracy* 1 (1994), S. 55–68.

(56) Marcelo Neves, *Verfassung und positives Recht in der peripheren Moderne*, Berlin 1992 ; Marcelo Neves, *Symbolische Konstitutionalisierung*, Berlin 1997.

(57) Brunkhorst（註49）. 経済や政治、その他のシステムと、脱国家的な法秩序とのあいだの「構造的カップリング」については以下も参照のこと。Udo Di Fabio, *Das Recht offener Staaten*, Tübingen 1998 ; Armin von Bogdandy, „Verfassungsrechtliche Dimensionen der Welthandelsorganisation", in : *Kritische Justiz* 34 (2001), S. 264–281 ; Teubner（註36）; Fischer-Lescano（註36）.

(58) Brunkhorst（註49）, H. Brunkhorst, „A Polity Without a State? European Constitutionalism between Evolution and Revolution", in : Erik O. Eriksen/John E. Fossum/Augustín J. Menendez (Hg.), *Developing a Constitution for Europe*, London 2004, S. 88–106.

(59) 統治を形成する憲法と、統治を基礎づける「革命的な」憲法を区別する形式について、またその形式をＥＵに適用することについては、以下の文献を見よ。Christoph Möllers, „Verfassungsgebende Gewalt – Verfassung – Konstitutionalisierung. Begriffe der Verfassung in Europa", in : Armin v. Bogdandy (Hg.), *Europäisches Verfassungsrecht*, Berlin 2003. 以下も参照のこと。Ulrich Haltern, „On the Finality of the European Union", in : *European Law Journal* 9 (2003); Dieter Grimm, „Braucht Europa eine Verfassung?", in : ders., *Die Verfassung und die Politik*, München 2001.

(60) Markus Krajewski, „Democratic Legitimacy and Constitutional Perspectives of WTO Law", in : *Journal of World Trade* 35 (2001); von Bogdandy（註57）; Dieter Grimm, „Vertrag oder Verfassung?", in : Dieter Grimm/Joachim Jens Hesse/Reimut Jochimsen/Fritz W. Scharpf (Hg.), *Zur Neuordnung der Europäischen Union : Die Regierungskonferenz* 1996/ 97, Baden-Baden 1997, S. 9–31.

(61) これについては以下を見よ。Ingeborg Maus, „Volkssouveränität und das Prinzip der Nichtintervention in der Friedensphilosophie Immanuel Kants", in : Hauke Brunkhorst (Hg.), *Einmischung erwünscht? – Menschenrechte und bewaffnete*

Intervention, Frankfurt am Main 1998, S. 88–116.

(62)　例えば、以下を参照。Claus Offe, *Herausforderungen der Demokratie*, Frankfurt am Main 2003, S. 86, S. 90, S. 140f. Brunkhorst（註36）にさらに文献が紹介されている。

(63)　Paul Kirchhof, „Diskussionsbeitrag", in : *Kontrolle auswärtiger Gewalt – Veröffentlichungen der Vereinigung der Deutschen Staatsrechtslehrer* 56（1997）, S. 112.

(64)　これは以下の文献の七頁にある。Gunther Teubner, „Globale Zivilverfassungen : Alternativen zur Staatszentrierten Verfassungstheorie", in : *Zeitschrift für ausländisches öffentliches Recht und Völkerrecht* 63（2003）, S. 1–28.

(65)　Teubner（註36）, S. 17.

(66)　Krajewski（註60）; von Bogdandy（註57）; Laura Nader, „The Influence of Dispute Resolution on Globalisation. The Political Economy of Legal Models", in : *Onati Papers* 7（1999）, S. 87–97.

(67)　Krajewski（註60）; von Bogdandy（註57）; Brunkhorst（註58）.

(68)　Stefan Oeter, „Gibt es ein Rechtsschutzdefizit im WTO-Streitbeilegungsverfahren?", in : Carsten Nowak/Wolfgang Cremer (Hg.), *Individualrechtsschutz in der EG und in der WTO*, Baden-Baden 2002, S. 212–238. ここではS. 227, S. 229, S. 237fを見よ。以下も参照のこと。Krajewski（註60）; A. v. Bogdandy（註57）; Klaus Günther/Shalina Randeria, *Recht, Kultur und Gesellschaft im Prozeß der Globalisierung*（*Paper der Reimann-Stiftung*）, Bad Homburg 2001 ; Peter T. Muchlinski, „ ,Global Bukowina' Examined : Viewing the Multinational Enterprise as a Transnational Law-making Community", in : Gunther Teubner（Hg.）, *Global Law Without a State*, Aldershot 1997.

(69)　二〇〇三年八月メキシコでの先のＷＴＯサミットにおいて実際に破壊的なかたちでなされた、ＮＧＯやＮＧＯに結びついている中進国および第三世界の国々を排除しようとする政策は、完全にこのようなものとして理解することができる。

(70)　Radbruch（註43）, S. 290.

(71)　ファスベンダーはそう読み変えている。B. Fassbender, „The United Nations Charter as Constitution of the International Community", in : *Columbia Journal of Transnational Law* 3（1998）, S. 529–619.

(72)　Fassbender（註71）, S. 582.

(73) Hauke Brunkhorst, „Globalising Democracy Without a State : Weak Public, Strong Public, Global Constitutionalism", in : *Millenium : Journal of International Studies* 31 (2002), S. 675–690. 名目的／規範的については以下をみよ。Karl Löwenstein, *Verfassungslehre*, Tübingen 1997, S. 148ff.

(74) Martti Koskenniemi, „Die Polizei im Tempel. Ordnung, Recht und die Vereinten Nationen : Eine dialektische Betrachtung", in : Brunkhorst（註61）, S. 63–87. ここでは以下も参照のこと。Jacques Derrida, *Schurken*, Frankfurt am Main 2003.（ジャック・デリダ、鵜飼哲・高橋哲也訳『ならず者たち』みすず書房、二〇〇九年）。

(75) Hauke Brunkhorst, „Verfassung ohne Staat? Das Schicksal der Demokratie in der europäischen Rechtsgenossenschaft", in : *Leviathan* 30 (2002), S. 530–543 ; Brunkhorst（註58）. ここでは以下も参照のこと。Hasso Hofmann, „Vom Wesen der Verfassung", in : *Jahrbuch des öffentlichen Rechts der Gegenwart* 51 (2003), S. 1–20.

(76) Bryde（註36）, S. 65f.

(77) 法の文面と法の規範との区別については、以下を参照のこと。Friedrich Müller, *‚Richterrecht'. Elemente einer Verfassungstheorie IV*, Berlin 1986.

(78) Friedrich Müller, *Wer ist das Volk? Eine Grundfrage der Demokratie, Elemente einer Verfassungstheorie VI*, Berlin 1997, S. 56.

(79) Martti Koskenniemi, *The Gentle Civilizer of Nations. The Rise and Fall of International Law 1870–1960*, Cambridge 2001.

(80) Koskenniemi（註74）.

(81) 以下も参照のこと。von Bogdandy（註57）, S. 271, 273.

第四章　集団的安全保障は危機に瀕しているか
──法と政治による平和確保の可能性と限界(1)──

クラウス・ディッケ（御子柴善之訳）

【解　題】　二〇〇一年九月一一日の事件後、世界はもはやあの事件以前の世界とは違ったものになった、という主張がしばしば行われた。その後、十年を経て、あの誇張に満ちた言説をあらためて正当化しようとする人がいるだろうか。むしろ、あの時、何が言論界に奇妙な風圧をもたらしたのかを社会心理学的に分析することの方が有意義ではないか。しかし、この風潮がいまだ退色していなかった時期に、事態を冷静に分析することを試みた人々が存在することも確かである。ここに論文を掲げるイェナ大学の政治学者、ディッケもその一人である。

ディッケは、国際連合憲章の求める平和を保障するために準備された集団的安全保障システムは、すでに一九八〇年代以降一定の成果を収めており、世間で言われるほどの機能不全に陥っていなかったことを指摘しつつ、「同時多発テロ」やその後のイラク戦争を経た後でも、いくつかの指摘されるべき改善点を抱えつつも、なお有効であり、それどころかグローバリゼーションの下では、それが平和志向の唯一正当な制度であると主張する。

このようなディッケの主張は、国連中心主義を標榜する人々には耳に快く響くであろう。しかし、この主張の背景に注目すべき二つの視点がある。第一に、論者がヨーロッパ諸国とアメリカ合衆国との間に厳然と横たわる溝を見つめながら論じていること、第二に、論者がグローバル化した世界において、集団的安全保障の名の下に平和を求める法秩序を確保するには軍事力の投入も必要であると論じていること、である。これらは特段新しい論点ではないが、安全保障理事会の常任理事国入りを希求し、日米安全保障条約を地域安定の不可欠条件と見なし、そして絶対平和主義への性向を無自覚に抱え込んで生きる人には、十分に挑発的であろう。

いまここに生きる私たちが、仮に世界政策の転換点に立っているかに思われる状況にあったとしても、奇妙な情動の奔流に押し流されないために、ひとがどれだけのことを考え合わせなければならないか、ディッケ論文から学ぶべきことは多い。

第一節　はじめに

二〇〇三年晩夏で、アメリカの国務大臣ケロッグとフランスの外務大臣ブリアンがいわゆる「不戦条約」に合意してちょうど七十五年が過ぎた。(2)この協定は、歴史的には国際連盟規約による部分的戦争禁止と国際連合憲章第二条第四項の一般的暴力禁止との間に位置するものであり、実際、政治や平和倫理のまなざしに不滅と呼ばれるべき際立った転回をもたらした。このブリアン－ケロッグ条約が述べているのは、二千年以上にわたって正しいと考えられてきた戦争の評価、すなわち戦争は確かに制約条件の下に置かれるが原則的には正当な政治の道具であるという評価、を方向転換し、そして戦争からその正当性を奪い、世界の法秩序樹立を目ざす定言的に平和指向の政治的思考に向かうこと以上でも以下でもない。むろん一九二八年の取り決めはたんなる不戦に留まり、制度的予防措置を用いて〔不戦〕実現のために有効な諸条件を味方につけることがなかった。当時存在していた国際連盟のもつ諸制度との接合が作り出されることはなく、世界規模の政治的思考が平和という観点からいったい何を個別的政策に要求するのかが大筋においてさえ確定されることも、同様にほとんどなかった。国際連合の創設者たちが徹頭徹尾求めたのは、こうした欠陥を一九四五年六月にサンフランシスコで採択された国際連合憲章のプログラムによって解消することだった。国連憲章の「目的および原則」とその基礎となっている最高度にきめ細かな平和概念がグローバルな平和政策の指針を構築することを意志しているのと同様に、憲章第七章ならびに第八章に含まれる「集団的安全保障システム」は、ブリアン－ケロッグ条約が教えてくれる政治や平和倫理のまなざしの方向転換の制度化を可能にすることを求めたのである。

不滅の精神的ならびに政治的プロセスは、それが数十年で行われることなどめったにないし、二千年以上にわたる法の伝統を、新たな法意識すなわち世界中で支持されそれゆえ遵守を見込める法意識と置き換えることができるかどうかが問題になっている場合には、ほんとうに時間を要する。実際、ドイツの政治学では六〇年代になってなお、ときに古来の慣習に従って「戦争と平和」という表題の下で国際政治上の諸問題が論じられたのである。そして、ここに法と政治による平和確保の第一の限界があることをじつに顕著に示したのが、一九九〇年春、イラクによるクウェート併合を、国連安全保障理事会が指示して武力で終結させ、国連自身がそのうえさらにこの事態を「第二次湾岸戦争」と名づけたという事実である。(3) 湾岸地域における平和回復のための国際法上正当な軍事力投入という――国際法上正しい――言葉が用いられることはなかった。(4) この政治的言葉づかいに見られるのは惰性であり、それは政治意識の変化がいかに遅々としたものであり、その進捗にいかに多くの障害があるかを示している。それでも他面では当然次の問いが立つ。すなわち、「第二次湾岸戦争」は現実の戦争でなかったのではないか。この「戦争」は正当な根拠をもつものでなかったのではないか。というのは、「砂漠の嵐作戦」の戦闘に対しては誰も、思慮分別に従って戦争遂行を制限する国際人道法の諸規則を適用しようなどと思わなかっただろうからである。また、イラクやクウェートの人々が甘受しなければならないような、戦争の大義がなかったのではないか。国連憲章でははっきりと「将来世代が戦争の人質となることから守る」という創設者たちの意図が示されているにもかかわらず、である。最後に、ブリアン－ケロッグ条約や国連憲章の目ざす政治のまなざしの方向転換は、たんに言葉の上での転換なのではないか、あるいは完全に幻想なのではないか。なぜなら、それは戦争の「現実」を、ある意味ではそのうえ戦争の再来を、捨象しているからである。(5)

以下の論述は、平和に関する現代の国際法を貫く課題が、戦争を歴史から追放することだということ、それでもその際に、グローバルな効力ある法秩序を確保するためには軍事力をも投入する必然性を見失うべきではないことを、示そうとする。そのためには、まずはじめに一九四五年以降に作られた平和に関する国際法の妥当条件についていくらか考察しなければならない。この考察は同時に、分析を導く問いを立てさせる「起爆剤」としても役立つはずである（第二節）。続いて、平和に関する現代の国際法を簡潔に描くことが必要である（第三節）。それにより次のステップで、どのような個々の決定が、まったく正当にも「戦争」と呼ばれるべき二〇〇三年のイラク戦争へと導いたのか、そしてそれらの決定が、平和に関する国際法の諸規範や「集団的安全保障」のもつ規範的コンセプトの志向に照らして一つひとつどのように評価されるべきか、を整理できるようになる（第四節）。そこまで論じてはじめて、現代の政治情勢を念頭において、未来への問い、すなわち国際法、国際連合、なかんずく安全保障理事会の可能性と限界への問い（第五節）が議論可能になるのである。

第二節　権力と法とサンフランシスコ合意

（一）政治体制と法秩序には、その成立が危機の経験に由来するという性質がある。そして、上首尾に危機を克服したことが、少なくともその克服の記憶がまだ鮮明であるかぎり、あるいは記憶を甦らせることが可能だと思われるかぎり、〔政治体制と法秩序の〕正当化の安定的基礎をもたらす。その点で、コールとミッテランの握手やロナルド・レーガンのベルリンの壁演説は、独仏の「友好関係」と大西洋をまたいだ「共同体」に立脚するヨーロッパの戦後秩序に関する正当性保証の機能をしっかり果たした。そして、個別の場面でいかなる政治的な意見の相違に直面したとしても、この正当性保証が、世界政策で同調を実現するためにそのつど十分な基礎をもたらしてきた。友好関係や共同体という概念が国際政治においてもつ意味や、さらには根拠について論議することは可能であり、(6)これらの概念は、前述の二つの事例と同様に、グローバルな持続的平和秩序を樹立するためにどのくらい政治的協調構造の濃密化が必要かということに目を向けさせてくれる。これからの数十年間でいつかブッシュやシラクやシュレーダーの後継者たちが、正当化をもたらすという意味であの事例に匹敵しうる客人と出会うことに成功するかもしれないということは排除されえないものの、現在から未来にそうしたまなざしを向けるなら、いったいヨーロッパ内や大西洋の政治的パートナーシップが共同して克服してきたどんな経験が、正当化のために集団的記憶から呼び出されうるものか疑わしく思えてくる。現在、このパートナーシップがじつに目だって頻繁に「価値共同体」という保証を得ているのは偶然でない。これは何を意味するのだろうか。

これがまず第一に意味するのは、ヨーロッパと合衆国の間の相違は、あるいはヨーロッパ諸国内の相違——ヨーロッパ軍令部をめぐってドイツ、フランス、ベルギー、ルクセンブルクが行った議論の努力やイラク問題におけるヨーロッパ諸国内の相違を考えてみよ——も同様だが、そうした相違は、もはや共同行動そのものによって更新される平和政策や安全保障政策上の基本合意においてただちに解消できるものではない、ということである。このことはまずもって、すでに少なからぬ人々から追悼文を捧げられた大西洋をまたいだ(7)「共同体」によく当てはまる。少なくともヨーロッパ内の基本合意や大西洋をまたいだそれは高度に「政治問題化」している。アメリカの国際法違反に起因する合衆国とヨーロッパの間の相違はこれまでもよく知られてきた。グレナダ、パナマ、あるいは国連予算分担金をアメリカが滞納したことを考えてみよ。そうしてみると、——こう問われねばならないだろう——今日の状況にはどんな新しさがあるのだろうか。

第二に意味するのは、友好関係、創設経験の共同性、平和政策上の「できるという意識」(8)、これらのものの直接性が、色あせ、あるいは他のさまざまな理由で正当化のための機能を果たさないときに、世界平和を支ることができる秩序が立脚可能な正当化の基礎はどのようなものか、という問題が未解決になっているということである。というのは、第三に、北大西洋条約機構（NATO）において定着したヨーロッパ内や大西洋をまたいだ基本合意が政治問題化したことが、かつてアリストテレスが繰り返し力説したあの洞察、すなわち、政治的共同体は生きのびることを根拠として成立するが、「善き生」を根拠にしないかぎり長続きできないという洞察の正しさを証明しているからである。(9) そこで、平和的世界秩序の現況に対する問いは次のようになると思われる。国際連合憲章によって具体化された平和的世界秩序の正当化の基礎を、「冷戦」や核の脅威という威嚇のパースペクティヴの下で行われた戦後固有の正当化、すなわち生きのびるためには共同体が必要であるという正当化から――法哲学でたいそう美しく、またたいへんしばしば用いられるように――「理性的に正しく思考する人々」の普遍的で未来に開かれた合理的共同体へとうまく置き換えることができるか。一言でまとめるなら――現実の平和政策はうまくいくものなのか。

（二）さてしかし、何が、国際連合の創設に際して本質的であると見なされた「善き生」を、したがって私たちの言葉では倫理的諸原理や諸価値を、目標とする妥当条件だったのだろうか。というのは、合衆国が指導的に構想した国連創設は、何といっても現実にはアリストテレス的な思慮や遠い将来にわたる配慮によって整えられたものだったからである。(10) 憲章の成立時にその創設者たちは、国連の実践においては権力と法とが均衡していなければならないこと、それも両者の緊密な相補性が損なわれていない均衡になければならないことを明瞭に意識していた。(11) 安全保障理事会は、法に、すなわち、とりわけ国際法上の平和法の「基礎的規範」である第二条第四項の一般的暴力禁止に、それを貫徹する力をもった剣を手渡すための政治的機関として創られたが、このことによって法的に構成された安全保障理事会の権力は、その五つの常任理事国の拒否権ならびに憲章第七章に従った手続き要件と多数決要件によって制限されることになったのである。規範的観点からすれば、国連は、勝者の言葉や強者の無理強いではなく規則に則った合意が最終的な決定権をもつべき法的共同体として創設された。というのは、憲章における前述の手続き上の前提も諸国家の「主権平等」の原則（第二条第一項）もこのことを意味しているからである。したがって、正当化の基礎への問いとならんで、権力と法との均衡が、以下で現在の状況を判定する際に考慮すべき第二の基準となる。

ラテンアメリカ諸国が、サンフランシスコ〔会議〕を前にして、遅くともダンバートン・オークス〔会議〕以降は明らかになった安全保障理事会の計画を受け入れることはじつに困難だった。(12) 彼らは最終的に米州会議でそれを受け入れたが、それは次の期待をはっきり表明したうえでのことである。すなわち、安全保障理事会において特権を与えられた常任理事国が、憲章の平和政策上の要求に照らしてきっと彼らの道徳的責任を果たすであろう、と。別言すれば、いわゆる「小国」たちは、憲章において具体化した集団的安全保障の計画に正当化の前払いを行い、一九四五年以降、世界的強国からそれを回収することを要求したのである。この正当化の前払いが、一貫して当時の現実的権力、すなわちラテンアメリカの人々に憲章を受け入れることをたいへん困難にした不平等を伴う現実的権力、の承認と結びついていたことは注目に値する。なお、この承認の代償として常任理事国が認めたこと、すなわち十年後に必ず憲章を見直すこと、が行われることはなかった。――これは、国連業務における権力と法との「均衡」が正当性の観点からは一貫して懸念なしとしないことの徴表である。〔実際〕二〇〇三年九月にコフィ・アナン事務総長〔当時〕が安全保障理事会改革を強く求めた際に、彼はこの均衡を少なくとも暗黙のうちに論拠にしていた。(13) それはそれとして、既存の現実的権力を目の当たりにしつつ――そしてそれにもかかわらず――前述の正当化の前払いへの問いが、以下では第三の分析的基準になる。

第三節　現代における平和の国際法

しかし、いったい何が第二次世界大戦後に実現した政治的妥協の内容なのだろうか。私たちは憲章上の集団的安全保障システムという言葉で何を理解しているのだろうか。そして、国連憲章によって集大成された現代における平和の国際法にはどんな基本線があるのだろうか。ここで取り扱われるべき問いには、次の短いスケッチで十分であろう。[14]

国際法文献で「現代における」平和の国際法などと言われるのは、すでに国際連盟規約や冒頭で言及したブリアン－ケロッグ条約に端緒をもち、国連憲章で完全に成立した現代の国際法を、いわゆる「古典的」国際法から際立たせるためである。現代化の本来の成果は、第一に、憲章第二条第四項によって、普遍的な、すなわち例外なく妥当する暴力禁止が基準として設定されたこと、第二に、紛争の平和的解決の義務が確立しその促進のための諸制度が準備されたこと、そして第三に、憲章第七章ならびに第八章において、暴力禁止に効力を得させるための手続きが確立されたことに存する。このような一連の規定の目標は、次のこと以上でも以下でもなかった。すなわち、法律上の手続きの問題としての戦争、すなわち、あらゆる戦争への法（ius ad bellum）を撤廃すること、国家の戦争を始める自由（liberum ius ad bellum）を心得ていた古典的国際法とは正反対に戦争から法的に正当性を奪うこと、そして法を貫徹するための規則に適った振舞いによって戦争に代えること、である。[15]この計画の核心に政治的機関としての安全保障理事会が位置し、この機関に、世界平和を守るための中心的責任が託され、〔世界平和にとって危険な紛争かどうかの〕決定の権能、〔平和の維持・回復のための〕勧告の権能、そして〔非軍事的あるいは軍事的〕措置〔の決定〕の権能が賦与された。安全保障理事会が諸国家共同体の機関として行動するとは、この機関が第七章に従って講じた措置が、第二条第七項の介入禁止から明確に除外されているということである。——これは、現代における平和の国際法のさらなる革命的な一歩である。

こうした予防的措置をもって、法的に定められた制度としての戦争が撤廃され、そして国際関係における暴力使用を決定する権能が個別国家から法的に剥奪されたにもかかわらず、憲章によって制度化された集団的安全保障システムのもつ事実上の権力基盤は中心的な性格をもたないままだった。国連の軍事力を見込んだ憲章第四十三条が履行されたことはいまだなく、個別国家の軍備それ自体が法に反するものと見なされたこともなかった。反対に、軍備縮小や軍備管理という領域はすべて主権国家間の協定に委ねられた。それゆえ、超大国の高度な核軍備でさえ、相互に感じとられる冷戦の脅威に基づいて、憲章第五十一条による個別的ないし集団的な自衛権に立ち戻って正当化されたのである。さらに思い起こされるべきは、一九九〇年まで安全保障理事会が東西両陣営の一方による拒否権行使の威嚇によってすっかり麻痺させられているように見えたこと——しかし、まさにそう見えたに過ぎないことである。というのは、次のことも確認できるからである。一九九〇年以降には爆発的に発展する理事会の活動は、長い眠りからの覚醒というよりは、少なくとも、国連が冷戦時に生み出し、特に八〇年代に成功を収めたアプローチの継続、すなわち、とりわけブルーヘルメットの継続、しかしまたそれをはるかに凌駕する、平和を維持し暴力を防止するきわめて多様な措置の継続でもあったのである。たとえば、近東に対して、ローデシアと南アフリカに対して、そしてナミビアに対して安全保障理事会が行った決議を考えてみるがよい。これらは、一つひとつをとってみれば確かにその実現を長い間待たねばならなかったし、部分的にはまだ待たねばならないが、その政治的権威が根底的に疑われることはけっしてなかった。ひょっとすると頻繁に行われた拒否権発動さえも、合意に成功したわずかの場合においてこの権威を固める役目を果たしたのかもしれない(16)。加えて、ハマーショルド以来、事務総長職が発展したことが思い起こされねばならない。[17] ここで発展したのは、仲裁するという職務上の権威であり、これは、たとえばペレス・デクエヤルが八〇年代に中央アメリカで成功裏に用いることができたものであり、一九九〇年には――当人にとってたいへん不快な結果を招くのだが――サダム・フセインのような輩が冷たくあしらうことになったものである。そして、最後にもう一度ブルーヘルメットそのものを思い起こさねばならない。国連が平和確保の所管機関として冷戦を生き延びたのみならず、――実際数多くのノーベル平和賞が示しているように――当時、前述した正当化の前払いを守ることができたことは、高度にブルーヘルメットの「発案」[18]にも負うているのである。

だが、憲章やとりわけ国連の政策における広義の平和概念を指摘しないとしたら、この現代における平和の国際法のスケッチは不十分なものになるだろう。[19] 憲章にとって平和は軍事的暴力の阻止以上の意味をもつ。憲章における平和はむしろ、全政策過程に向けて法的‐動的に構想されたものであり、それには少なくとも三つの構成要素を数えることができる。第一の構成要素は、紛争解決を法律的に合理化することを目標として、国家間の諸関係を漸進的に合法化することである。一九四五年以降の五十八年間に国連の支援を得て、外交法、契約法、海洋法に関する協定、宇宙空間の商業利用や衛星による情報伝達の規制に関する協定、そして世界貿易や環境保護に関する協定が数多く成立した。これらの協定はまた重大な影響力をもった。一つには、今日まで一国として国際法を形成し続ける国連の活動から離脱しようと思わなかったし離脱できなかった。[20] また、二つには、加盟国の実践において、国連が一九四五年以来形成してきた恒常的な多国間交渉状態によって、国家主権の事実上の了解が実際に得られた。この了解は、シェイエスとハンドラー・シェイエスにならって、相互に国際的共同体において信用できる契約相手として存在すべく、諸国家が払った努力であるとまとめることができる。[21]

国連の広義の平和概念がもつ第二の構成要素は人権である。一九七六年まで、すなわち、一九四八年の世界人権宣言採択後、二つの国際人権規約〔A規約とB規約〕が発効可能になるまで、そしてまた人権委員会がようやく七〇年代になって現実的で積極的な人権政策に至るまでには確かに時間がかかったが、人権問題を扱う諸委員会の活動や、たとえばガテマラやスーダンへの特使の存在などが、安定的な平和を得るにあたって顕著な成果を生んだことあるいは生むことを、誰がほんとうに疑おうと思うだろうか。一九九九年のコソボ紛争の場合、人権と主権との間で――たとえば、さかのぼること二十四年前のカンボジアの場合とは異なり――人権に有利になるように決定を下させたのが国連の人権政策だったことを、誰が疑おうと思うだろうか。もちろん、人権の貫徹のために軍事的選択をすることもまた政治的可能性の領域に入ってきた瞬間に、集団的安全保障の枠内で決定を下すに際して求められる正当性の必要条件が高度なものとなり、より複雑なものとなったことも強調されねばならない。それゆえ九〇年代中葉以来、憲章の広義の平和概念がもっている個々の要素を「実用語句索引」に入れるために、安全保障理事会の法的拘束や法的規制の問題が[22]、他方また倫理的基準論への問いも、議論の対象となっているのは正当なことである。

次いで最後のものになるが、国内では解決が手に入らない政治的領野における諸国家の協働を可能にし、促進し、そして確立する政治的手続きが配置されたこと、これを国連の広義の平和概念がもつ第三の構成要素と見ることができる。一九四五年、そのような政治的領域はようやく輪郭を現わしたに過ぎなかったが、その後、国連は注目すべき広がりをもって国家間の協働機構を、新たに成立してくる事態に適合させることに成功してきた。すなわち、政治的システム一般にはじめてそれとして資格を与えるイノベーション機能を果たすことに成功してきた。ここでもほんの手短に、わずかながらいくつか実例となる実態を思い起こしてみよう。第一の政治的システムのひとつとして技術政策を制度化したのは国連だった。クラウス・テップファーがボンで環境大臣に就任するよりいくらか先んじて、環境政策を制度化したのも国連だった。また、一九九〇年以降、安全保障理事会がとった最初の措置のひとつは、いかにして世界的機関が安全保障政策への新しい挑発に対応できるかを検討するよう事務総長に委託することだった。この委託に端を発して、「平和のためのアジェンダ」[23]が、たとえば、ほんとうに早い時期に、いわゆる紛争後の平和構築を十分に検討して戦略を立てることの必要性を指摘したのであり、さらに、一九九〇年以来、なかんずく安全保障理事会が、現代的な平和確保の構造的実態を検討することで、また部分的には一般的に遵守されるべき諸規則を成立させることで、新たな挑発や経験に直面した集団的安全保障の現代的構想に一貫して貢献したのである。[24]むろん同理事会がこの点に対して何を考えたかは、一般の専門家によってすらまったく知られていない。他方で、全世界が合衆国の「先制攻撃」ドクトリンと関わりあっているにもかかわらず、である。この「先制攻撃」ドクトリンは、よく見てみるなら、過去数十年にアメリカが行った実践に対して、現時点では実際、さほどセンセーショナルな新しさをもっているわけではない。[25]——これは、平和からの思考のパースペクティヴにピントを合わせるには政治的レンズの感度が低いことのさらなる左証である。

以上のことを手短にまとめると、次のような像が現われる。第一に、国連は、現代における平和の国際法の機関として一貫して十分な成果を示し、多国間におけるみずからの「できるという意識」を明確に打ち出さねばならない。この意識が、現代における平和の国際法を正当化するための基礎あるいは少なくとも正当化の支えとして役立つかもしれない。[26]第二に、少なくとも安全保障理事会が、しかしまた憲章に定められた国家のさまざまな法や義務が、全体として現代における平和の国際法にとって不可欠の構成要素であるのみならず、それに加えて、とりわけ九〇年代に世界的諸機構の行った実践が、原則的に集団的安全保障が機能しうることを証明した。そして、第三に、二十世紀の八〇年代、九〇年代の国連やその諸機関には一貫して、新たな政治情勢に政治的態度をとる際の、とりわけ安全保障政策の領域で政治的態度をとる際の十分な柔軟性を証明できる。そうしてみると——こうした背景を前にしてこう問われるべきなのだが――二〇〇三年三月イラク戦争によって、なぜ集団的安全保障の重大な危機が現実化したのだろうか。

第四節　イラク戦争と集団的安全保障の危機

まずあらかじめ言っておくなら、この問いに一面的に答えるなら、あるいは一面的に責任を転嫁するなら、それらはいずれも完全に誤っているだろう。むしろ、さまざまな原因の複合した束が形成されているのであり、この束は、まずもって事実に即した諸根拠に関してまた個々の関係者に関してきめ細かく記述されねばならない。これは、この危機がイラク問題をもって始まったのでなく、ある意味ではすでにコソボの経緯をもって、そして二〇〇一年九月一一日に由来するアフガニスタン紛争をもって開始を告げられたという理由だけで、もう必須のことである。[27]したがって、まず初めに、この危機の世界政策的‐構造的諸根拠に関して述べよう。

いつの間にか、一九九〇年以降の時代はいわゆる国内紛争増加の時代だと言うのがきまり文句になった。この断言にはたいへん幅広い含意があり、公の議論においてはいまだその全体が十分に斟酌されていない。第一の含意は、一九九〇年以降の集団的安全保障が、もはや国家間の武装対立の阻止に沿った狭義の平和概念にではなく、国家の内部においても国際規制法の貫徹を目指す広義の平和概念に従っていること、そして国内紛争が国際的安全保障や世界平和を危機に曝す相当の可能性が阻止されるべき場合には、この広義の平和概念に従うのが必然でもあるということである。[28]一九九〇年以降、安全保障理事会の活動において憲章第三十九条による平和に対する脅威の尺度が顕著に拡大したことは、こうした事情に由来する。その結果の側から言えばもちろん、軍事力をも伴う諸国家共同体による介入の――「戦争」局面においても一貫して――蓋然性が高まり、実際、事情によっては国際法上その介入が命じられていると思わせる。しかし、それによって同時に、戦争の災厄から人類を解放するという憲章の目標が背景に退くように思われる。たとえば教会が国際的武力介入に関して「最後の手段（ultima ratio）」の基準をきわめて厳格に顧慮するよう促すときには、こうした事態が念頭にある。[29] そして実際、こうした事態においてこそ、集団的安全保障の規範的目標の真価が問われねばならない。ここで想起されねばならないのは、第一に、国際的軍事介入を決断するための政治的な歯止め――拒否権、安全保障理事会における多数決要件、そして憲章第七章による手続き規定――が、分権的な法貫徹システムにおいては国際的軍事介入の唯一考えられるブレーキとコントロールだということである。もっとも第二に、これは、全当事者が手続きにきびしく忠実であることを前提することも想起されねばならない。イラク戦争を評価する中でさまざまな方面から問いかけが行われたことは偶然ではない。すでにコソボでのNATOの介入やアフガニスタンでの対タリバン軍事行動でもって集団的安全保障に対するなんらかの侵食が始まったのではなかったかどうか、と。この問いはどんなに真剣に受け止めても受け止めきれない。というのは、この問いに一つひとつ答えが与えられようと、この問いが指摘しているのは、あらゆる個別事例において集団的安全保障システムにとっての帰結も全体として熟慮されねばならず、そして戦争を回避しようというこのシステムの志向、すなわち、前述の「実用語句索引」の志向にとっての帰結も熟慮されねばならないということだからである。

まったく新しい種の紛争とかかわることがもっている第二の含意は、安全保障理事会が、政治学では「エスノ－ナショナルな紛争」、「私的暴力」、そして「非対称的戦争遂行」という見出し語の下で議論されてきたし議論されている事態に立ち向かわねばならないことである。[30] ここに挙げられた挑戦的事態は政治的で戦略的な回答を求めているが、過去五十年に諸国家が採った軍事戦略や多国間の軍事戦略は回答を与えるための分析的知識も準備していないし、そもそものための言葉も用意していない。過去十三年間いかに急激にドイツ連邦国防軍が変化を被らねばならなかったか、また、たとえばいわゆる「紛争解決後の平和建設（post-conflict peace-building）」に向けた準備がいかにわずかしか行われなかったかをはっきり見定めさえすればよい。バグダッドで行われた略奪について言うなら、世界のもっとも優れた軍隊が――政治的にも技術的にも――警察としての課題を遂行するために、いかにわずかしか準備し対応しなかったかが、直接見て取られるべきだったのである。集団的安全保障の平和戦略を強化するための作業、すなわち、一九九〇年以降国連が行った一貫して内容のある意見表明や安全保障理事会のさまざまな経験を平和戦略に取り入れる作業は、学問や政治に対して〔新たな〕構想を求める挑戦なのだが、この挑戦のためには、確かに豊富な材料があるものの適切な制度的枠組みが存在しないのである。

次に、一九九〇年以降さまざまな紛争の支配的タイプが劇的に変化したと断言することの第三の含意だが、それは、集団的安全保障が、いまや揺るがぬものとなりつつあるグローバリゼーションという条件下における平和を志向する「世界内政的」秩序形成という課題を遂行するための唯一正当な制度に、ほとんど一夜にしてなったということである。諸国家が共同体となって――さらには中国の容認さえも得て――クウェート併合に反対してとった断固たる態度は、当時、世界内政的に「発端に抵抗せよ（obsta principiis）」という衝撃が共有されていたことを根拠にしなければ理解できない。さらには、ロッカビー事件でのリビアに対する措置やテロリズム政策に関する安全保障理事会の他の諸決定、迅速な行動が必要だという単純な指摘に基づいてユーゴスラビア法廷〔旧ユーゴスラビア国際戦犯法廷〕の設立が認められたこともまた、理事会が引き受けた世界内政的活動の事例である[31]。それにしてもこれらの事例は、一定程度の集団性と行動への断固たる態度を前提している。これ程の確固たる態度は、少なくとも一九九〇年まではなかった。その程度〔の高さ〕はまた――急激な必要性に動かされて――その後十三年間の経過で、たとえばアフリカにおけるテロリズム[32]あるいは私的戦争遂行のための資金調達がダイヤモンド貿易によって行われることを阻止したという点で驚くべき成果をもたらしたのである。[33]

もっとも、まさにこのような断固たる態度と行動への構えは、過去十三年においてイラク戦争へと導いたさまざまな出来事によって明らかに疲弊状態にまで達してしまった。安全保障理事会のどの常任理事国も、そしてどの非常任理事国も、実際にはイラク戦争の前段階では集団的安全保障を支持していなかったし持続的に擁護してもいなかった。――これをもっとも行ったのは、あるいは英国かもしれない。同国は、一面的なきめ付けから距離をとって、折にふれて成果にとらわれることなく協議を行い、同時に必要な軍事的背景を保持し威嚇し続けたからである。他方、〔かの諸理事国の態度の〕根拠は、けっしてたんなる内政上の性質に由来するものではない。むしろ、――すでに指摘しておいたように――コソボ紛争もアフガニスタン紛争も安全保障理事会や集団的安全保障の少なからぬ相対化を必然的に伴うものだった。コソボの場合、ロシアと中国による拒否権行使の脅しに抗して、NATOが攻撃を決定した。[34]それでもこの際、次のように論じることはできる。すなわち、もっと重要なのは、多国家間のそれも民主主義国家による決定だったことであり、加えて、それらの国家が平和的解決に向けて一致する論理に立脚できる国家だったことである、と。しかし、この決定を違法と見なす国際法学者は少なくなかった。また、アフガニスタン攻撃は合衆国が単独で、それも最後にはこの場合には甚だしく誇張された自衛権を引き合いに出して、決定を下した。それも、二〇〇一年一二月までずっと誰もが何ら疑うことなく、安全保障理事会がどんな攻撃の正当性をも認めるだろうと考えていたにもかかわらず、決定したのである。

それに〔かの断固たる態度と行動への構えを疲弊させた〕第二の点が加わる。すなわち、コソボにおいてもアフガニスタンにおいてはなおのこと、国連が紛争解決後の平和建設への責任を単独で負うことはなかった――また他の点でも、負えなかった。むしろこれらの場合、課題の割り当てという集団的安全保障にそぐわない考えがしだいに姿を現わした。課題の割り当てとは、軍事的攻撃に関する決定を攻撃意志のある〔国家〕連合に委ね、事後（post festum）「処理」には国連をもう一度担ぎ出して当該地域の諸機関と協力させる――コソボの場合はそうだった――、それでなければ軍事同盟（との協力）に委ねる、という考えである(35)。これに関連して、次の問題が批判的に論じられねばならない。すなわち、今日では国連が地球上の政治的地図を生み出すことになるほど、国連は紛争後の国家建設のたいへん数多くの課題を抱えているが、それはまったくもって過大な要求をされているのではないのだろうか、この課題の実現のために、少なくともたとえばふたたび信託統治理事会を活性化させることが必要なのではないだろうか(36)。しかしながら、遅くともアフガニスタン以降、世界機関を政治責任の彼方に置き、それにはもっぱら人道的緊急援助者の役割や政治的にはせいぜい民主化過程における国家公証人に過ぎない役割を割り当てる傾向もまた確認できる。このように国連を抑制してしまう危険が、集団的安全保障の枠内において、何よりも強化されたそして政治的合意に基づいた平和政策のコンセプトを緊急に必要なものにしているのである。

そして第三点として、一九九〇年以降安全保障理事会の議事日程にのったイラク紛争そのもの(37)が挙げられねばならない。この紛争においては合衆国と英国だけが安全保障理事会の諸決定を実行にまで移す用意を示し負担を引き受けたという点で、この両国が当初から特別な役割を演じた。両国は飛行禁止区域の貫徹をいわば自己負担で行ったのである。ここでこのことを国際法の観点から詳細に評価することはできない。それでもやはり、政治的には次のように断言できる。第一に、イラクに課せられた制裁体制は、住民の生活条件を悪化させ続けたが、イラクにおける体制を弱めることにはならなかった。第二に、イラクの体制に反対する歩みを先鋭化させようとする合衆国と英国のあらゆる努力は水泡に帰した。特にフランスとロシアには、――とりわけ一九九八年には――制裁を強化するつもりがなかった。イラクを「平和裏に武装解除」するという幻想が生育し得たのは、このような地盤があったからである。武装解除は、軽度の立証課題を査察チームに委嘱することで実現すべきものであり、けっして警察的措置を行う権能をもった査察チームによって実現されるべきではなかった。これが示唆するのは、第二の原因複合体、すなわち安全保障理事会メンバーの振る舞いと態度の問題である。

まずはじめに合衆国についてだが、「砂漠の嵐作戦」終了直後に、合衆国では新保守主義的な人々が計画の不十分さを批判するキャンペーンを始め、また体制交代を軍事的に実現せよという要求が始まった。シュテファン・フレーリヒは、この国内政治的キャンペーンの個々の段階を、そしてジョージ・W・ブッシュの当選をもって顕著な政治的勝利を収めることになるその主唱者たちを、明快に描いている。[38] とりわけ、イラクに対する制裁体制の緩和を求める一九九八年の仏露イニシアティヴ以降、軍事的に体制交代を実現しようという考えがますます具体的になった。この考えには、国連に対する重大な留保が混ざっていて、国連にはせいぜいのところ計画に際して正当性を担保する意義が認められたに過ぎなかった。国連は実際また、コリン・パウエルが——そう呼ばれたように——ニューヨーク経由の「迂回路」を取ることを可能にし、そもそも決議第一四四一号の実現をなお可能にするものだった。

それでもアメリカ政府は、遅くとも二〇〇一年九月一一日には集団的安全保障の原理を棚上げにした。ニューヨークやワシントンに対して行われた攻撃への対処を安全保障理事会に委ねる試みはまったくなされなかった。その代わり、ワシントンの人々は時代遅れのウェストファリア体制というレパートリーに手を伸ばし、それ以来、自分が戦時下に——それも正戦下に——いると解するようになる。これは——ローター・ブロックが指摘していることだが[39]——共和党的メンタリティーに適合するものであろうし、普遍主義的原理志向のヨーロッパ民主主義の抵抗をあか[40]らさまに喚起するものだったであろうが、しかしこれは何よりもまず、一九四五年以降本質的にアメリカのイニシアティヴとアメリカの計画によって設立され整備された集団的安全保障システム以前への退歩である。原理主義的な性格に根ざしていることが明らかなブッシュ行政の影響下で、多国間主義は、原則的に合衆国の国家的自己主張や「新国家主権主義者[41]」のプログラムに有利な結果をもたらすように、その座を退いたように思われる。多国間制度が正当性の供給に役立つか、そうでなければ経費補填に役立つ場合は別にして。

イラク紛争の場合、たとえ貧相なものだろうとこのような安直な手段が、フランス－ロシア－ドイツという不幸なめぐりあわせのトロイカ体制を使用不能にしてしまった[42]。フランスとロシアは、イラク－ビジネスに明らかな経済的あるいは金銭的な関心をもっており、また原理的根拠からだけでもあらゆるアメリカの単独行動に反対であり、それぞれの地政学上の利害関心が接するところではどこでも反対なのである。パリやベルリンには、ヨーロッパ共通のイラク政策を発議したとか、ましてや構想したとか、何らかのイニシアティヴや、ましてや功績で帰せられるものはない。これはたんなる怠慢以上のことである。両国はそれによってヨーロッパの世界政策にとってのチャンスをも逸してしまった。フランスは、すでに一九九八年ロシアともどもそれを逸したのであり、ドイツは二〇〇二年の連邦議会選挙を前にして首相が選挙目当ての決断を行ったせいでそれを逸したのである[43]。選出された安全保障理事会非常任理事国や常任の地位を見込んでいるとみずから明言している国にとって、安全保障理事会が何を決めるにせよそれには参加しないがよい、と公言するなら、それは集団的安全保障の理念を真面目に受け取っていることの証しとはならない。それに加えて、自国の好きなように行動することは、どのようなものであれ有志連合を招来することになる。仮に、迅速に実行されたイラクの検証体制に対して、いくつかの対案が検討され提示されていたとしたら、イラク紛争におけるドイツの国連政策には明確な輪郭がもたらされ、傷つけられることはなかったであろう。

狭義のイラク戦争に関する決定への到達〔過程〕を検討するなら、すでに決議第一四四一号から、合衆国と英国の側と戦争に反対する国の側との間に原理的な隔たりがあることが明らかになる。前者は「深刻な結果」という脅威があることを全権委任と見なしたが、後者は――法的にこちらが正しいのは確実だが――〔イラクの体制〕転覆を安全保障理事会の決議を待つべき段階的拡大オプションと受け止めた。アゾレス諸島での会談は補償の正当化のために役立った。そしてアゾレス連合以降ただちに「よい結果という神（Gott bonus eventus）」への賭けが行われた。(44) これによってアゾレス連合は、結果として現行の平和の国際法を無視することになり、さらには、国連へと責任を返還せよという、当面、事実上あまり効力をもたなかった呼びかけにも冷淡な態度を示したのである。

第五節　集団的安全保障の改革？

さて、これは集団的安全保障の将来にとって何を意味するのだろうか。危機はどのくらい深刻なのだろうか。ここではさしあたり国際法上の論理的帰結と政治上の論理的帰結とが区別されねばならない。まず国際法上の問題である。第一に、有志連合の振る舞いは、それ自体として現行の平和の国際法を何ら変化させていないということを、こころに留めなければならない。彼らの振る舞いにたとえば新たな慣習法形成の端緒を見ることは、「法は不正に由来しない（ex iniuria ius non oritur）」という原則のみならず、平和の国際法の核心において、すなわち普遍的暴力禁止において、ことがらは強行規範（jus cogens）に関わっているのであり、それゆえ変更困難な条件下にあるという事実によっても禁じられている。憲章第七章ならびに八章の手続きに関して、変更は、拒否権の下にある憲章改革を必要とするのである。

それにしても、このことは、提出された法律について（de lege ferenda）いかなる改革の必要も危急の懸案も残っていないことを意味しない。少なくとも以下の三点において、平和の国際法のさらなる発展に関して一九九〇年に開始された合意プロセスが前進、いや推進されねばならない。第一に、グローバルなテロリズムを含む私的暴力による新種の脅威にかんがみて、グローバル警察的な危険防止部隊や予防のためのもっと先進的な規制が、それも自衛の枠内で必要である。まさにこれに連関して、警察力をもった査察を含む大量殺戮兵器コントロール戦略が開発されねばならない。第二に、一九九〇年以来の諸条件の下、安全保障理事会の合意形成に対する要求が昂じてきたことを顧慮しなくてはならない。それによって拒否権の撤廃が求められるべきではないが、国連における地域機関を取り込んだ決定への到達〔過程〕を、拒否権使用がありそうもなくなるほどに形成することはしっかり求められるべきである。そこまでの道筋が考えられることを、私は他の文献で、安全保障理事会に加えて地域議会の設立を提案することで示そうと試みたことがある。[45]第三に、いわゆる紛争解決後の平和建設にはさまざまなやり方がある。この多様なあり方は少なくとも、国連にはその際一般的にどのような役割が割り与えられるべきかに関する方向性の合意を必要とする。

これは政治上の論理的帰結へと関係する。今日の戦闘的集団の硬化は、それが維持されたとするなら、NATOと国連という二人の敗者を生むだろうという、ジョセフ・ナイの見解[46]には賛同されるべきである。しかし私は、この硬化が解消可能であるという点でも彼に賛同する。それでも、そのためにはいくつかの前提が必要になる。第一の前提は、国連内で、なかんずく安全保障理事会内で、合衆国あるいは有志連合を前面に出そうという意向の見せかけだけでも止めることであろう。非公開の交渉に戻ることが、ここではきっと正しい道であろう。第二の前提は、少なくとも以下の点でヨーロッパの路線が一貫していることであろう。(a) ヨーロッパの政治参加にとって平和政策が優位を占めることについて、(b) それを実施するにあたってヨーロッパのキャパシティーの拡充を目指すことについて、そして (c) NATOの役割について、路線が一貫していなければならない。最後に第三の前提はおよそ次のようにパラフレーズされ得る。すなわち、人々が確実により大きな権利をもってこの「よい結果という神」に呼びかけることが許されるのは、人々が「よい結果という神」を軍神マルスの表章から解放して、現代的な平和の国際法のためにその労力を要求する場合である、と。

註

（1）本稿は、筆者が二〇〇二年にフランクフルトで、二〇〇三年五月にイェナのヘルムート・レーニング・センターで、行った講演に基づくものである。論じ方は講演どおりだが、テクストは増補した。有益な批判、問題提起、助言をいただいたヘルムート・フーベル、グィド・コッホ両氏に記して感謝申し上げる。

（2）一九二八年八月二七日に行われた不戦の協定内容は次の二つの文献に見られる。いずれにも文献リストが付いている。Franz Knipping（Hg.）, *Das System der Vereinten Nationen und seine Vorläufer*, Band II, Bern/München 1996, S. 1679-1684, Cynthia D. Wallace, „Kellog-Briand-Pact（1928）", in: Rudolf Bernhardt（Hg.）, *Encyclopedia of Public International Law*, Bd. 3, Amsterdam et al. 1997, S. 76–79.

（3）たとえば次の論文がそうである。Shashi Tharoor, „Why America still Needs the United Nations", in: *Foreign Affairs* 82 (2003), S. 76–80.

（4）二〇〇一年九月一一日以後、二〇〇三年春のイラク危機に関連して用いられた戦争概念が不明確なものであることを、デルブリュックが次の論文の一六九頁で指摘している。Jost Delbrück, „Schritte auf dem Weg zum Frieden. Anmerkungen aus völkerrechtlicher Sicht zu den jüngsten Verlautbarungen der EKD", in: *ZEE* 47〔Zeitschrift für Evangelische Ethik 47〕(2003), S. 167–180.

（5）この点に関してはたとえば次の文献を参照せよ。Werner Link, *Die Neuordnung der Weltpolitik. Grundprobleme globaler Politik an der Schwelle zum 21. Jahrhundert*, München ^{2}1999, S. 114–121.〔議論の〕背景に関しては、次のものも参照せよ。Inis L. Claude, *Swords into Plowshares. The Problems and Progress of International Organization*, New York ^{3}1964, S. 223–260.

（6）そのような国際関係に関するレトリックの意味と限界については次の拙論で論じた。Klaus Dicke, „Freundschaftliche Beziehung zwischen Staaten – ein altruistisches oder rein rechtliches Prinzip der internationalen Beziehungen?", in : *Jahrbuch für Recht und Ethik* 6（1998）, S. 163–179.

（7）二〇〇三年八月二七日付、『フランクフルター・アルゲマイネ新聞』の次の記事を参照。Gregor Schöllen, „Das Ende der transatlantischen Epoche".

（8）この正当化理論上あまりにも顧慮されてこなかった概念を導入した著作として次のものがある。Christian Meier, *Die Entstehung des Politischen bei den Griechen*, Frankfurt am Main 1980, S. 435ff.

（9）Aristoteles, *Politik*, 1252b.（アリストテレス、山本光雄訳『政治学』アリストテレス全集15、岩波書店）。

（10）しかしながら、ヨーロッパではしばしば――そして正しくも――この憲章の指導的思想家としてカントの名前が挙げられる。アメリカの文献では時折批判と共に挙げられるのだが。カントとアリストテレス的な思慮の教えに近いプラグマティズムとの結びつきは、彼の歴史論がもつ批判的目的論の場合と同様に、永遠平和の観点における「許容法則（lex permissiva）」の可能性を、プラグマティズムのきわめて実用的な解明で行うところに見られるべきである。この点については次の文献から示唆を得た。Jost Delbrück, „Das Völkerrecht soll auf einen Föderalism freier Staaten gegründet sein. Kant und die Entwicklung internationaler Organisation", in : Klaus Dicke/Klaus Michael Kodalle（Hg.）, *Republik und Weltbürgerrecht. Kantische Anregungen zur Theorie politischer Ordnung nach dem Ende des Ost-West-Konflikts*, Weimar u.a. 1998, S. 181–213.

（11）この点については次の文献を参照。Jost Delbrück, „Right v. Might – Great Power Leadership in the Organized International Community of States and the Rule of Law", in : Jochen Abr. Frowein et al.（Hg.）, Verhandeln für den Frieden. Negotiating for Peace. Liber Amicorum Tono Eitel, Berlin u.a. 2003, S. 23–39. この際、創設論議に見られたさまざまの政治的構想は、誇大な願望を表象して作られたのではけっしてなく、むしろきわめて時代背景に適合した実行可能性を表象して作られたのだということを、近年、次の文献が明らかにしている。Stephen Schlesinger, *Act of Creation. The Founding of the United Nations : A Story of Super Powers, Secret Agents, Wartime Allies & Enemies and Their Quest for a Peaceful World*, Boulder/Col. 2003.

（12）これについては、次の拙著で論じた。Klaus Dicke, *Effizienz und Effektivität internationaler Organisationen*, Berlin 1994, S.

79.

（13） 彼の年次報告（UN Doc. A/58/1）ならびに総会における彼の演説（二〇〇三年九月二三日、UN Doc. SG/SM/8891）を参照せよ。

（14） より詳しくは次の文献を参照せよ。Sven Bernhard Gareis/Johannes Varwick, *Die Vereinten Nationen*, Opladen 2002, S. 65ff.; Wolfgang Graf Vitzthum（Hg.）, *Völkerrecht*, Berlin-New York 2001, S. 606ff.（執筆者 Michael Bothe）. 他に次の四つの拙論を参照せよ。„Bedeutungswandel kollektiver Sicherheit in der neuen Weltpolitik?", in : Dieter S. Lutz（Hg.）, *Globalisierung und nationale Souveränität. Fs. Wilfied Röhrlich*, Baden-Baden 2000, S. 399–411; „Peace Through International Law and the Case of Iraq", in : Gerhard Beestermöller/David Little（Hg.）, *Iraq : Threat and Response*, Münster/Hamburg/London 2003, S. 11–27; „Die Vereinten Nationen und der 11. September 2001", in : *ZPol* 13（2003）, S. 105–121; „Vereinten Nationen", in : Bundesakademie für Sicherheitspolitik（Hg.）, *Sicherheitspolitik in neuen Dimensionen – Kompendium zum erweiterten Sicherheitsbegriff*, Hamburg/Berlin/Bonn 2001, S. 711–722.

（15） その点で、もし二〇〇三年三月二九日の世界が、今日、正戦論の旗幟鮮明たる擁護者であるマイケル・ウォルツァーの文献を手がかりにして、戦争への法（ius ad bellum）が戦時国際法（ius in bello）に矛盾する可能性を話題にしたとしたら、世界はそれによって一九二〇年以前の立場で論議することになる。ウォルツァーについては、次の新著も参照せよ。Michael Walzer, *Erklärte Kriege – Kriegserklärungen. Essays*, hg. v. Otto Kallscheuer, Hamburg 2003.

（16） 安全保障理事会の歴史については次の文献がある。Michael Schäffer, *Die Funktionsfähigkeit des Sicherheitsmechanismus der Vereinten Nationen*, Berlin 1981; Thomas Bruha, „Security Council", in : Rüdiger Wolfrum（Hg.）, *United Nations : Law, Policies and Practice*, Vol. 2, München 1995, S. 1147–1161.

（17） 次の著作を参照せよ。Manuel Fröhlich, *Dag Hammarskjöld und die Vereinten Nationen. Die politische Ethik des UNO-Generalsekretärs*, Paderborn u. a. 2002, S. 229ff., S. 355ff.

（18） これについては、前註17の文献を参照せよ。Fröhlich, S. 283ff.

（19） 次の著作を参照せよ。Heike Gading, *Der Schutz grundlegender Menschenrechte durch militärische Maßnahmen des Sicherheitsrates – das Ende staatlicher Souveränität?*, Berlin 1996, S. 82ff.

(20)　このことは、失望を生む結果となっている一時的な拒否にもかかわらず、他の点では京都〔議定書〕や国際刑事裁判所の事例におけるアメリカ合衆国にも該当する。

(21)　次の著作を参照せよ。Abram Chayes/Antonia Handler Chayes, *The New Sovereignity. Compliance with International Regulatory Agreements*, Cambridge 1998.

(22)　これについてはたとえば次の著作を参照せよ。Bernd Martenczuk, *Rechtsbindung und Rechtskontrolle des Weltsicherheitsrats : Die Überprüfung nichtmilitärischer Zwangsmaßnahmen durch den Internationalen Gerichtshof*, Berlin 1996.

(23)　ブトロス・ガリ事務総長（当時）による一九九二年六月一七日の報告書。Boutros Boutros-Ghali, „An Agenda for Peace“. UN Doc. A47/277.

(24)　拙著の指摘を参照せよ。Klaus Dicke, *Globales Recht ohne Weltherrschaft. Der Sicherheitsrat der Vereinten Nationen als Welt-Gesetzgeber?*, Jena（Forum Politicum Jenense 11）2002.

(25)　この点については、次の文献を参照せよ。K. Albright, „United Nations“, in : *Foreign Policy* 138（2003）, S. 16–24（18）.

(26)　この点については、註3で挙げた Tharoor も見よ。

(27)　註14で挙げた拙論を参照せよ。

(28)　Klaus Dicke, „National Interest vs. the Interest of the International Community – A Critical Review of Recent UN Security Council Practice“, in : Jost Delbrück（Hg.）, *New Trends in International Lawmaking- International „Legislation“ in the Public Interest*, Berlin 1997, S. 145–169.

(29)　たとえば、次の文献を参照せよ。„Die deutschen Bischöfe“, „Gerechter Friede“, „27. September 2000“, hg. vom Sekretariat der Deutschen Bischofskonferenz, Bonn 2000, S. 84. 加えて、次の著作所収の諸論文がある。Heinz Gerhard Justenhoven/Rolf Schumacher（Hg.）, *„Gerechter Friede“- Weltgemeinschaft in der Verantwortung*, Stuttgart 2003, Kirchenamt der EKD（Hg.）, Schritte auf dem Weg des Friedens. Orientierungspunkte für Friedensethik und Friedenspolitik, 3. Aufl., Hannover 2001, S. 4f., S. 16, S. 28. さらに、註4のデルブリュック論文の註（S. 171）を参照せよ。

(30)　この点については次の論文を見よ。Herfried Münkler, „Die Privatisierung des Krieges. Warlords, Terrornetzwerke und die Reaktion des Westens“, in : *ZPol* 13（2003）, S. 7–22. また、次の文献も参照せよ。Erhard Eppler, *Vom Gewaltmonopol zum*

Gewaltmarkt? Die Privatisierung der Gewalt, Frankfurt am Main 2002.

（31）こうした事例の詳細については註24で挙げた拙著、*Globales Recht* を見よ。

（32）安全保障理事会決議第一二六九号（一九九九年一〇月一九日）

（33）安全保障理事会決議第一四五九号（二〇〇三年一月二八日）参照。また当該決議で言及されている「キンバリープロセス」については次のホームページhttp://www.kimberleyprocess.com/background.asp（アクセス日、二〇〇三年九月二三日）を参照せよ。

（34）ユルゲン・ハーバーマスは、二〇〇三年四月一七日の『フランクフルター・アルゲマイネ新聞』でそう論じている。問題の全体については、次の文献も参照せよ。Michael Bothe, „Militärische Gewalt als Instrument von Konfliktregelung : Versuch einer rechtlichen und politischen Ordnung zehn Jahre nach dem Ende des Ost-West-Konflikts“, in : Sabine von Schorlemer (Hg.), *Praxishandbuch UNO. Die Vereinten Nationen im Lichte globaler Herausforderungen*, Berlin/Heidelberg/New York 2003, S. 13–26. 次の文献も参照せよ。Klaus Dicke/Helmut Hubel（Hg.）, *Die Krise im Kosovo*, Erfurt 1999.

（35）こうしたパースペクティヴはたとえば次の論文に顕著に見られる。Kenneth M. Pollack, „Next Stop Baghdad?“, in : *Foreign Affairs* 81（2002）, S. 32–47.

（36）これについては次の文献を見よ。Matthias Ruffert, „The Administration of Kosovo and East-Timor by the International Community“, in : *International Comparative Law Quarterly* 50（2001）, S. 613–631 ; Jost Delbrück, „‚Failed States' – eine neue Aufgabe für den UN-Treuhandrat?“, in : Knut Ipsen/Edzart Schmidt-Jortzig（Hg.）, *Fs. Dietrich Rauschning*, Köln u.a. 2001, S. 427–439.

（37）次の文献は情報提供と概観を与えてくれる。„Von der Golfkrise 1990 zum Irak-Krieg 2003“, in : *Vereinte Nationen* 51（2003）, S. 43, S. 56ff. 以下に述べることの論拠は、註14で言及した論文（Case of Iraq）を見よ。また、次の文献も参照せよ。Christian Tomuschat, „Völkerrecht ist kein Zweiklassenrecht. Der Iraq-Krieg und seine Folgen“, in : *Vereinte Nationen* 51（2003）, S. 41–46; Sebastian Graf von Einsiedel/Simon Chestermann, „Doppelte Eindämmung im Sicherheitsrat : Die USA und Iraq im doppelten Vorfeld des Krieges“, in : *Vereinte Nationen* 51（2003）, S. 47–55.

（38）Stefan Fröhlich, „Hegemonialer Internationalismus“,『フランクフルター・アルゲマイネ新聞』（二〇〇三年四月一〇日）。

(39)　本論集所収のローター・ブロック論文を見よ。

(40)　次の文献に古典的な表現が見られる。Robert Kagan, *Of Paradise and Power. America and Europe in the New World Order*, New York 2003.

(41)　次の論文を参照せよ。Peter J. Spiro, „The New Sovereigntists. American Exceptionalism and Its False Prophets", in: *Foreign Affairs* 79（2000), S. 9–15.

(42)　『フランクフルター・アルゲマイネ新聞』（二〇〇三年三月二四日）の次の記事を参照せよ。„Notwendig ist eine Diskussion über das Völkerrecht. Interview mit Joseph Nye".

(43)　次の文献を参照せよ。Bernd Kubig（Hg.), *Brandherd Irak. US-Hegemonieanspruch, die UNO und die Rolle Europas*, Frankfurt am Main/New York 2003 ; Hanns W. Maull, „Der 11. September 2001 und die deutsche Außenpolitik", in : *ZPol* 13 (2003).

(44)　Immanuel Kant, *Zum ewigen Frieden, in : ders., Werke*, Akademie-Ausgabe VIII, Berlin 1968, S. 374.（カント、遠山義孝訳『永遠平和のために』カント全集14、岩波書店)。

(45)　註34に掲げたSchorlemer の編著所収の拙論を見よ。Klaus Dicke, „Regionalkammern – ein alternatives Modell zur Reform des Sicherheitsrats der Vereinten Nationen", S. 695–705.

(46)　註42に掲げたインタヴューによる。

第五章　信仰と暴力行使
——ユダヤ教、キリスト教、イスラームの聖典（成立時の文書）に見る——

ノルベルト・ローフィンク（戸田　聡訳）

【解　題】九・一一事件と、それに対するアメリカの反応との両方に、一神教の悪しき側面が現れている——すなわち、命を賭してでも信念を貫く、殉教精神。すなわち、神の名によって殺戮を正当化する、聖戦思想。このような批判は、かなり多くの人々が思い、または感じたのではあるまいか。

この場合、一神教が無差別に批判されることは珍しくなく、しかも三つの宗教がみな同じ旧約聖書を聖典とする以上、無差別な批判には根拠がある。批判に対して、一神教の側からの応答も珍しくなく、旧約学の専門家でかつイエズス会士である著者による本論文はその一例と言える。旧約聖書（ユダヤ・キリスト教）、新約聖書（キリスト教）、クルアーン（イスラーム）が各々聖戦を正当化しているかどうかという問いに対して、著者は真正面からの回答を試みている。

本論文の回答が説得的か否かの評価は、もとより読者自身に委ねられている。ここでは一点だけ指摘すると、聖戦をめぐる問題で究極的に問われているのは、聖典の言葉を神の言葉と解するか、人間の言葉と解するかということである。非信者にとっては、答えは自明である。他方、信者にとっては、聖典の中に人間の言葉という要素をどれだけ許容できるかという意味で、これは大問題である。または、非信者の場合と正反対の意味で、答えの自明な問題である。このギャップこそが、聖戦をめぐる問題の難しさだと言えよう。

この点に関連して、聖典に対する態度におけるキリスト教とイスラームとの間の違いに著者は触れている。キリスト教を信じる人々が、聖典としての聖書をどれほど批判的に扱えているかは、疑問なしとしない。とはいえ確かに、著者が言うように、聖書の批判的研究としての聖書学に相当するような「クルアーン学」は未だ存在しないので、クルアーンをめぐる困難の大きさは聖書をめぐるそれの比ではない。しかも、この問題に真に向き合えるのはイスラーム教徒のみである。

しかしながら、ひるがえって見れば、知識の言葉は信仰・信念にどれほど働きかけられるかという一層根源的な問いこそが、ここで問われているようにも思えてくる。学者としての著者の言葉は、また本書全体は、問題に対してどれほどの意義を有するのか。このような問いをも、本論文は読者に考えさせるように思われる。

はじめに　三つの唯一神宗教と暴力

九・一一の直後、問いが提起された。すなわち、ニューヨークにおいて私たちの目の前に姿を現したのは、偉大なる三つの唯一神宗教すべてが一様に遺伝子の中に有するもの、すなわち不寛容、それのみならず、己が信仰を貫徹するためには殺人すら行なう覚悟、これだったのではないか、という問いである。しかしながら、心穏やかに事態を眺めるならば、私たちは、地球規模で見られたこのような推測に対して、多少とも区別を導入しないわけにはいかない。

第一の不可避な区別とは、それら三つの宗教の成立時の推進力と、それ以降の史的現実とを区別することであり、この区別は同時に、私の主題を限定するのに役立つ。歴史を顧みるなら、ユダヤ教は、暴力に対して最も屈折した関係をもっている。それはユダヤ人がほぼ二千年にわたって賤民《パーリア》として存在したことと関連しているかもしれない。マックス・ヴェーバーによれば、賤民《パーリア》としての彼らの存在は自ら選びとられたものである。しかしながら、イスラエル国家が〔二十世紀に〕成立して以来、ふたたびすべては異なる様相を呈しつつある。初期におけるイスラームの暴力的な勢力拡大と、トルコがかかわった数次の戦争は、私たちにとっては地理的・時間的に遥かに隔たったものなので、私たちはそれらをほとんど忘れてしまった。そこで私たちは長い間、イスラームをむしろ平和的とみなしてきた。近代西欧にとって悩みの種となっているのは、特にキリスト教徒たちによるヨーロッパの宗教戦争である。啓蒙主義は、宗教戦争に対する嫌悪感の中で発展してきた。公然・隠然たる暴力のあらゆる形態によって繰り広げられてきたところの、ヨーロッパの植民地主義、並びにアメリカやロシアの勢力拡張は、今日第三世界の広範な地域においてキリスト教の現象形態だとみなされており、またイスラーム世界においては、何よりも中世の十字軍との関連で理解されている。

このイメージ全体は混乱に満ちているが、その至るところで血がしたたり落ちている。全体として見て、これら三つの偉大なる一神教は、暴力行使の覚悟を有する点で、相互に部分的にしか異ならない。むしろ、他の諸宗教との違いは消えてなくなるだろう。しかし、それと同時に、至るところで次の問いが立てられる。すなわち、本当に宗教の拡大が問題だったのか、また、それはどの程度問題だったのか、それとも、全く別の原因が相当程度作用していたのではないか、という問いである。私は今、こういったことすべてを考察から除外して、これら偉大なる三つの一神教の成立時の推進力という問題に向かうことにする。

成立時の推進力は、それら宗教の正典文書のうちに映し出されている。これら三つの宗教の類型的共通性として挙げられるのは、それら宗教が長い史的展開の間に、つねに繰り返し、起源の時代に由来する聖なる書物に立ち返っていること、また、それら聖なる書物によって、批判的問題提起を繰り返し突きつけられていること、である。そこで今や私は、ヘブル語聖書、キリスト教の聖書、クルアーン（コーラン）のそれぞれに即して見た場合、暴力行使が宗教の拡大にどれほど寄与したか、それともしなかったかという点を、ただひたすら確認するよう努めたい。それによって、これら聖なる書物からどのようなものがつねに新たに立ち上《のぼ》りうるのか、また、〔それら宗教の〕起源から見て何が、現実に繰り返し見られる〔それら三宗教の〕暴力へのかかわりということと矛盾しているか、ということが見究められるだろう。

自らの宗教の拡大を目的として暴力を行使することを「聖戦」と呼ぶことにしよう（史的には不正確だが）。そこで私たちは、旧約聖書、新約聖書、クルアーンのそれぞれがどの程度「聖戦」を正当化しているか、という問いを立てることができる。

第一節　旧約聖書は聖戦を正当化しているか？

(一) 「聖戦」という言葉

聖戦という語は旧約聖書にはない。それと比較しうる「戦争を聖なるものとする」という言い回しは、三度見られる（エレミヤ書六・四、ヨエル書四・九、ミカ書三・五）。しかしそれらの箇所で問題となっているのはイスラエルの戦争ではなく、他の諸民族によるイスラエルに対する戦争か、または、「戦争を聖なるものとする」ことを欲する偽預言者たちである。

(二) 戦争一般

「暴力」は、旧約聖書における中心的なテーマである。古代の文書であってこれほど公然と暴力について語っている書物は、他に多くない。旧約聖書で多くの機会に語られるのは、イスラエル人たちは戦争に赴いた、ということであり、彼らはそれを神の意志によるものとみなしていた、ということである。しかしこれについては、古代世界を知っている人なら誰でも、直ちに次のように言うだろう。すなわち、戦争に宗教的次元があるのは、イスラエルに限った話ではない、と。それは古代世界では、どこででも自明のことだった。戦争を始める前には、神々に対してお伺いが立てられ、祈りや供犠によって神々の助けが乞い求められ、そして勝利の後には、謝意を表すものとして戦利品の一部が神々に献げられた。

さらに、これには深い意味があった。すなわち人は、当の戦争が正しいものだということを確信したかったのである。正しくない戦争ならば、神々は人に敵対していただろう。それゆえ、古代オリエントにおけるすべての戦争は一種の礼拝として遂行されたのであり、この意味でそれらは「聖なるもの」とされた、すなわち「聖戦」だったのである。イスラエルと他の諸民族の間に何ら相違が存在しなかったように、通常の戦争と聖なる戦争の間には何ら相違が存在しなかった。しかし、以上すべては、「聖戦」ということで私たちがふつう思っていることではない。

(三)　ヨシュア記とパレスティナ征服

私たちの問題を考える際に、消化すべき難物が旧約聖書には存在する。それはヨシュア記である。ヨシュア記は、イスラエルが自らの歴史の始めに約束の地（パレスティナ）をどう征服したかを物語っている。このあたりを、私は多少詳しく立ち入って見なければならない。なぜなら同書は、今日のイスラエルにおける意識形成についても大きな役割を果たしているからである。

まず特に一つのこと。すなわち、ヨシュア記で問題となっているのは宗教の拡大ではない。旧約聖書において、イスラエルが神から託されて遂行した戦争であって、異民族を自分たちの神の支配下に置くことや、異民族に自分たちの信仰を押しつけることを目的とした戦争は、あったためしがない。そのような考えは旧約聖書から全く懸け離れている。

しかしながら神は、イスラエルが約束の地に入るに当たって、同地に住む七つの民族を根絶するようイスラエルに命じている。このことを示すため、申命記七章一―二節を引用しておこう。

あなたが行って所有する土地に、あなたの神、主があなたを導き入れ、多くの民、すなわちあなたにまさる数と力を持つ七つの民、ヘト人、ギルガシ人、アモリ人、カナン人、ペリジ人、ヒビ人、エブス人をあなたの前から追い払い、あなたの意のままにあしらわさせ、あなたが彼らを撃つときは、彼らを必ず滅ぼし尽くさねばならない。

この箇所に呼応するように、ヨシュア記では征服のことも述べられている。〔ヨシュア記をめぐる〕聖書学の状況は極めて複雑であり、ここで私は、決定的なことだけを示唆できるにすぎない。

今日私たちが考古学によって知っているのは、イスラエルは約束の地をまったくこのような仕方で所有するに至ったわけではない、ということである。後にイスラエルを構成することとなった人々は、紀元前二千年紀の終わりごろ、徐々に外から浸透してきたか、または同地の諸都市から移住して、山地に形成されつつあったイスラエル人たちの新しい集落に合流したのである。しかし、ではどのようにして、ヨシュア記が〔このような事の次第と〕まったく異なる話を記すなどということが起こりえたのか。

〔イスラエルが〕約束の地を暴力的に征服するというヨシュア記のイメージは、五百年以上新しいものである。すなわち、紀元前八・七世紀に強力な帝国〔すなわち新アッシリア帝国〕を建設したアッシリア人たちがその際、オリエントにおいても前例のないほどの粗暴さで、諸民族をまるごと別の地へと追いやるか絶滅させるという挙をやってのけたことに対する、文学的対抗プロパガンダとでも言うべきものとして、ヨシュア記は書かれたのである。アッシリア人の側のプロパガンダは、特に彼らによる恐怖に対する不安に働きかけたものであり、アッシリアのこの恐怖プロパガンダに直面して、ヨシュア記は、まだ半分は自由を保っている小国ユダのエリート層を励ますこととなったのである。ヨシュア記はその物語の中で、かつてイスラエルのために強力に――アッシリア人に比較しうる仕方で

――立ち働かれたという自らの神の力を、語り伝えた。ヨシュア記全体は「アッシュルの神にできることは、我々の神にはとうの昔にできているのだ！」という話だ、とまとめることができよう。ヨシュア記は、アッシリア人がもたらした苦境の中で、神に対する根底的な信頼を人々に要求することとなったのである。

　しかしながら、この対抗プロパガンダにおいて、〔ヨシュア記の〕著者たちは同時に慎重でもあった。つまり彼らは、次のように言っていたのである。すなわち、他の諸民族の根絶、これはかつて、そもそもの始めの一回限りの行為においては、あってよかった。今、現在においてイスラエルのためには、同じようなことが二度とあってはならない、と。それゆえ彼らは、戦争に関する法を申命記に書き加え、その中で、後にイスラエルが巻き込まれることとなる通常の戦争と、一回限りのかの最初の土地征服との間に、明確な区別を設けたのである（申命記二〇・一〇―一八）。それにもかかわらず、後に聖書文書の編纂に携わった人々にとって、ヨシュア記は不快なものであり続けた。これを正典から排除することは、彼らにはもはやできなかったのだろう。しかし彼らはこれを脇へと追いやろうとし、そこでたとえば、聖書の中核を成すトーラーからヨシュア記をふたたび排除したのである。この点について私は今、これ以上詳説することができない。

　法の貫徹のための暴力をめぐっては、ユダヤ教の伝統は後に全く明快なものとなった。たとえば、一般にあまり意識されていないことを言うと、キリスト教が登場するより千年も前に、ユダヤ人たちは自分たちの中で死刑を事実上廃止していたのである。そして、ヨシュア記の諸民族絶滅に関して言うと、中世の偉大な哲学者にしてトーラー学者であるマイモニデスは一方で、〔上記の〕七つの民族の絶滅は当時には神の掟だったという、まったく歴史主義的な思考をしている。しかし他方で、彼は直ちに付け加えて、この掟はその後もはや意義を有しなくなっている、なぜなら、その七つの民族はもはや存在しないからである、と言っている。彼らについてのみ、掟は当てはまったのだ。

(四) シオンへの帰還

前六世紀のバビロン捕囚においてイスラエルは、自分たちの土地をほぼ全面的に失った。これ以降、イスラエルの預言者たちが故郷への帰還を語る場合、興味深いことに彼らは、新たな征服戦争といったことをまったく考えていない。彼らが語るのは、神が起こされるところの大いなる奇跡である。今日のイスラエルにとっては、本来的に言って、ヨシュア記でなく、故郷への帰還というこの約束だけが、シオニズムの聖書的基盤であるはずである。実際、シオニズムの初期においては、それはそのようなものだった。

(五) 旧約聖書——宗教の拡大に関して

捕囚以降、イスラエルの唯一なる真なる神への信仰が他の諸民族の間に広まるということがテーマとなっており、そのテーマのために、同様に預言者たちも暴力と無縁なイメージを描いている。そこにおいてとりわけ見られるのは、いかにして人がお互いと平和裡に暮らせるかを自らの実例によって諸民族に教えるという、イスラエルのイメージである。この種の文章として最も細密を極めるものは、イザヤ書二章とミカ書四章に見られる。ミカ書を引用しておくと（ミカ書四・一―三）、

終わりの日に
主の神殿の山は、山々の頭として堅く立ち
どの峰よりも高くそびえる。
もろもろの民は大河のようにそこに向かい

多くの国々が来て言う。
「主の山に登り、ヤコブの神の家に行こう。
主はわたしたちに道を示される。
わたしたちはその道を歩もう」と。
主の教えはシオンから
御言葉はエルサレムから出る。
主は多くの民の争いを裁き
はるか遠くまでも、強い国々を戒められる。
彼らは剣を打ち直して鋤とし
槍を打ち直して鎌とする。
国は国に向かって剣を上げず
もはや戦うことを学ばない。

ここでぜひとも注目すべきは、シオンへの諸民族の巡礼というこのヴィジョンは、一方で、歴史の終末について語っているのだということ、しかし他方で、その実現は今、今日において始まるのでなければならないということ、である。というのも、ミカ書にはさらに次のようにあるからである（ミカ書四・五）。

どの民もおのおの、自分の神の名によって歩む。

我々は、とこしえに
我らの神、主の御名によって歩む。

かくてイスラエルは既に今日から、トーラーの道、平和の道、その神の名による道を歩むべきなのである。そうすれば、いつの日にか、他の諸民族がイスラエルから平和を学んで、自分たちの剣を打ち直して鋤にすることが起こりえよう。かくて旧約聖書は、宗教の拡大が問題となる際に、このような境地に到達しているのである！

(六) まとめ

全体として、こと暴力に関しては、旧約聖書を一文で要約することはできない。旧約聖書は暴力を知っており、同時代の他の文書にないほどに明確な仕方で、それについて語っている。その際旧約聖書は、暴力がどういうものかをあからさまにしており、そして同時に私たちの眼前に、世界平和のヴィジョンを置いている。すなわち、諸民族はイスラエルから、義なる社会とはどういうものかを学ぶのであり、そしてイスラエル自身がその端緒とならなければならない、というのである。いずれにせよ、世界規模の神支配の樹立を目的とするイスラエルの聖戦ということを、旧約聖書は教えていない。

(七) 残る諸問題

しかし、イスラエルの聖書は、これら諸問題との長年の格闘を反映しているので、多くの読者にとって、特に彼らが個々の文書（群）を分離してしまって全体を視野に入れない場合には、［イスラエルの聖書の全体としての主張は］

必ずしも充分に分明ではない。この点で、伝統的なユダヤ教と、もはや古来のユダヤ教の伝統に立脚していないが聖書をよく知っているところの、今日のイスラエルの住民の一部との間にもまた、相違が存在する。信じがたいほどに緊張した今日の状況の中で、特にそういう住民グループが、また、〔イスラエルの〕住民のその他大勢が、最終的な〔形態における〕旧約聖書にもユダヤ教の伝統にも合致しない仕方でヨシュア記を読むということに、私たちは驚いてはならない。

第二節　新約聖書は聖戦を正当化しているか？

この点については、本論文集の基となった研究会への参加者が主として中部ヨーロッパから来ていることを踏まえて、私はごく簡潔に自分の考えをまとめることが許されよう。

（一）　暴力の否定

新約聖書は、ユダヤ教とは反対にはっきり宣教的だが、しかし断然、宗教の拡大のためのいかなる聖戦をも知らないと言える。このことは、原始教会が、キリストの到来とともに、諸民族の巡礼という預言の実現が始まる瞬間が到来したと確信していたことと、関係がある。しかし、基本方針を示す言葉とは「来て見なさい」（ヨハネによる福音書一・三九）である。神の共同体は暗い汚れた社会の中で光を放ち、その魅力によって世を変革するべきなのである（フィリピの信徒への手紙二・一五を参照）。

（二） ナザレのイエスにおける基礎

手段としての暴力の否定については、イエス自身の例が決定的な意義を有する。ユダヤ人の反ローマ的解放運動であり、ローマの占領権力に対する闘争によって神の支配を力づくで招来しようとしたゼーロータイから、イエスは根底的に距離を置いていた。山上の説教における、暴力放棄と愛敵を説くイエスの要求（マタイによる福音書五・三八―四八）は、弟子たち相互の間の〔共同体〕内的倫理であるばかりではない。イエスは、自らの生の決定的な状況において、外敵に対する自己防衛のための暴力使用を放棄した。剣をとるよりも、彼は十字架上で処刑されることのほうを選んだのである（マタイによる福音書二六・五二―五四を参照）。この死なしには教会は成立しなかっただろう。教会の意義は、この世における平和の場所だということにある。こういったことすべてを私がここで詳述する必要はない。山上の説教は誰もが知っている。

（三） 後代における希薄化

後の時代において、暴力に対するこの拒否が理論的に希薄化されたことは、コンスタンティヌス大帝の宮廷神学者であるカイサリアのエウセビオスの著作において初めて窺われる。彼は、平和なるシオンへの諸民族の巡礼に関する諸々の預言に新たな解釈を付与した。彼によれば、皇帝アウグストゥスの軍隊によって全世界が平定されるまさにその時に永遠の救い主がこの世に来るということを、神はご自身の知恵によって取り計らわれた。かくて、地上の平和はもはやキリストや神の民にかかわる事柄ではなく、国家にかかわる事柄だったのであり、そして国家は、平和を作り出すために軍隊を所有していた。念のために言うなら、このことが意味するのは、暴力による宗教拡大ではなく、宗教の拡大と暴力なしの生き方との間の、関連の解消ということだろう。ほどなくして、国家との〔キリスト教の〕

結婚は、ビザンツにおいて一層緊密なものとなった。このことは、イスラームの成立の際に影響を及ぼさなかったわけではなかったかもしれない。この点についてはまた立ち戻ることにする。しかし、既にエウセビオスは〔キリスト教〕成立時の文書〔すなわち聖書〕に合致していない。その後、近代の世俗化過程に対してキリスト教側から表明された「然り」もまた、エウセビオスのアプローチを超え出てはいないように私には思われる。

第三節　クルアーンは聖戦を正当化しているか?

(一)　方法的アプローチ

ここでは私は、自らの能力不足ゆえに、専門家の研究に依拠して語るほかない。クルアーンについては、〔聖書の批判的研究がかつてたどったように〕史的・文芸学的合理性とでも言うべきものを通り抜けてきたような、〔一般に〕受容された、入門コース終了済みの解釈学なるものは、未だ存在しない。ムハンマド以降の最初の数百年の中で発展して支配的となり、かつ今日でも人々の思考を導いているものである古典的な説明体系に、私たちは依拠しなければならない。しかしながらこの体系は、もともと非常に具体的な状況にかかわっていたがしばしば比喩的かつ脈絡のないものとなっている、クルアーンの諸々の言葉を、私たちの問題との関連で、まったくもって一個の明確かつ具体的な概念へとまとめあげているように見える。それゆえ私は、クルアーンの箇所をいくつか引用する前に、ジハード〔というその概念〕に関するイスラームの古典的教説から始めることにする。ジハードとは私たちがふつう「聖戦」と訳す単語だが、この訳し方は一面的である。

（二）　ジハードについての古典的教説

ジハードという考えにとって決定的なのは、世界全体を二つの領域に分割するということである。すなわちイスラーム世界は、ダール・アル・サラーム（平和の家）またはダール・アル・イスラーム（イスラームの家）であり、非イスラーム世界全体はダール・アル・ハルブ（戦争の家）である。ハルブとは、非信者がお互いに対して、またはイスラームに対して行なう、邪悪な戦争である。非信者の世界は基本的にこの良くない意味の戦争と暴力によって特徴づけられる。だからそれは「戦争の家」なのである。

　これに対して、全イスラーム教徒の共同体であるウンマにおいては、平和が支配しなければならない。それゆえ「平和の家」なのである。ジハードとは今や、平和の家としてのイスラームがどんどん拡大していき、いつの日か、全世界が信じるようになる、つまりイスラームに帰依し平和裡に生活するようになる、その仕方である。これが基本的な考え方である。

　しかし、ジハードとは何か？　それは単に「聖戦」なのではない！　文字どおりにはジハードは（ジャハダという動詞の名詞化した不定詞として）「奮闘努力」の意味である。それは、イスラームのためにあらゆる力を動員することを意味する。ジハードとは、力と熱情の限り真の宗教を広めようとする奮闘努力である――信仰生活の力を以て、精神〔または霊〕の力を以て、経済の力を以て、また、戦争の力をも以て。この広義において、イスラームの共同体全体はジハードへの義務を負っている。

　人々をジハードへと促すイマームがいる場合、彼が宗教における奮闘努力を意図しているのか、戦争を意図しているのかということは、この言葉の意味の広さゆえに、最初から明瞭とは言えない。彼はどちらをも意図しているのかもしれない。非信者に対する戦争を意味する「小ジハード」と、自分の魂に対する戦争、つまり回心と錬成を意味する「大ジハード」を分けるという、預言者ムハンマド自身に帰せられる区別が存在する。しかし、この伝承《ハディース》はたぶん比較的後代のものであり、そしてそれは、「小ジハード」は起こってはならない、とは決して言っていない。

本来の戦争としてのジハードについては、イスラームにはさらに独特の言葉がある。宗教の拡大のための戦争はハルブではなく――ハルブは非信者が行なう戦争にすぎない――、キタールという。キタールは、宗教のために武器を使って行なう戦争である。かくて私たちは今や、私たちがふつう理解している意味での「聖戦」という言葉に出くわしたのである。すなわち、宗教のための戦争。

キタールはまったく侵略戦争たりうる。なぜならイスラームは継続的に拡大していかなければならないからである。しかしそれは防衛戦争でもありうる。なぜなら、イスラームがいったん定着したあらゆる領域は、非信者たちからつねに守られなければならず、それが後に失われたなら、ふたたび彼らから取り返されねばならないからである。

今一度強調するなら、イスラーム教徒が義務として担うべき使命（ダアワ）は、戦争だけによって行なわれるのではない。それはしばしば、イスラームの聖人たちが人々に与える、大いなる感銘を通じて行なわれる。またとりわけ、それは移住によっても行なわれる。イスラーム教徒が非信者たちの地域に定着し、そこで大勢になり、ついには自分たちの共同体のために自分たち自身の法すなわちシャリーアを求めることができるほどにまで強力になる。これは、目下ナイジェリア北部で起こっているドラマである。この法がイスラーム教徒たちに保障されないなら、または、彼らが攻撃されるなら、それは彼らにとって、剣をとって非信者に対して戦う時である。事態はキタールへと立ち至るのである。

キタールが終わり、非信者たちが降伏したなら、講和の締結が可能となる。この「平和」は、敗れた側はイスラームの法体系（シャリーア）に服属しなければならない、ということを含んでいる。彼らは人頭税を払わなければならなくなる。彼らがユダヤ教徒またはキリスト教徒の場合には、彼らはイスラームへの改宗を強制されず、ジンミー（保護を命じられた者たち）すなわち二級市民として、シャリーアの規定のもとで生き続けることができる。

しかしながら、イスラーム教社会の中でイスラーム教徒を意のままにするような地位を彼ら非信者が占めることは、禁じられている。そこでたとえば、彼らは行政部門に職を得ることは許されていない。服属する限りにおいて、彼らには限定的な寛容が存在する。しかし彼らが宣教活動をするなら、彼らはイスラームの剣の刃にかかることとなる。宣教に対しては死刑が科せられているのである。

こういったことすべては、大体において、私たちの中世の寛容理解にも合致している。中世のヨーロッパにおいてユダヤ人たちは、同じような二級市民としての立場を有していた。しばしば、彼らの状況はもっとひどかった。非信者たちとの講和の目的は、特に敵が強すぎる場合には、イスラームが自らの力を強化することである。ジハードへの義務は継続的なものとして存在するので、厳密に解するなら、「平和」とは限定的な停戦状態なのである。しかる後に、敵を負かすことができる状況が生じたなら、講和は無効とされ、ふたたび戦争遂行が可能となる。

しかしながら、この戦争には規則が存在し、それら規則の一部はイスラーム以前のアラビア人の礼法に由来している。男子の最も重要な義務は、自らの名誉および自らの部族の名誉を守ることだった。彼は、自分が侮辱された時には復讐し、戦いにおいては勇敢であり、しかし、弱者、とりわけ女性・子供・老人には、決して危害を加えない。このような理由で、ジハードにおける武器を使った戦いは、私たちがテロ行為と呼ぶものを除外している。

この限りで、九・一一のテロ攻撃と、それを担った運動全体とは、聖戦に関するイスラームの古典的・伝統的解釈にまったく反している。それゆえ、それらは、イスラーム諸国の政府によって、何ら問題なく公けに断罪されてよいものである。イスラーム教徒は正当にも、ジハードを全体主義的テロと解釈する、イスラーム教徒の中の「ジハード主義者」たちから、距離を置くことができるのである。

かくて、私たちが今日見聞きしているのは、聖戦についての古典的解釈の、ラディカルなまでの誇張である。しかしながら、ジハードに関する古典的教説のそのようなラディカルな解釈もまた、イスラームでは可能なのであり、それは、一九二八年に「ムスリム同胞団」が結成されて以来、次第に頻繁になってきている。西欧を、とりわけイスラエルと米国を、しかしまた一般にユダヤ教徒とキリスト教徒を、どこにおいても戦うべき相手すなわちイスラームの敵とみなす「ジハード主義」は、この間、イスラーム世界において広範な支持を得ている。イスラームは、西欧から絶えず屈辱を受けていると感じている。このような脈絡で「キリスト教徒」とは、単にキリスト教の信者だけでなく、西欧社会のすべての人々を意味する。

(三)　クルアーンの教え

クルアーンでは、ジハードおよびそれと同根の動詞ジャハダは、たいていの場合徹頭徹尾、信者のための戦争を意味する。省略なしの十全な言い回しは「アッラーの道で奮闘努力する」である。ここで私は、時間の制約のため、三箇所のみ引用できるにすぎない。それらの引用は、既に述べたジハードについての古典的教説の背後にクルアーンのどのような文章があるかを示すものである。

非信者に対して戦うという義務は、第二章《スーラ》第二一六節に明確に規定されている。(1)

あなたがたが嫌おうとも、戦い（キタール）があなたがたに規定される。

しかし、同じ章《スーラ》ではキタールについても正しい戦争遂行が求められている。その際イスラームの失われた領域の再征服ということもまた話題に上っている（第二章《スーラ》第一九〇節以下）[2]。

あなたがたに戦いを挑む者があれば、アッラーの道のために戦え。だが侵略的であってはならない。本当にアッラーは、侵略者を愛さない。かれらに会えば、何処でもこれを殺しなさい。あなたがたを追放したところから、かれらを追放しなさい。……迫害がなくなって、この教義がアッラーのためになるまでかれらに対して戦え（キタール）。

イスラームの版図の積極的な拡大が重要事たりうるということは、第九章《スーラ》第一二三節の文章から明らかとなる[3]。

信仰する者よ、あなたがたに近い不信者と戦え。そして、あなたがたが意志堅固で力強いことを、かれらに知らせなさい。アッラーは主を畏れる者と共におられることを知れ。

私はこれら三つの箇所の引用にとどめておく。これらはムハンマド死後のイスラームの拡大に合致しているだけでなく、キリスト教にとってイエスの生涯が原型的であるのと同様に、イスラームにとって原型的であるムハンマド自身の生涯にも合致している。

(四)　ムハンマド、そして、宗教のための戦争

ムハンマドは六一〇年ごろからカリスマ的な宗教説教者として登場し、メッカで一つの信徒集団を集め、しかしそこにおいて困難な状況に陥り、六二二年にメディナへと移った。同地で彼は、小さな都市国家の先頭に立って、イスラームの大いなる家の建設に従事した。六二二年以降、彼の生涯は戦いと戦争によって彩られ、ついに六三〇年、なお多神教的だったメッカを彼は奪還することに成功した。その二年後に彼は亡くなった。

彼は、神について新たなことを語り、人々を自分のもとに集め、互いに敵対していた諸部族を一つにすることを心得ている預言者的人物であっただけではなかった。彼は偉大なる戦士・司令官でもあった。アラビアの諸部族の間の尽きざる戦争を終わらせたのは、彼の功績である。彼の使信を受け入れた者は、もはや兄弟戦争を遂行してはならなかったのであり、その限りで、彼は真の平和的使信を持っていた。他方で、信者に対して、非信者に対する武装した戦闘を義務づける彼のやり方は、極めて現実的な意図を持っており、この義務づけは、彼の死後わずか数十年におけるイスラームの驚くべき連戦連勝を帰結した。その限りで、「聖戦」はまったくイスラームの相続財産の一部を成しており、それはイスラームの成立時の文書とイスラームの史的端緒とのうちに潜勢的に存在する。

(五)　イスラームにおける宗教と社会

究極的には、イスラームと暴力の間に最初から存在する結合関係は、イスラームの社会形態と関連している。イスラームにおいては国家・社会・宗教は不分離であり、宗教の法は国家の法である。そこで、法と秩序を維持するために国家が〔自らのものとして〕要求しなければならない暴力独占ということが、必然的に信仰の領域に入り込んでくる。

イスラームはユダヤ教とキリスト教とを基にしている。ムハンマドは両者を完成させたかったのだ。しかし彼は、

少なくとも、教会と国家とを明確に区別したようなキリスト教には、全く接していなかった。よく旅行し世故に長けたこの商人〔ムハンマド〕は、キリスト教世界（これは彼にとってはすなわちビザンツのことだった）において信仰と国家がいかに強力な一致を作り出しているかについては、大変よく知っていただろう。「皇帝のものは皇帝に、神のものは神に返しなさい」（マタイによる福音書二二・二一）というイエスの言葉があるということは、彼はたぶんまったく知らなかっただろう。

展　望　イスラーム、世俗化、そして解釈学

宗教としてのユダヤ教は、自らのことを私的な個人的宗教性と解したことは一度もなく、つねにその社会的次元を保持してきた。しかしそれは、〔社会における〕周縁的集団として、国家による暴力行使ということとかかわらなかった。イスラエル国家が創建された時、この国家は、世俗化された近代の精神に由来する世俗国家という自己理解を有した。このことは今日でも妥当する――〔建国以来今日に至るまでの〕この間に、最初の時の多数派のメンタリティーの中で何が起こったかを見定めるのは困難だが。私たちの今日の問題はイスラエルと結びついているが、それは、イスラーム側の反対の立場と極めて緊密に絡み合っている。西欧世界で解放されたユダヤ教は、それ自体としては、キリスト教圏において根本的には既に十一世紀のグレゴリウス改革以来進行しつつある過程、すなわち、教会と国家の分離という過程だけでなく、広範な社会諸領域の世俗化という過程をも、類似の仕方で自ら受容する能力を有していたのである。

キリスト教世界は、苦労しながらこの過程を、最初は自発的に、後にはむしろいやいやながら、そして最後にはま

ったく得心して、完遂した。このことに立ち入るのは私に課せられた課題ではない。自らの究極の存立根拠を機能的な部分システムへと私《わたくし》化した社会が長期的に存続しうるかどうかということは、きっと今後、なお明らかにされなければならないだろう。ともあれしかし、一つのことは原則的に達成された。すなわちキリスト教信仰は、行使すべき暴力をもはや有しないのである。その限りで確かに、キリスト教信仰はふたたび自らの成立時の文書に、この間そうであったよりも一層近づくこととなった。今なお、暴力に対してキリスト教的なキーワードによるレッテル貼りが行なわれる場所においては——北アイルランドにおいて、と私たちは言っているのだが——、少なくとも部外者は真の状況を見抜いている。

今日、決定的な問題は、イスラームがこの過程をくぐり抜けていないということであるように思われる。もちろん人は、イスラームが、自らにとって典型的である宗教・社会・国家の融合という状況からとにもかくにも脱出することを、ひたすら願うことができるばかりである。しかし、それは期待できることなのか？　国家と宗教の混ざり合いということは、イスラームの最も内奥の端緒に属することなのではないか？　それにもかかわらず、私たちはこれを期待しなければならず、この目標が〔宗教としてのイスラームの〕実質の喪失なしに達成可能だと考える前衛的な人々に、可能な限り助力を提供しなければならない。そのような人々は大部分、追放状態にあり、つまり、私たちのもとにいる。

私は自分の説明の中で、注文に従って、三つの偉大なる一神教の成立時の文書に集中してきた。この関連で、宗教共同体における聖典の解釈学には特別な意義が帰せられるべきであるように私には思われる。今日、キリスト教会のかなりの部分は、少なくとも〔信仰心だけでなく〕史的・文学批評的・哲学的合理性もまた作用している、そのような仕方で、自らの聖典文書を取り扱っている。まさにこれが、使信の中の実質と偶然的なものとを区別する可能性を切り開いている。ユダヤ教においてもこの間、伝統的な、それ自体は高度に知的な聖書的伝統の維持と並んで、近代的な型の聖書学が息づいている。どうやら重要なのは、まったくもって、同様なものがクルアーンについて発展する、ということなのだろう。クルアーン自体は、後代の教説よりも開かれたものである。決定的〔に重要〕なのは、イスラームもまた、自らのクルアーンを、中世においてとりあえず可能だったよりも良く読むことを学ぶ、ということである。これは、目下のところ極めて空想的に響く。しかし、そこにのみ希望は存するのである。

私の判断によれば、宗教的実質が奪われるほどまでにイスラームを私たちの世界に適合させる、というほどにイスラームを解体することを私たちが願うのは、僭越なことである。イスラームはそのようなことを容赦などしない。イスラームがどのように抵抗するかということを、現に私たちは体験しつつある。

しかしイスラームは、キリスト教信仰が自らを放棄してしまうことなしに苦労しながら進んだところの、聖典の合理的解釈という道を、一種のモデルとすることは少なくともできるだろう。疑いなく、何かこの種のことがより良い解決だろう。そしてそうなればたぶん、ジハードという概念もまた、別の価値を獲得するようになるのだろう。

訳　註

（1）『日亜対訳　注解　聖クルアーン』日本ムスリム協会、一九八二年、三九頁。但し、ローフィンクの独訳に合わせて訳文を一部修正。
（2）同書、三四—三五頁。引用文中の（　）の部分はローフィンクによる補い。
（3）同書、二四四頁。

第六章　グローバルな共存の基礎

――西洋的価値か普遍的価値か？――

オットフリート・ヘッフェ（田原彰太郎訳）

【解　題】グローバリゼーションはアメリカやヨーロッパ諸国による文化帝国主義の拡大プロセスにすぎないのか、あるいはグローバリゼーションにはそれを超えた価値が含まれているのか。たしかに、日本に住む私たちのまわりにはそれらの諸国から輸入された商品が溢れており、私たちはそれらの商品を購入し、消費している。私たちの消費行動がアメリカやヨーロッパの市場拡大の一翼を担っているのは事実であり、それゆえ、グローバリゼーションとは結局のところ西洋文化による植民地化のプロセスにすぎないという考えにはある程度の説得力がある。しかし、グローバリゼーションのこのような理解は一面的な把握にすぎないようにも思える。私たちは西洋文化を無反省に受容しているのではなく、西洋文化を自らの評価に基づき自発的に取り入れているのではないか。例えば、人権という概念も輸入され、翻訳されることによって日本語として根付いた概念である。この人権という概念を私たちは西洋から押し付けられ、西洋からの圧力によって人々の人権を守り続けているのだろうか。そうではなく、人権が認められる社会の方がそれが認められない社会よりもよい社会であると私たちが自ら判断しているゆえに、人権の妥当性を認め続けているのではないだろうか。

　ここに訳出した論文「グローバルな共存の基礎――西洋的価値か普遍的価値か？」の著者であるオットフリート・ヘッフェは、アリストテレスやカントからロールズに至るまで西洋哲学についての幅広い知識を持つ哲学者であり、『グローバリゼーションの時代における民主主義（*Demokratie im Zeitalter der Globalisierung*）』（1999）など、この論文と関連する主題を扱った著書も出版している。ヘッフェはこの論文の中で、ハンチントン批判・イスラーム法宗教学への疑問の提示・戦争の私物化・国際社会における寛容の在り方など多種多様な問題を扱っているが、それらの問題を扱う際に通底する問題意識となるのが、「グローバリゼーションは単なる文化帝国主義の拡大のプロセスにすぎないのか、あるいはグローバリゼーションにはそれを超えた価値が含まれているのか」という上記の問いである。

まずはじめに方法についての前書きを述べておこう。近代の政治的成果は立憲民主主義である。立憲民主主義が広く受け入れられるためには、それを好意的に迎え入れる社会と政治的経験のほかに、「人間的共生のどのような形式が正当なものであろうか」という問いに導かれる純粋に規範的な熱慮がとりわけ必要であった。政治的倫理学はこの問いを中心に据えるが、ただしこの問いのみで満足するということはない。経験への眼差しがなければ、政治的倫理学は、純粋にどこでもなく・いつでもないものを素描するような悪い意味での「ユートピア的なもの」にとどまるであろう。

第一節　厄介な二者択一？

二〇〇一年九月一一日に起こったテロ攻撃が文字通りの意味での人類に対してはっきりと示したものは、注意深い市民ならばすでに以前から知っていたこと、つまりグローバリゼーションは経済的事象をはるかに超えたものであるということである。環境汚染も、麻薬売買・武器売買・人身売買のような組織化された犯罪も、そしてまさにテロリズムも国家的境界に注意を払うことはない。すでに当時から広まっていたもの、つまりグローバルに活動する暴力を見落しえたのは、東西紛争と場合によっては起こりうる核戦争に夢中になっていた者だけである。

幸いにも、多くの暴力共同体には、さらにより多くの協力共同体が付け加えられる。ずっと以前から、経済・金融市場にさえ先立って、「グローバル化」していた領域がある。それは、哲学・科学・医学・技術、さらに大学制度・音楽・演劇・文化であり、全世界に広まっているゆえに世界宗教と呼ばれる諸宗教はいずれにせよ「グローバル化」していた。また、大規模な避難民の移動を通じて、飢餓や貧困、ある点では政治的・ある点では文化的・ある点では宗教的な抑圧が世界の全地域に波及的影響を及ぼす。それゆえ、グローバル化が生じるのは、グローバルな暴力共同体・グローバルな協力共同体・苦境苦難を共有するグローバルな共同体という三つの次元においてである。この三つのすべての次元においてグローバルに行動する必要性があり、この必要性がそのグローバルな射程のゆえに今まで支配的であった政治的単位、つまりしばしば論争的なニュアンスをともなって「国民国家」と呼ばれる個々の国家を相対化するのである。

中間の次元であるグローバルな協力が及ぶ範囲は経済・金融市場をはるかに超えているゆえに、グローバルに共通する文明枠組みが形成されるが、幸運にも、標準化された同一の生活様式や世界的に均質な文明が形成されているわけではない。さて、この〔枠組みの〕発展は「西洋」という大きな地域から始まるが、この事実が次のように問うことを強いる。文明的支配が作り出されるのか。通常の場合はたしかに武器が用いられることはないが、しかし、ある文化が〔グローバルに共通する文明枠組みを受け入れることを〕禁止したり、あるいは暴力をも辞さない狂信さえも扇動する場合は別としても、そこからはどのような文化も逃れられないほど圧倒的な、ヨーロッパ的でもあるが、とりわけアメリカ的である植民地化という最後通牒のような一歩がここで踏み出されるのか。

この診断が正しいとすれば、この診断は疑いなく厄介な意味を持っている。文明的支配は当然のことながら他の諸文化が持つ自己尊重と自らに価値を認める感情を毀損する。侮辱でさえあるこのような毀損はきわめて非理性的であるばかりではなく、文化的自己防衛の名のもとで暴力を用いようとする気構えを増幅させるであろうがゆえに、この毀損はこのような気構えに道徳的権利さえも与えるだろう。この毀損はまた、西洋文化の根本思想である正義と調和しにくい。というのも、正義は常に経済的紛争に関わるばかりではなく、同様に社会的・文化的・政治的紛争にも関わるからである。そうであれば、議論の余地なく最低限守られねばならないことは、専断の禁止であり、これを肯定的に表現すれば、同権〔権利の平等〕である。しかも、それは様々な文化が持つグローバルな同権を含めた一般的同権である。

それゆえ、次の問いが問われることになる。はっきりと浮かび上がったグローバルな文明枠組みは実際にはまったく純粋に西洋的であり、このような枠組みにはユダヤ・キリスト教の思想がたっぷりと染み込んでいるゆえに、他の諸文化と諸宗教はこの枠組みを文化的・宗教的脅威として、さらには文化的・宗教的抑圧としてさえ認知せねばならないのか。西洋化への強制か、さもなければ反西洋的強制か、という二者択一が実際に迫られているのだろうか。それとも、西洋という地域的概念の背後には、正義の思想の中にすでに浮かび上がっているもの、つまり超地域的な、さらには普遍的でさえある諸価値の理念が隠されているのだろうか。

第二節　ハンチントン批判

サミュエル・P・ハンチントンの診断（1993, 1996）は大いに反響を呼んだが、その診断に従えば、グローバルな文明の衝突（clash of civilization）が迫っているという。〔この診断が正しければ〕かつては君主の間で、次には国民国家の間で、その後にはイデオロギーの間で生じた戦争は、将来的には社会形式あるいは文化圏という意味での文明の間でとりわけ生じるであろう。ハンチントンは七つあるいは八つの文明を挙げている。それは、西洋・イスラーム・中国－儒教文化・日本・ヒンズー教・スラブ正教・ラテンアメリカ文明、場合によってはアフリカ文明である。しかし、五つの観察がハンチントンに対する反証となる。これらは観察であるがゆえに、純粋に規範的な要素ではなく、記述的要素である。

第一に、ハンチントンのように文明を列挙することからしてすでに、修正を必要とする。紛争多発地域であるアフリカは、おおよそで言っても、固有の文明として見なされうるほど均質ではない。日本においてもまた、神道と仏教というヨーロッパ的理解に従えば異なった二つの宗教が平和に共存しているし、個人の中で統合されてさえいる。さらに、日本人は（キリスト教を含む）西洋の多くの要素に対して開かれている。東欧（中欧）においては、相当な部分がスラブ正教を信仰しておらず、それにもかかわらずスラブ人である。とりわけラテンアメリカは、スペインとポルトガル・キリスト教の教会との結びつきをきわめて強く感じているので、西洋から自らを固有の文化として切り離そうとすることができなかったのだ。おおよそで言っても、衝突すると言われている諸文明の境界をハンチントンが想定しているほど明確に引くことはできない。

第二に、宗教的・文化的に定義された断層線に沿った広域の区画形成は今のところはっきりと認識されてはいない。重要な共通点があるにもかかわらず、提示されているのはむしろ「精緻な区別のナルシズム」によって規定されている地域化と断片化である。例えば、イスラム教の内部ではスンナ派教徒とシーア派教徒が、また「正教」イスラム教徒と「啓蒙された」イスラム教徒が競合している。

第三に、西洋がキリスト教徒とユダヤ教徒にだけではなく、イスラム教徒・ヒンズー教徒・仏教徒、とりわけ無宗教者にも自由を認めているという点で、西洋は混合主義的態度を取っている。

第四に、文化は超文化的要素に従い分離独立していくのが常である。すでに以前から、モスクワ・カイロ・北京・ジャカルタの若者は、自らの文化圏に住んでいた昔の住民よりも、ベルリン・パリ・フランクフルト・ニューヨークの若者と似ている。イスラム教では、都会の生活様式と地方での部族の生活様式との間にある対立は、この二つの生活様式が始められた時期にまで遡る。これらの根拠から今日、都会と地方・貧困と富裕・（職業的に）教育された人と（職業的に）教育されていない人との境界線を、宗教間と文化間に引かれる境界線よりも明確に引くことが許されるであろう。

第五に、ある地域で宗教「のみ」が共有されているとしても、その宗教的共通性は固有の文明枠組み〔を形成するため〕には不十分であるゆえに、ハンチントンに対抗する診断が必要となる。〔このような枠組みを形成するために〕さらに必要となる領域は、キリスト教・イスラム教・ヒンズー教からの重大な影響を被ってはいない。むしろ、まさにこの状態は、グローバルな文明枠組みが広範囲にわたり衝突することなく大きな成果を収めるために役立つ。経済・医学・自然科学・技術、また哲学・精神科学、そして教育制度・職業訓練、とりわけ基礎的な法的拘束力は、信仰と救済に関わる問題に中立であり、いかなる宗教も貶めることのない「多宗教的な折り合いのよさ」において傑出している。

第三節　西洋の外部にある根源

さらに、西洋の外部にある「西洋文明」の根源が忘れられるべきではないだろう。ギリシア文化からしてすでにオリエントからの（例えば、エジプト・バビロン・ヒッタイト・フェニキアからの）影響をも被っていた。自然科学・医学・哲学、また経済・技術、地理学・民俗学というギリシア文化のラテン中世への伝承もまた、ローマではなく、イスラーム・アラブ文化圏を通じて行われた。このイスラーム・アラブ文化圏はギリシアの遺産をシリアのキリスト教を通じて受け取ったし、この遺産を独創的に発展させ、この遺産を例えばインド数学のゼロという数のような「輸入された」要素を含む新しい要素によって豊かなものにした。

イスラーム文化がこの黄金時代をただ歴史的にのみ想起するのではなく、創造的開放性を再び促進するよう努めるきっかけとしてもこの想起を利用するならば、それはよいことかもしれない。というのも、黄金時代にはすでに啓蒙の潜在力が際立っており、この啓蒙の潜在力を今日イスラム教が例えば彼らの聖典を解釈する際に必要としているからである。キリスト教、あるいはまたユダヤ教が学ぶことができたものが、イスラム教に対して原理的に閉ざされたままである必要があるはずはない。それが、文献学やテクスト・クリティック、哲学に開かれており、純粋に宗教的な核心、特に精神的な核心と時代に制約された付加物とを切り離すことができる合理的解釈学である。ドイツ・イスラーム中央評議会の委員長ナデーム・エリアスが二〇〇一年に強調したところによれば、今日においてすでにイスラム教は唯一の解釈をするように義務づけられた一枚岩ではないという。それどころか、目を引くのは多様な法学派と多様な考え方の広まりであるとのことである。さらに、高位の神学者であり、マルセイユの大ムフティであるソヘイブ・ベンシェイクは、二〇〇一年に彼のイスラム教徒に対して、イスラム教の「古めかしい」解釈を断念するように要求している。

第四節　規範的近代化

間文化的交流よりも体系的に重要であるのは、グローバルな文明枠組みの地域的由来が厳密な意味では本質的なものではないという事情である。たしかに、「近代」が西洋において成立したということは偶然ではなく、一連の原因の結果であり、それらの原因の厳密な規定には議論の余地があるだろうが、その核心についてはおおよそ意見が一致している。けれども、近代化の現象は多義的であるがゆえに、成立と妥当あるいは「時代区分的」概念と「規範的」

概念とを区別することが適切である。このグローバルな概念はヨーロッパ・アメリカ的近世の特殊な事情の中で成立し、そこからグローバルな文明枠組みの大部分が発展してきた。しかし、このグローバルな概念がグローバルな承認——これが規範的概念であるが——に値するのは、この概念が、すべての人間が持ち、その限りで普遍的であると言える利害関心に応える場合だけである。このときこの概念によって、こうした利害関心の基本的なものの充足が容易になり、またその全面的な普及が可能になる。

この規範的側面は実際に広範囲の地域に適合するゆえに、あらゆる文化とあらゆる個人が近代化の中で自らを再発見することができる。多くの場所でこの可能性がすでに実現されてさえいる。グローバルな文明枠組みは「来て、見てみよ」という戦略に従って広まっている。この枠組みは強制するのではなく、魅力によって納得させるのだ。ただし、政治的倫理学が強調して目を向けさせる危険が迫ってもいる。それが、実際に広まっている文明が規範的意味での「純粋な近代性」であることなどめったにないという危険である。多くの場合、純粋形式における学問・経済・民主主義の代わりに生じているのは、普遍的に妥当する要素を特殊な行動模範と特殊な利害関心とによって「汚染する」混合物である。しかし、グローバル化する資格がある、つまりグローバル化することが正当であるのは、その純粋形式のみである。すなわち、正当であるのは、非ヨーロッパ化を経たヨーロッパのグローバルな普及であり、あるいは非西洋化を経た西洋のグローバルな普及である。

ヨーロッパ・アメリカ的近世が、ヨーロッパ・アメリカに特殊な要素と近世に特殊な要素から切り離される場合にのみ、そして他の文化や他の時代がまったく発見しなかったか、あるいはあまりにわずかしか発見しなかったすべての人間が持つ利害関心とチャンスを普遍的人間理性によって実現するという仕方で、ヨーロッパ・アメリカ的近世が非特殊化を普遍化可能性へと高める場合にのみ、その発生においてはたしかに西洋的で、近世依存的ではあるが、しかし事柄においては規範的意味での近代的文明が成立する。その場合、もちろんやはりその場合にのみ、次のように大仰に述べる資格がある。すなわち、近代化を通じて人類は自らの内に潜んでいる素質とチャンスを発展させるべきであり、このような仕方で人類は自分自身を手に入れるべきである。

「規範的近代化」という思想が、ヨーロッパ・アメリカ中心主義を邪魔されることなく実現するための隠れ蓑となるようなイチジクの葉ではないということを、例えば「近代的」学問が示している。一方で、精神科学と社会科学はあらゆる地域とあらゆる時代の言語と文化に取り組んでいる。他方で、医学と技術を含めた自然科学はすべての人間が持つ知識欲に貢献する。自然科学はそれを超えて、物質的困窮の改善・病気の治療・困難な仕事の軽減などのように、人類がすでに常に試みてはきたが可能性の次元にとどまっていたものを、以前では思いもよらなかったほどに実現することに成功している。さらにこの成果は、諸宗教の実践的側面にも適合している。この実践的側面とは共苦と隣人愛であり、この共苦と隣人愛を要求するという点で、教義に関して争いを行う様々な宗教と宗派の意見がその争いを超えて一致する。中世においてキリスト教の支配者がイスラム教やユダヤ教の医師の助けを借りることに全く問題はなかったし、今日においても同様に、イスラム教の支配者がヨーロッパや合衆国から医師をやって来させたり、これらの地域で医師を探すことに問題はない。それゆえ、規範的意味での近代的文明は、「多宗教間で折り合いがよい」というどちらかといえば消極的特性に関してのみ規定されるばかりではない。積極的特性に関して言えば、この近代的文明はまた、「多宗教にわたる拘束力を持って」動員される人道的救援のための手段をも提供する。

二つ目の要素も同様に、多宗教的に折り合いがよくもあり、多くの点においては多文化的に拘束力をもってさえいるという二重の取り組みに適している。その要素とは経済的合理性である。労働の労苦を軽減し、同一の労働量と資源で成果を最大化する、さもなければ、同一の成果をより少ない労働力と資源によって引き出すということはすべての人間が持つ利害関心であるが、労働力と資源を効率的に取り扱うことはもちろんこの利害関心に適っている。さらに、労働力と資源を効率的に取り扱うことによって、人類の大部分は飢えと貧困という苦しみから解放され、移民生活へと追いやられることもなくなった。経済的効率性はさらに、自然資源を保護することも可能にする——ただしそれはエコロジーの規則を真剣に守るという条件の下でのみであるが。この規則を承認することは、すでに述べた指針、つまり正義によって命じられている。正義は、それが多くの場合ただ「原理的に」そうであるとしても、近代的文明の不可欠の構成要素であり、この場合はとりわけ将来世代に対する正義としての正義である。また、グローバルな正義の共時的側面は、かつては人類が知らなかった裕福さを第三世界と第四世界に対しても与えることを要求する。

規範的近代化の三つ目の要素は、法治国家の内に含まれている。ここでは刑法を例示的に参照するだけで足りる。刑法は細かな点では著しい相違が目立つとはいえ、刑法の核心はすべての人間に妥当する法益を守ることであり、それを犯せば、すべての場所で同様に罰せられる。刑法は、身体と生命が傷つけられることから人々を保護し、そこにはセクシュアル・ハラスメントに関する規定も含まれる。さらに刑法は、財産と名誉（「名声」）が傷つけられることから人々を保護する。刑法は放火と尺や秤の偽造による詐欺、ならびに、公文書偽造から人々を保護する。また刑法による法人格の自由の制限はきわめて慎重になされねばならないゆえに、ここではかの〔政治的・経済的〕自由化が必要となり、この自由化が規範的近代化に付け加えられる。公共体はその特殊性を完全に守ることが許される。刑法がこの特殊性を規制することを許されるのは、ただすべての人間に妥当する法益が危険にさらされている場合のみである（Höffe 1996を参照）(1)。

第五節　六つの法政治的注解

私の考察はアクチュアルな連関の中で行われる。すべての人間に妥当する法益というこの思想をアクチュアルな連関の中で考察するならば、六つの法政治的主要注解といくつかの副次的注解を述べておくことが必要になる。

第一に、いかなる宗教も、他者に宣教するにもかかわらず、しかし死刑さえも含む現世での罰則を課すことで信者がその宗教共同体から脱退することを禁じる法を持つことは許されない。それが許されない理由となるのが、間文化的に承認された黄金律であり、また専断の禁止や不平等な取り扱いの禁止といった、正義に含まれる議論の余地のない要素である。

二つ目の注解は議論の余地があるかもしれない。イスラム教（「シャリーア」）も正統派ユダヤ教も法を宗教の一部だと見なす。その法学者は宗教法学者である。彼らは宗教法の専門家であり、解釈者なのである。したがって、「カエサルにはカエサルのものを、神には神のものを（Caesari Caesaris, Deo Dei）」（「マタイによる福音書」二二―二一を参照）、ドイツ語で言えば、「現世の事柄は現世の公共体に任せ、ただ純粋に宗教的で、とりわけ精神的な性質を持つものだけを好きなように教会・モスク・シナゴーグに与えよ」という完全に宗教的な原則に従う控えめな世俗化でさえも、彼らにとっては困難であるように思える。

「世俗化」はここでは二つのことを意味する。世俗化は、一方では、宗教的なものの領域があまりに広く拡張されるべきではない、ということを意味する（臆することなく次のように問おう。なぜ適切な畜殺は、宗教にも関わる問題ではなく、獣医学と動物保護に――だけ――関わる問題ではないのだろうか。始めは戒律が人間の衛生と動物保護の両方の役に立っていたかもしれない。しかし、この両者が非常にうまく世俗的に統制されているところでは、宗教は宗教にとって本質的な事柄に集中してもらいたい）。世俗化は、他方では、どのような宗教あるいは宗派に属すか、あるいはむしろ無宗教にとどまることを意欲するかどうかは、市民の決定に委ねられる、ということを意味する。

イスラム教への目下のアクチュアルな視点に対して、三つの副次的注解を付け加えておこう。（1）「アラー以外に神はいない」とその第一原理が述べるように、イスラム教にとってとりわけ重要なことは、純粋な一神論である。というのは、「アラー」はアラビア語で「神」を意味するからである。さて、イスラム教はたしかにユダヤ教とキリスト教の中にある種の歪曲を見ているが、しかし実際には、この両宗教は歪曲されていない一神論に適合しており、この適合を尊重に値するものだと考えている。それゆえに、イスラム教はその始原以来これらの「兄妹宗教」に高い評価を示し、一神論のために多神論を克服しようとするイスラム化からこれらの宗教をほとんど完全に除外したのである。キリスト教の三位一体の教説も、ユダヤ教における民族的な結びつきも一神論を侵害しないということを、宗教間のさらなる対話が示すことができるかもしれない。（2）宗教・社会・国家のイスラーム的一体化は、「皇帝には皇帝のものを、神には神のものを与えよ」という原則とは折り合わないが、このような一体化はキリスト教のビザンチンを模範としたということができるかもしれないし、国家的権力の独占がほとんど不可避に宗教に入り込んでいた古代オリエントの多神論によって作られた社会を模範としたということもできるかもしれない。両者の場合に、上記の一体化はイスラム教の宗教的本質にとって外的模範を持っていたのであり、それが外的であるがゆえにこの本質を損なうことなくこの一体化は手放されうるかもしれない。ムスタファ・ケマル・パシャ（一九三四年以降アタテュルク、トルコ建国の父）が、彼が行った近代化の枠組みの中でトルコを世俗主義的国家へと変革し、その変革の中で一九二四年にカリフ制を最終的に廃止した際に、彼が示して見せたのは少なくともこのことであった。なお、「カリフ」（アラビア語で継承者）とは、ムハマンドの正当な後継者としてイスラム教の頂点に位置する支配者の称号であり、この称号はオスマン帝国のサルタンであるセリム一世によるエジプト征服の際に（一五一七年）、コンスタンチノープル、つまり現在のイスタンブールのサルタンへと受け継がれた。（3）多くの集団は、例えば、前もって取り決められた婚姻を結ぶために、若い女性をイスラームの故郷に帰るように強制するという仕方で、男女同権[2]に激しく違反している。リベラルな国家は男女同権を尊重するゆえに、このようなことから目を逸らすべきではないだろう。

三つ目の主要注解を述べることの要点は、長い間にわたり一般的に排除されてきたイスラム教徒との討論をようやく行い、意見を表明することである。例えば、たしかに「ドイツ・イスラーム中央評議会」は二〇〇二年の始めに、ドイツにいるイスラム教徒に対してドイツの「基本法」と法秩序を守るように義務づける「イスラーム憲章」を可決した（Baum/Skotnik 2002 を参照）。しかし、この「憲章」がどれほど歓迎されようとも、この「憲章」はリベラルな知識人たちが好んで排除したがる問いを投げかける。なぜこれほど遅く、九月一一日のテロ攻撃から始まった公共圏における圧力をかけられてはじめてこの表明がなされるのだろうか。さらに、どうしてこの種の自明なことを改まって表明せねばならないのだろうか。このように問うのは、ドイツにいるイスラム教徒はそれ以前にはこの「基本法」とドイツの法秩序を守る義務を持っていなかったのであろうか、という疑問が生じるからである。とりわけ、次のことが問われるべきである。「イスラーム評議会」はイスラム教徒に対してケルゼンの根本規範に類似した権威を持っているゆえに、「イスラーム評議会」はドイツの立法者と立憲者よりも上位に位置するのであろうか。よく知られているように、ケルゼンの根本規範は、歴史的に最初の立憲者に従うことを要求する（Kelsen 1960, S.206f. を参照）。ドイツにいるイスラム教徒は、彼らの法理解に従い、まずは「基本法」の外部におり、ドイツのではなく、彼ら自身の立法者であるイスラームの立法者によってはじめて「基本法」に従う義務を持つとでもいうのだろうか。さらに、「評議会」によって代表されていないイスラム教徒はどのような立場に立つのだろうか（というのは、この「評議会」がすべてのイスラム教徒を代表しているわけではないからである）。また、イスラム教徒の宗教法学的パースペクティヴから見た法的状態がここで述べたようなものであるならば、憲法に従う義務を要求することなく、なぜ当該の人々を入国させ、さらに大人数の帯同家族にさえ入国が認められるのであろうか。これと関連するドイツでは珍しくない問いを問おう。なぜドイツの政治には、ここに知識人とメディアも含めて言い換えれば、なぜドイツの討論の場には、扱いにくい主題を外部から提起されるのを待つことなく自ら取り上げる勇気がまたもや欠けているのであろうか。すでに二十年も前に「ヨーロッパ・イスラーム評議会」の提案で可決した「イスラーム世界人権宣言」（一九八一年）は、さらに考察を進めることを強いる。『クルアーン』を典拠として、預言者ムハマンドの伝統と最初のカリフの振舞いから、この「宣言」は一連の人権を認めてはいる。しかし、この「宣言」が伝統主義者によって作成されたゆえに、この「宣言」は男女の不平等に反対することを目指してはいないし、宗教の自由を守ることへの取り組みと体罰の禁止への取り組みも不十分なものでしかないし、裁判を起こす権利の保障を要求することもない。さらに、その作成者であるイスラームの思想家集団は、政治的・法的権威をまったく得ていない。特に強調しておかねばならないことは、この「宣言」は党派性に蝕まれており、この「宣言」が支配的宗教に制限を要求せねばならない場所、それはイスラーム諸国家自身の内にあるが、そのような場所ではこの「宣言」は可決されておらず、妥当性を持たない、ということである。この「宣言」の作成者は、例えば次のような問題に取り組まねばならないだろう。『クルアーン』第二章第二五七節(3)おいて、「信仰において強制はあるべきではない」と述べられるが、しかし第九章第五節では、「神聖な月日が過ぎ去ったときには、邪心崇拝者を汝らがその者どもを見つけた場所で打ち殺せ、また、その者どもを捕え、取り囲み、あらゆる場所で待ち伏せよ」と述べられている。

合衆国のように、暴力ではなく法が世界中を支配するべきであると考え、その状態を目指し尽力するものは、——これが四つ目の注解である——選別的に措置をしてはならず、個別の利害関心が危険にさらされる可能性があるからといって支配的態度を取ってはならない。そのような態度を取れば、グローバルな法の本質的進歩が尊大な権力によって妨げられることになる。人間性に対する犯罪に権限を持っているのは国際刑事裁判所である。

第五に、ビンラディンとアフガニスタンの場合、テロリズムとの「戦争」という言い方に反対するためのいくつかの重要な論拠がある。というのは、国際法によれば、戦争は国家間の（通常ならざる）法的状態として規定されるが、この規定に従えば、テロリストは国際法上の主体に格上げされ、彼らの行いを明白な犯罪行為として妥協なく非難する代わりに、彼らには損害権が認められることになるからである。それゆえ、戦争についてではなく、テロリストの逮捕とアルカイダの壊滅へと向けた軍事的作戦について語られるべきである。

第六に、テロリズムと長期的に戦うために、継続的な政治的戦略が必要である。この戦略の出発点となるのが、暴力をも辞さない原理主義者が育つ温床との対決である。この戦略が引き続き念頭に置くのが、いわゆる「失敗国家（failed states）」である。失敗国家とは、特にアフリカにおいて自身の領土に対する独占的権力を効果的に及ぼす能力を欠き、テロリスト組織にとっては理想的な避難地域となる国家である。特に強調されねばならないのは、利害関心に基づく政策と人権に基づく政策との間に矛盾が生じているということがもはや否定されてはならない、ということである。このような矛盾は、例えば、アメリカ合衆国がイスラエルに対して他の諸国家に対するのとは異なった対応を取ることを二重道徳として世界が批判するときに明瞭である。

これと関連して、次のことを臆することなく再び問おう。九月一一日のテロ攻撃によって誰が攻撃を受けたのか。それが「西洋」であると言われているのは事実である。しかし、攻撃を受けたものは、これほど包括的でひとまとめにされたものなのだろうか。「法と自由」への攻撃ならば、自由の女神を対象とすることもできた。ワールド・トレード・センターと国防総省はむしろ、経済的・軍事的優位の象徴であり、さらにそれはひとつの国の優位の象徴である。いずれにせよ、インドの作家であるアルンダティ・ロイは二〇〇一年に次の問いを立てた。この問いを誇張したものであると評することはできるが、まったく的外れであると評することはほとんどできない。「攻撃へと至る暗い怒りは自由と民主主義とは無関係であり、この怒りが関係しているのは、軍事的テロリズム・反革命・軍事独裁・宗教的偏狭さ・（アメリカ以外の場所での）想像を絶するほどの集団虐殺など、アメリカ政府がまさにその反対を支持してきたことではないだろうか」。

第六節　中間成果

いままでの考察から、三つの部分からなる中間成果を示すことができる。第一に、近代文明は、たびたび主張される「市場か民主主義か」という二者択一を無効にする。最も単純な証拠となるのは、次のことである。経済的グローバリゼーションでさえも、政治的協定によって、多くの場合には民主的にさえ裏付けされた協定（Bretton Woods, Gatt など）によって、はじめて実現へと向け動き出す。他の非経済的要素である電子世界ネットワークは二重の民主化効果を持っている。このネットワークは、世界のあらゆる場所・あらゆる人々・集団・企業・国家を平等に扱う。さらに、このネットワークは独裁政治の検問をすり抜け、そこから民主化への圧力が生じる（そのうえ、例えば中国では、すでに何年も前から、リベラルな政治哲学の著作を中国語へと翻訳することが認められている）。それに加えて、このネットワークは、グローバルな民主主義の基礎である国際的な公共圏によって活用される。そこにエコロジト上の利益も加わる。車の代わりにインターネットで旅行するものは、エネルギーを節約し、環境への負荷を緩和する。さらに、法的安全性も高くなる。というのは、少なくとも身体と生命は危害を加えられないからである。

特に強調されねばならないことは、単一の国家が国際社会へと至る途上において、近世の政治的成果である立憲民主主義がその妥当性を失うことはない、ということである。その途上においてもまた、暴力ではなく法が支配せねばならない。この法は人権に結びつけられるべきであり、どのような私的司法権（Privatjustiz）も共同で権威を与えた「公共の」裁判所によって取って代わられるべきである。経済の時代とも言われる私たちの時代は実際のところ、少なくともそれと同程度に国際法の時代であり、国際的協定と国際的組織のネットワークの時代である。さらに、NPOという形でのグローバルな市民社会の節度のある試みも存在する。

「戦争の再私物化（Reprivatisierung des Krieges）」という診断とともに、ヘアフリート・ミュンクラーは二〇〇二年に、「国際的な私的司法権を廃止せよ」という要求に対して、「残念ながら現実はそれを許してくれそうにない」という社会科学的見地からの警告を対置しているように思える。現実の不完全さが規範的熟慮の力を奪うことはないということを除いても、現実についてのこの診断に対しては二つの異議を唱えることができる。第一に、この診断は、この診断がいくつかの国家（集団）について語っていることを隠している。かつては相互間で「公共化された」戦争を行っていた経済協力開発機構（OECD）に加盟する国家が、私物化された戦争の現場でもあるということはたしかに正しい。しかし、この考えが当てはまるのは、これらの国家が組織化された犯罪が行われる場所である場合に限られる。同様に、アメリカ合衆国とヨーロッパがかつてのユーゴスラビアに介入した際、また湾岸戦争や対アフガニスタン戦において、彼らは地上部隊の「古典的な」動員に乗り出したというよりは、むしろ高度な軍事技術を基礎としていたということは正しい。しかし、決定的に新しいことは、彼らが相互間での戦争を、私物化された戦争さえも、もはや行わないということである。その代りに、紛争の「私的」解決が生じるのは、とりわけ法と国家がまだまったく十分には形成されていない場所である。したがって、問題であるのは私物化された戦争ではない。これが二つ目の異議である。つまり、かつては公共の戦争であったが、いまは私的な戦争、簡略化して言えば、ポスト公共の戦争が問題なのではない。これらの戦争はホッブスの自然状態とはるかによく合致するし、ホッブスにおいて、また信仰戦争の時代においてそうであるように、これらの戦争は多くの場合に市民戦争なのであり、いずれにせよ「プレ公共的な」あるいは「いまだ私的な」戦争であるが、「ポスト公共の」戦争なのではない。

それに対して、国際社会が法治国家が備える性質を持つに至るまで進歩する際には、次の二つのことが考慮されるべきである。それが権力の脱私物化（Deprivatisierung）と、戦争状態をなくし法的状態を実現することである。したがって、社会科学者も、国際的平和状態を、最終的にはグローバルな平和状態をいつまでも期待することが許される。というのは、この二つの異なった要素をまとめれば、次に挙げる三つの古典的な権力を持つ「緩やかな世界共和国」のようなものが、すでに現在において浮かび上がってくるからである。（a）自由に協定された無数の規則が、それゆえ一種の緩やかな立法権が存在する。（b）これらの規則は、多くの領域で国際的監視と精微に段階づけられたサンクションのシステムによって広く受け入れられる（「緩やかな行政権」）。（c）多数の係争事件の判決を、国際裁判所と国際仲裁裁判所が下す。まだ多くの改善点があることは当然である。例えば、国際刑事裁判所がアメリカ合衆国によってもいい加減承認されねばならない。ならびに、国際的テロリズムとの戦いにおいては、法という最低限の条件と不偏不党性がきわめて厳密に守られねばならない。ほとんどの自爆テロ犯がサウジアラビア人であり、彼らの故郷ならびにアラブ首長国連邦からテロリストのための多額の資金が支出されているということが本当ならば、これらの国家が持つ石油資源がグローバルなユスティティア〔正義の女神〕を盲目にすることは許されない。

第二に、自身の利害関心からだけでも、リベラルな国家はその市民と社会的下部システムに学問の自由や文化の自由といった自由を与えるし、もちろんその自由には経済の自由も含まれる。というのは、リベラルな国家は次の二つのことを知っているからである。ひとつは、単に補助的な存在としての国家の正当性、つまり市民に仕える国家の正当性であり、もうひとつは、創造性・冒険・努力という、経済だけではなく、学問・技術・音楽・文学・芸術をも栄えさせる力を、競争が鼓舞するという状況である。ただし、単に経済的であるばかりではない自由な世界市場の舵取りが適切に行われるのは、この世界市場が、経済性を実現するため、国民－経済学ではよく知られた枠組み条件に従う場合に限られる。しかし、この枠組み条件の実現に努めるのは政治でなければならない。政治が実現に努める枠組み条件とは、実際に自由と言える市場を作り出す競争秩序である。この競争秩序の実現を図る手段としては、例えば以下のことを挙げることができる。すなわちその手段とは、政治が国際的経済犯罪と効果的に戦うこと、また、政治が補助的な国際独占禁止法を国際カルテル庁と国際カルテル裁判所ともども作り出し、それを銀行のグローバルな監視によって補うこと、あるいは、政治が麻薬資金・マフィア資金・テロリズム資金を干上がらせることなどであり、さらにとりわけ重要な手段となるのが、政治が社会的・経済的最低基準を承認することである。ならびに、対応する世界経済の秩序枠組みは、「取引のための援助を（aid for trade）」という原則を持つ発展政策に関して拡張されるべきである。知・技術・資本によって、また腐敗と放漫経営との戦いにおける援助によって、要するに取引の障害を取り除くことによって、発展途上国が世界市場へと積極的に参加することが可能となるべきである。

第三に、現在深刻な紛争においては西洋と非西洋は相互に対立していないが、このように述べる根拠は三つある。すなわち、「西洋的」と呼ばれる文明枠組みは宗教的に中立であるという根拠、また、この枠組みの中では地域的来歴が相対化されるという根拠、さらにとりわけ重要な根拠となるのが近代化は規範的性格を持つということである。

キリスト教とイスラム教はすでにまったく競合していないし、宗教の影響の下にある文化に負荷をかけることになるだろうが、世俗化された社会と世俗化されていない社会との競合もすぐになくなるだろう。グローバルな文明枠組みの中には宗教的要素と他の文化的要素が入り込んでくるゆえに、この種の二次的紛争が生じる可能性はたしかにある。しかし、グローバルに深刻な紛争が生じるのは、規範的近代化に曝され、この近代化に対して自らを閉ざしている集団間および社会間においてである。ただし、罪のない「近代化の敗者」が存在する可能性があるので、埋め合わせの正義という名の下で補償を行う責任が生じるが、それが一括りになされてはならない。暴力をも辞さない狂信主義は疑いなくこの補償を受けるに値しない。

第七節　特殊性への権利

ひとつの言語圏と文化圏の利害関心、ひとつの「国家の」経済的利害関心、ひょっとするとそこには特定の企業の単なる利害関心にすぎないものさえも含まれるが、これらの特定の利害関心によってグローバルな文明枠組みが規範的近代化の要求を歪める場合にも、埋め合わせが、あるいは正義の名の下でなされる異議申し立てさえもが必要である。この種の利害関心を支える代わりに、政治的倫理学が要求するのは、そのような利害関心に鋭敏になり、それに対して対抗措置を取ることである。というのは、グローバルに普及する資格があるのは、すでに述べたように、すべての人間が持つ利害関心が実現することを助ける文明枠組みだけだからである。その場合にのみ、非西欧文化に屈辱の感情を持たせることを免れ、その代りに非西欧文化は近代化を自由に承認することが可能となる。

グローバルな文明枠組みだけで具体的文明が実現するわけではない。それが実現するためには、言語・歴史・伝統・慣習などが含まれる特殊性が損なわれることなく束ねられることが必要になるので、政治的倫理学は特殊性への権利を支持する。グローバルな文明枠組みがこの権利を認めることは、——再び、原理的にではあるが——難しいことではない。すなわち、宗教と他の要素に対して中立であることが、慣習・言語・宗教（宗教の弱体化を含む）の多様、ならびに、実定法と政治的文化の多様を可能にするのである。グローバルな文明とは社会的・文化的差異に対して開かれている枠組みであるので、自身の文化を他文化に対する模範として押しつける文化帝国主義に陥ることなく、このグローバルな文明は支持されうる。さらに、場合によってはありうるヨーロッパ中心主義は西洋の知識人によっても根底的に批判される。

すべての人間が持つ合理性のみが重要であるゆえに、他文化の経験は統合される。グローバルな文明枠組みはいかなる具体的形態も持ってはいないとはいえ、この枠組みはその原理からして柔軟で学習能力を持ったものである。この枠組みがこのようなものであるのはまた、グローバルな文明枠組みの誤った方向への進行を正しい方向へと進むようにコントロールする能力を含む反省的自己批判という意味での啓蒙が、包括的合理性に付け加えられるからである。この枠組みがこのようなものである場合にのみ、西洋は支配欲に凝り固まった支配者として威張るのではなく、せいぜいのところすべての人間が持つ利害関心と能力のためにすべての人間が持つ潜在力を開花させるように導く発展の——一時的な——代弁者にすぎないのである。

第八節　間文化的共存のしるしとしての市民の徳

近世において、法・国家哲学は制度と法に専念する。平和的な、実り豊かでさえある諸文化の共生が、すなわち間文化的共存が成功すべきならば、さらに必要となるのが古代哲学が重要だと見なしたもの、つまり徳、より詳しく言えば、市民の徳である。再び問われるのが、この市民の徳が西洋的なものであるか、普遍的なものであるか、ということである。

単に制度のみを扱う国家理論への批判は、例えば反リベラルで反普遍主義的な共同体主義のような相反する対抗的立場を支持することではない。この批判は諸制度が持つ負担軽減の意義に賛成するし、いずれにせよ普遍的原理には賛成するのではあるが、しかし制度は具体的な生と共生にとって十分であるということをこの批判は疑う。いかなる人格的道徳も持たない人間が利己的利害関心を競合させることによってのみ、「国家が作り出される」ことはない、とこの批判は推測する。すでにプラトンの『法律』あるいはアリストテレスの『政治学』においてそうであるように、人格的条件が制度に取って代わるのではなく、その制度の有益な補足を、あるいは、不可欠の補足を形成する。いずれにせよ、頻繁に懸念が示される法・国家・政治の個人化と道徳化が生じることはない。

純粋に制度のみを扱う国家理論が依拠しているのは、単純な分業である。〔この理論によれば〕理性的制度が作られるのは、市民が非理性的であることができ、自身の利害関心と情熱を追求することができるためにである。しかし、理性的制度とはどのようなものになるだろうか、と「徳をも含む理論」は問う。今日において、〔その答えは〕グローバルな法・平和秩序がまず作られ、その後この秩序が生によって充たされ、最終的にこの生の中でこの秩序が永続的に改善され続ける、というものになる。この答えによって強調されるのが徳である。ただし、ここで強調されるのは徳の内実ではない。つまり、諸々の徳の総体が内容に関して強調されるのでもなく、徳の道徳的に最高の段階、すなわち道徳性が規範的に強調されるわけでもない。この二重の制限のゆえに、市民の徳は公共体を市民のよい生と自己完成についての特定の表象に結び付けることはない。とりわけアリストテレスの徳論は特殊主義的にではなく、普遍主義的に解釈されるべきである（Höffe 2001、第二章を参照せよ）。

二つの市民の徳を例示的に取り上げよう（より詳しい考察についてはHöffe 2002の特に第一章七と一二を参照）。基礎的な市民の徳とは、法を順守する心がけであり、この心がけを持つために必要となるのは妥当する法の拘束力を承認することのみである。グローバルなレヴェルで妥当する法、つまり、国際法はたしかに国内法のようにそれぞれの国家の特殊な事情を反映したものではない。しかし、それでも国際法には、「国連憲章」と一九六六年に採択された二つの国際人権規約を通じて、人権が取り入れられているのだ。そもそも文化間には古くから意見の一致が存在するし、とりわけ刑法によって保護されるべきことについては、驚くほど広範な意見の一致が存在する。間文化的共存の第一の市民の徳、つまり第一の「間文化的な市民の徳」とはまさに、この法あるいは法益を自由に承認し、それを承認することが習慣となり、人格性の徴表とさえなるということなのである。この市民の徳は普遍的法への忠誠であり、強調されるべきことはそれが間文化的法への忠誠でもあるということである。

宗派・宗教・生活スタイル・価値の多様はグローバルなレヴェルでより明らかに現れるが、とりわけ西洋社会はこのような多様という点が、すでに社会の内部において際立っている。この多元的複数主義は、単なる経験的徴表であるばかりではなく、明白な価値をも持っている。すなわち、個々人や均質な集団によって可能になる以上の人間的可能性の豊かさを、この複数主義は証明することができるのだ。その場合でも、複数主義が相対主義に陥る必要はなく、「いかなる生活様式も、人間的自己実現のための均等な機会を含意している」と主張する必要はない。チャールズ・テイラーと共に（1993, S.62ff.）、あらゆる生活様式を同程度に評価する必要などもちろんまったくない。人々を強制する権限を持つ機関が法によって一定の生活様式を無理強いする場合には、このような法はもちろん否認されねばならない。なぜならば、人間は自己責任を持つ人格として、ならびに、成年市民として承認されるべきだからである。複数主義はきわめて異なった人々に対してそれぞれに固有の生活様式を持つ自由を認めるし、すべての人々にこの自由を認めることによって、この自由を正義と結びつける。

西洋はたしかにきわめてゆっくりと複数主義的共存を学んできたが、今日においても反動に対して不死身というわけではない。さらに、西洋は「多文化主義性」というキーワードの下で議論される問題の先鋭化に直面していることに気付いている。しかし、反動に対して反応する際にどのような方法を示すべきかについての教訓を、西洋は原理的に学んできている。法治国家が自由への平等な権利の侵害を、きわめて厳格にではあるが冷静さをもって、法違反として認知するように機能するのである。

自由と正義にとっての生命の水としての複数主義をもって、ようやくもうひとつの不可欠な市民の徳に話題を向けることにしよう。ある人がキリスト教の教会に、ある人がシナゴーグに、ある人がモスクに、ある人がただ映画館やサッカー競技場へと行くことを認める複数主義にとって、抜きん出た共存能力は少なくとも西洋においてはもはや必要ではない。この枠組みを定めるのが人権である。この枠組みを生で満たす市民の徳とは、他者の個性を認め邪魔しないという簡素な形式を持つ寛容、つまり受動的寛容である。

寛容の歴史的始原にあるのは、集団的利害関心ならびに個人的利害関心という完全にプラグマティックな根拠である。宗派間で行われた市民戦争の犠牲者は莫大な数に上った。貧しくなった国々ではユグノー派を受け入れ、商業と製造業を活性化することが裕福になるために役立った。また、アメリカ合衆国のような国々は、宗教的に迫害された少数派によって建国され、そのような少数派のための母国という彼らの建国目的に長い間忠実なままである。また、人々が異なった必要・利害関心・才能を持っていることが分かったゆえに、さらに、誰も誤謬や先入見、欠点を免れえないゆえに、受動的寛容は互いに文明化された付き合いをするための条件に属しているのである。それゆえ、この啓蒙された自己の利害関心だけでもすでに、寛容を支持する理由となるのである。

ゲーテによれば（1993, S. 249. また1772も参照）[4]、「寛容とは、本来的にはただ一時的な心術であるべきだろう。寛容は承認へと通じているものでなければならない。我慢することは侮辱することである」。ゲーテは正当にも我慢以上のことを要求している。もちろんこの剰余を同様に「寛容」と呼ぶことができるが、この場合にこの剰余はより要求が多く、積極的で創造的な形式を示している。この形式は単に他者を邪魔しないだけではない。この形式は多くの場合失われてしまうもの、つまり生き方と信念における個々人の個性を前提にしているとはいえ、この形式は生存権・自由・才能を伸ばす意志を他者の自発性に基づいて肯定する。積極的寛容は道徳的無関心と知的弱さを隠すイチジクの葉を意味してはいない。この寛容は「意見を述べない寛容」ではなく、「真正な寛容」を意味するのである。

この真正な寛容の基礎は、自身に固有の価値の意識であり、自分を評価し自分に価値があることを感じることであり、自我の強さと集団の強さである。もちろん、いかなる優越の感情も断念されねばならない。あらゆる人間の尊厳と自由の内に基礎づけられることによって、真正な寛容は自分自身が〔他者とは〕異なったものとなる能力と他者を同じ価値を持つものとして承認することとを結び付ける。この寛容を身につけている人は、内的自由を所有している。そのような人は、敵対者の考えを暴力的に改めさせることや、敵対者を打ち負かすことを目標とする生を長期間にわたり求めることなく、むしろ対等であるということと意志の疎通を基礎として他者と共に生きることを求めるだろう。そのためには、他者と他のものへの（単に知的なばかりではない）好奇心と、自分には馴染みのない特性を持つ者や、自分とは異なる考え方と生活様式を持つ者の立場に立って考える心構えが必要となる。真正な寛容もまた自己目的ではないので、その正当性の基礎が毀損される時にこの真正な寛容は限界を迎える。寛容の正当性の基礎とは、人権の中で明瞭になる人間の自由と尊厳である。

寛容が欠けていることがありうるが、それには二つの根拠がある。内部へと向けて、つまり自身の宗教の内部でにせよ、外部へと向けてにせよ、至福をもたらす唯一の真理という信念を、攻撃的宣教活動を行う権利と結びつける集団がいまだに存在する。彼らはある点では宗教的「原理主義者」であり、ある点では政治的「原理主義者」である。最近では彼らは特にイスラム教の国家の中で、あるいはまたヒンズー教の国家の中で影響力を持つことを求めている。そのような集団を「原理主義的」と形容するよりも、「暴力をも辞さない」と形容したほうがより適切であるが、このような集団に対しては暴力の放棄が期待されるべきであるばかりではなく、暴力の放棄が要求されさえすべきである。リベラルな社会が非リベラルな集団に対してさえ多くの場合にまだ寛容であるとしても、リベラルな社会は暴力を認めてはならないのだ。「啓蒙された寛容」とは、暴力をも辞さない宣教活動が存在してはならないという留保付きの寛容である。

他の集団には寛容が欠けているが、それは彼らには自我の強さが欠けているゆえにである。ここでは道徳的に憤慨すること（だけ）で満足することなく、自己尊重の感情の欠如の原因に（も）立ち向かわねばならない。イスラム教においては、その原因に属しているのが、植民地化という苦しみに満ちた経験である。この植民地化が「西洋」によって行われたと一括りにすることができないのは当然だが、大部分を植民地にしたのはフランスとイギリスであり、インドネシアはオランダによって植民地にされた。さらに、自己尊重の欠如には少なくともそれ以外の二つの要素がある。この二つの要素に関しては、イスラム教が他者に（だけ）責任を求めることはできない。一方では、イスラム教の軍事的・政治的な連戦連勝が地中海空間と東南ヨーロッパで止められ、スペインのレコンキスタでは撃退されさえしたという状況にイスラム教は「苦しむ」。他方では、西洋は経済的・学問的創造性、あるいはまた文化的創造性をも開花させたが、この創造性に対して、多くのイスラームの集団は創造性をもって応えたというよりはむしろ、ルサンチマンをもって応えた。

さらに、西洋がせいぜい過激な小党派に対して持つにとどまる憎悪を遠慮なく伝導する数多くのクルアーン学派が存在する。ここではただ、「この憎悪の種は、インドネシアからパキスタンとイラクを超え、モーリタニアにまで広まった四万以上のクルアーン学派において〈おおよそ千二百万人の学生と共に〉蒔かれる」という、『国際政治(Politique Internationale)』の編集者であるアミール・タヘリの主張が誇張であることを望むことができるだけである。イスラム主義が没落した後には、イスラーム的民主主義の時代が続くという折に触れて主張される「対抗診断」を信用することができるのは、まず西洋のイスラム教がすべて民主化し、次に民主化したイスラム教が民主化への圧力をイスラム諸国に与える場合にのみである。というのは、寛容・学習する心構え・相互的承認、さらにこれらに先立って憎悪と暴力の妥協なき放棄という態度が、あらゆる文化に対して例外なく要求されねばならないからである。

訳註

（1）参考文献の中には一九九六年に出版されたヘッフェの文献は含まれていないが、ここでは次の文献が言及されていると推測される。Höffe, O.: *Vernunft und Recht-Bausteine zu einem interkulturellen Rechtsdiskurs*, Frankfurt am Main 1996.

（2）原文では dem と表記されているが、意味上「男女同権」と訳した。

（3）原文では第二五七節と表記されているが、当該の節は参考文献にある『クルアーン』独訳においては「第二五七節（第二五六節）」と、また、下記の邦訳においては「第二五六節」と表記されている。当該の節は以下のものである。「宗教には強制があってはならない。正に正しい道は迷誤から明らかに（分別）されている。それで邪心を退けてアッラーを信仰する者は、決して壊れることのない、堅固な取っ手を握った者である。アッラーは全聴にして全知であられる。」（『日亜対訳注解　聖クルアーン』日本ムスリム協会、一九八二年、五〇―五一頁）。

(4) 参考文献の中には一七七二年に出版されたゲーテの文献は含まれていないが、ここではゲーテが一七七二年に書いたとされる次の文献が言及されていると推測される。Goethe, J. W.: »Brief des Pastors *** an den neuen Pastor zu ***«, in: ders., *Gedenkausgabe der Werke, Briefe und Gespräche*, Bd. 4, Zürich 1949, S. 126–139. この文献の特定に関しては、ヘッフェの下記の文献を参考にした。Höffe, O.: *Demokratie im Zeitalter der Globalisierung*, München 1999, S. 205. なお、原文のこの箇所では引用著作名が書かれているが他の箇所での表記法に合わせ、参考文献で挙げられているゲーテ全集の出版年を表記した。

参考文献

Baum, K. -H./Skotnik, M., »Zentralrat der Muslime bekennt sich zur deutschen Verfassung«, in *Frankfurter Rundschau* 21. Februar 2002.

Benscheikh, S., »Die Furcht vor dem Islam ist gerechtfertigt. Scheib Benscheikh, Großmufti von Marseille im Gespräch«, in : *Frankfurter Allgemeine Sonntagszeitung* 16. Dezember 2001, S. 10.

Elyas, N., »Der Islam – keine gewalttätige, aber eine kämpferische Religion«, in : *Zur Debatte* 31 (2001), S. 5–6.

Goethe, J. W. v., »Sprüche in Prosa. Sämtliche Maximen und Reflexionen«, in : ders., *Sämtliche Werke*, Bd. 13, Frankfurt am Main 1993.（ゲーテ、岩崎英二郎・関楠生訳『箴言と省察』ゲーテ全集13、潮出版社、一九八〇年。ただし、この邦訳の底本は下記の版であり、ヘッフェが挙げている版とは編集方針が異なる。“Maximen und Reflexionen”, *Goethes Werke*, Band XII, Hamburg 1953.)

Höffe, O., »Ein transzendentaler Tausch : Zur Anthropologie der Menschenrechte«, in : *Philosophisches Jahrbuch 99* (1992), S. 1–28.

Ders., *Gibt es ein interkulturelles Strafrecht?*, Frankfurt am Main 1999.

Ders., *»Königliche Völker«. Zu Kants kosmopolitischer Rechts- und Friedenstheorie*, Frankfurt am Main 2001.

Ders., *Demokratie im Zeitalter der Globalisierung*, München^2 2002.

Huntington, S. P., »The clash of civilization?«, in : *Foreign Affairs* 72 (1993), S. 22–49.

Ders., *The clash of civilizations and the remarking of world order*, New York 1996 (dt. *Der Kampf der Kulturen : die Neugestaltung der*

Weltpolitik im 21. Jahrhundert, München 1997).（サミュエル・ハンチントン、鈴木主税編訳『文明の衝突』集英社、一九九八年）。

Kelsen, H., *Reine Rechtslehre*, Wien^2 1960.（ハンス・ケルゼン、横田喜三郎訳『純粋法学』岩波書店、一九三五年。ただし、この邦訳の底本は下記のものである。*Reine Rechtslehre*, Leibzig und Wien 1934.)

Koran, übersetzt von Max Henning, Stuttgart 1960.（『日亜対訳　注解　聖クルアーン』日本ムスリム協会、一九八二年）。

Münkler, H., 本書、第一章。

Roy, A., »Wut ist der Schlüssel«, in : *Frankfurter Allgemeine* 26. September 2001, S. 49.

Taheri, A., »Tausendundeine Parole. Warum der Islam den Westen haßt«, in : *Frankfurter Allgemeine Zeitung* 14. Februar 2002, S. 8.

Taylor, C., *Multikulturalismus und die Politik der Anerkennung*, Frankfurt am Main 1993.（チャールズ・テイラー、佐々木毅・辻康夫・向山恭一訳『マルチカルチュラリズム』岩波書店、二〇〇七年。ただし、この邦訳の底本は下記のものである。*Multiculturalism-Examining the Politics and Recognition*, Princeton 1994.)

第七章　軍事力による威嚇と軍事力の予防的投入

——国際公法に対する挑戦——

マティアス・ルッツ＝バッハマン（寺田俊郎訳）

【解　題】　戦争を正当化する条件は何か——正戦論の基底にあるこのような問いを、空虚なものとして、あるいは不道徳なものとして、退ける人は少なくない。しかし、ある国家が自国内で著しい人権侵害を行っている場合、それを阻止するためにその国家に対して武力を行使すること——いわゆる人道的介入——も許されないのだろうか、と問われるならば、正戦論を認めない人々の間でも意見が分かれるだろう。哲学者のマイケル・ウォルツァーは、そのような場合には、むしろ人権を擁護するために武力をもって介入すべき道徳的な義務がある、と論じている。しかし、国連憲章は原則として各国の武力行使を違法とし、国連による武力介入のみを合法とする集団的安全保障体制をとっており、ウォルツァーのいう武力介入は国際法的には認められない。

哲学者のルッツ＝バッハマンはこの論文で、ウォルツァーの提起する問題が、国際社会にとって重大な課題であることを認めつつ、武力介入を各国の道徳的義務と見るウォルツァーや政治哲学者アレン・ブキャナンの考えを批判し、原則として武力行使を違法とする国連の集団的安全保障システムを擁護している。ただし、国連安全保障理事会のあり方など、第二次世界大戦後の混乱のなかで、政治の力学によって暫定的に成立した諸制度を改革するという条件を付けて、である。国連は、さまざまな問題を抱えつつも、平和と人権の擁護のために一定の役割を果たし続けてきたにもかかわらず、それをウォルツァーは正当に評価していない、とルッツ＝バッハマンは批判し、すでに十八世紀にカントによって提示された共和的な世界体制の理念に沿った国連の発展を擁護するのである。そもそもこの共和的な世界体制の理念をどう評価するか、それがこの論文を読む際の第一のポイントであろう。そして、その理念に基づきながら、いまだ不完全な国連体制をどう評価するかが、第二のポイントであろう。

ところで、私見によれば、この問題は日本国憲法第九条をめぐる議論にも密接にかかわる。憲法九条の理念は単独で意味をもつものではなく、共和的な世界体制の理念を基礎としてはじめて意味をもつと同時に、その理念を現実化する最先端を行っているからである。

二十世紀に起きた両大戦の陰惨な経験の後、一九四五年の国際連合の設立によって、国際法の持続的変革を支える礎石が据えられた。たしかに国際連合は創設当初の世代の多くの政治的期待を満たすことができなかったが、それでも国際連合憲章によって国際公法が今日に至るまで持続的に改革されてきたことを見過ごすことはできない。なかでも、国連憲章第二条第四項に定式化されている国際関係における軍事力による威嚇および軍事力の行使の禁止とともに、憲章の第七章に定式化されている集団的安全保障システムによる平和保障の原則は、過去数十年の間、新しい国際関係の基礎の法政策的な発展にとって中心的な意義をもっていた。

今日ではこの発展を基礎として、国際政治の諸問題に、一六四八年のウェストファリアの講和以来継承されてきた諸国家の国際法秩序の場合とは違う答えが与えられる。政治哲学のパースペクティヴから見れば、今日の国際的な法秩序は、特に国連憲章という法の制定とこの六十年間の国連憲章の発展のおかげで、イマヌエル・カントの政治哲学が十八世紀末に規定した中心的な規範的要求に、その核心において一致している、と言ってよい。カントは一七九五年の作品『永遠平和のために』(1)において、従来の近代的国際法が改革され、新しい基礎をもたなければならない根拠を明らかにする。カントによれば、「正戦」(bellum iustum)を目的とする伝統的な法論に取って代わるべきは、国家に対する戦争遂行や戦争準備の厳格な倫理的禁止だけではなく、同時に、平和を可能にする民主主義諸国の「共和制」の政治的・法的な創設であり、少なくとも国際的な平和を保障する国家間の「平和連盟」の創設である(2)。結び合わされて一つの連合を形成し、平和を義務として課せられ、自ら改革して共和的となった国家は、カントによれば、古典的な近代国際法にいう「根源的な」戦争への権利(ius ad bellum)を放棄すべきである。

しかし、カントはもっともな規範的理由から、その論証において、ただ共和国だけがカントの提唱する平和を保障する国家連盟のメンバーになることが許され、したがって専制国家や無法国家はいかなる場合もそれを許されない、ということを前提にしていたが、国連憲章は国際連合のメンバーの資格についてそのような規準を設けてはいない。この決定の根底にあるのは、国際社会による国家の「内的状況」への不干渉という古典的な法理念の実現であり、この決定は第二次世界大戦終結時における覇権政治の現実を考慮に入れている。しかし、まさにここに、今日まで作用し続けているアンビバレンスの根源がある。一方では、国際連合の創設もそのようなしかたでしか保証されなかったし、今日なお保証されていない。第二次世界大戦の軍事的勝者が、したがってまた当時のソ連も国際連合に加盟し、拒否権をもつ安全保障理事会の「常任理事国」となった。もう一方では、紛争予防と平和保障という決定的な問題において、国際連合が自らの課題を果たすことができないことがあまりにも多く、そこから、グローバル化の多様なプロセスのなかで、今日、国際的な法秩序に対する新たな疑問と挑戦とが生じているが、このような問題を今日に至るまで生み出しているのは、まさにこの――当時はたしかにもっともらしかった――決定である。これらの挑戦のいくつかを、以下では簡潔に挙げ（第一節）、予防的軍事力投入を正当化する政治哲学者マイケル・ウォルツァーとアレン・ブキャナンの二人のアクチュアルな論考に照らして検討し（第二節）、最後に、先に述べた挑戦はどのようにして国際的な法秩序の枠内で法政策的に克服されうるか、という問いに対する私自身の答えを提示したい（第三節）。

第一節　国際公法に対する「内から」および「外から」の六つの挑戦

近代初期において、伝統的な国際法（ius gentium）の秩序は、主権をもつ個別国家間の法秩序として、法の二つの源泉に基づいて理解されていた。その源泉とは、諸国家間の慣習法と実定的な諸国家間の契約法である。これらの法秩序に従って、各国家には、その主権に基づいて、他の国家に対して一定の確立した手続きに従って宣戦布告する権利が帰属していた。したがって、国際法の法秩序自体は、主権国家から成る共同体の他のメンバーのせいで戦争に巻き込まれることに対する法的保護を提供してはいなかった。それゆえ、各国家が軍備拡張することによって政治的に戦争から身を守ろうとしたことは、国政上の思慮の表れだったのである。とはいえ、次のことを見逃すべきではない。つまり、この法システムは、三十年戦争の破滅的な経験に対する法政策的な答えとして構想され、近代ヨーロッパの同等の権利をもつ主権国家間の安定した法秩序を確保するという目標に資するとされていたことである。しかし、私たちがヨーロッパの歴史から知っているように、この国際的法秩序は、結局のところ、国家間の戦争を防止することも、植民地主義的・帝国主義的な政策を不当とすることもできなかった。そして、十九世紀の覇権政治の「五頭支配」が崩壊したために、伝統的な国際法の秩序つまりヨーロッパの古き国家世界は、二十世紀の二つの世界大戦という破滅に向かってまっすぐに進んだのである。

　国際法の基礎は、これら二つの世界大戦の陰鬱な経験の後、ヨーロッパに、そしてアジアと北アフリカの大部分に導入され、また、とりわけ、原子爆弾が開発され一九四五年八月に広島と長崎に投下された後、根本的に改訂された。国際連合憲章によって根拠づけられている新しい国際公法によって、国際連合のメンバーである各国家の道徳的義務のみならず、まぎれもなく法的な義務も成立する。つまり、自ら平和を擁護すること、軍事力を他の国家に行使しないことはもちろん威嚇もしないこと、集団的安全保障システムの枠内で世界平和の維持のために能動的に協働すること、である。新しい国際法のさらなる発展に応じて、この法的義務からは、規範的意味では、他の国家を支配しない義務など国家が自らに課すべきその他の義務が導出され、また歴史的意味では、外国の人民による植民地支配を終わらせる必要も帰結する。さらに国際法の発展からは、諸国家が行動するさいに内外の人権を尊重し、他の国々が人権を遵守するよう適切な手段で要求する義務が導出される。

新しい国際法の法原理に従えば、力による威嚇や軍事力の行使は、もはやただ現に存立している国際的な政治秩序に対する事実的な挑戦であるだけでなく、同時に、常に現に通用している国際法の侵害でもあり、そのようなものとして法政策的に評価されるべきである。それゆえ、当然の帰結として、力による威嚇、なかでも軍事力の投入は、違法な行為として、つまり潜在的な犯罪行為として、司法的に調査されねばならないし、場合によっては、刑事的に訴追されねばならないだろう。しかし、まさにこの地点から、今日に至るまで法政策的に解決されていない新しい国際法秩序の問題が始まる。というのも、国際法には、国内法の他に、軍事力の威嚇と行使の禁止に対する違反を、国内法的な司法手続きのように訴追することを可能にするものがないからである。それは、強力な法制度、信頼できる公正な裁判、あらゆる法の当事者に受け入れられる規則である。そのような手続きにまず対立するのは、国際法秩序において国連憲章自体によって再確認され、制限つきではあれ妥当する諸国家の主権であるが、とりわけ対立するのは、憲章によって要請される集団的安全保障システムを法政策的に貫徹するために新しい国際的法秩序によって企図された中心制度である国際連合の安全保障理事会において、拒否権をもつ大国の特権的地位によって覇権政治的な理由で利用される国家の法的不平等である。この問題を指摘すれば、次のことに注意を促すことになる。一九四五年に創設されそれ以降著しく発展してきた新しい国際的な法秩序自体は、ただ暫定的な法秩序として理解されなければならない、つまり――カントの言う意味で――不十分でまだ完成されていない伝統的国際法の改訂版として、把握されなければならない、ということである。というのも、この新しい秩序は、新しい国際法を確実にすべての法当事者に妥当させるものでもなければ、真に公平に妥当させるものでもないからである。この、たんに政治的であるだけでなく法的に微妙でもある国際法秩序の基本体制を、新しい国際公法に対していわば「内から」生じる第一の挑戦として挙げよう。

新しい国際法を基礎として、制度的承認という意味での合法化を恒常的に要求される諸国家と、公共的に跡づけることのできる平和の義務および人権の実現との、政治的関係が成立している。しかし、この要求は多くの場合政治的現実との間に葛藤を起こす。その最たるものは、諸国家を他の国家による軍事的攻撃から有効に守ることができない国際連合とその諸機関の政治的無力である。同じことは、基本的人権の遵守を国際的に徹底することにも当てはまる。(3) このような不一致は、権利がさらに発展することによって、なおいっそう大きくなる恐れがある。つまり、新しい国際公法において権利がさらに進化する過程で宣言された、一九六九年五月の「ウィーン契約法協定」の根底にあるような、「あらゆる国家に対する（erga omnes）」義務づけによって、あるいは少なくとも国際法の中心的使命である「強制法（ius cogens）」の性格を実定的に認めることによって、今日では個々の国家が自国だけで人道的介入する義務を、しかも国連安全保障理事会の決定から独立に、承認し、他国による重大な人権侵害の場合には集団的安全保障システムの枠外であっても軍事攻撃する用意がある、という事実を観察することができるのである。いずれにせよ、このようなわけで、少なくとも現時点では、国家がその前に立って自らの正当性を示さねばならない国際政治フォーラムとして機能している世界公共圏に対して、自ら自身の帝国主義的な行動を正当化する大国もある。逆説的にも、まさにこのような国際法の原理の発展こそが、現代において、国際法への第二の挑戦を「内から」招いたのである。

さらに、二〇〇一年九月一一日に起きたアル・カーイダのニューヨーク市とワシントンに対するテロ攻撃にかんする国際連合の安全保障理事会の決定を指摘したい。安全保障理事会によって全会一致で承諾された「テロとの戦争」に含まれる、テロ攻撃および国際連合の措置は戦争であるという記述、およびこの陰謀に責任のある組織アル・カーイダは、公的な法的主体ではないにもかかわらず、この決定によって、諸国家共同体が国際法に則って決議する軍事的措置の宛先になるという記述は、法的に問題なしとしない。この問題、および安全保障理事会の決定によって明らかになった、個別国家によって国際法の名において行使される予防的軍事力の法的正当性の容認への支持を、第三の挑戦と呼ぶが、これは国際公法に対して「内から」生じるものである。

そのほかに、現行の国際法に対するさらに三つの挑戦が認められるが、それらは政治的枠組みの状況から国際法に対して生じるものであり、その意味で「外から」生じるものである。すなわち、第一に、グローバル化時代の紛争がもつ新たな文化的次元から、しかもそれが憶測上あるいは事実上の宗教的な意図や動機によって負荷をかけられることから生じるもの。それによって少なからぬ地域的紛争が先鋭化し、結果の見通せない世界規模の出来事へとエスカレートする恐れがあることは、誤解の余地がない。第二に、核兵器防止条約にもかかわらず進行する、射程距離の長いキャリア・システムの技術開発と結合した核兵器の拡散を指摘したい。これによって、安全保障政策はいまなお世界的な解決の難しい課題にますます直面することになり、集団的安全保障システムに対して劇的な挑戦がもたらされる。そして第三に、国際連合は、独裁国家、つまりカントのいう共和的法秩序を欠く国家秩序と見なさざるをえない国家ないし政府、そして平和を求めもしなければ人権を守ろうともしない国家や組織と公然と共同するような国家ないし政府の決定的な政治的影響下にある、という依然として未解決の構造的問題を指摘したい。そのように記述すべき国家のなかには、無条件の拒否権をもつ安全保障理事会の常任国も含まれる。他ならぬこのような政治的布置が、集団的安全保障システムの周知の障害を恒常的に招くのである。こうして、多くの点で不完全ないし不十分な立憲国家からなる世界の民主化が、国際公法に対してさらなる政治的挑戦を突きつけるのである。

第二節　マイケル・ウォルツァーとアレン・ブキャナン
――軍事力の予防的投入を支持する政治哲学の議論

個別国家による軍事力の予防的投入を支持する異なった議論を提示する二つの政治哲学の主張があるが、それらは、前記の国際政治秩序に対する挑戦を背景にして理解されなければならない。マイケル・ウォルツァーとアレン・ブキャナンの論文は個別的な論点ではおおいに異なっているが、共通点が一つある。彼らは法の問いをおろそかにして、国際政治空間における民主主義国の軍事行動の可能性ないし必然性を正当化する倫理的議論を提示しているのである。マイケル・ウォルツァーは、現に存在する挑戦を考慮すれば民主主義国による軍事力の威嚇と行使が必要になると考え、それを「人道的介入」に対する法的規定の「彼岸」にある正当な行動と見なしており、アレン・ブキャナンは、自分自身が提案する新しい規則に従って行われることを前提として、民主主義国の「予防的」軍事力投入に明示的な賛意を表している。この二人の政治哲学者は異なった伝統を背景とし、相互にかなり異なった議論を提示してはいるが、人権のまったく道徳的な解釈を共有している。彼らの主張においては、その道徳的解釈を核として、国際関係において諸国家は軍事力を行使する政治的権限を自らに付与することができるという宣告が行われるのである。

（一）

テル・アヴィヴ大学のミネルヴァ講義(4)において、マイケル・ウォルツァーは国際法秩序の明白な問題のいくつかを話題にしたが、それは以上で私が国際公法に対する明白な挑戦と呼んだものである。そのさいウォルツァーは三つの問題を前面に押し出した。第一に、国際的な舞台において、つまりいわゆる「秩序ある国家」の領域の「彼岸」において、「人権」の言説がどのような意義をもちうるか、という問い。第二に、国際関係の空間において、人権の普遍的な妥当要求の保障と実現にかんして責任があると見なされうるのは誰か、という問い。第三に、国際政治の領域において人権の役割と意義を強化するために実際に何がなされうるか、という問い。

ウォルツァーは自分が投げかけた問いに、まず手始めに人権の「短いリスト」に賛意を表することによって答える。ウォルツァーにとって人権は、第一に、生命と自由への権利要請にかかわる。ここからウォルツァーは次のような規範的洞察を導き出す。「大量虐殺、民族浄化、強制収容所設置は野蛮で非人間的な行為であるだけでなく、人権の侵害でもある」(5)。この人権の言説を視野に入れて、ウォルツァーは、ハンナ・アーレントにならって、国際政治の空間には人権の強化に対して責任のある公共的な引き受け手がないことを確認する。ウォルツァーにとっては、このことがいわゆる秩序ある諸国家の、つまり国内において法の正統的支配の下にある諸国家の、人権保護との決定的な違いになる。

このように議論するウォルツァーが、モンテスキューやヘーゲルの政治哲学の伝統に連なることは、まったく明白である。それゆえ、最終的にウォルツァーは、先に私があげた法政策的な前提を否定する。つまり、現存する国際的政治秩序のなかにすでに、たしかにまだ不完全なものではあるが、拘束力のある法規則を伴う公法秩序が実現されており、そのうえその秩序は「強制法」(ius cogens)の要素としての人権の妥当を含む、という前提を否定するのである。それゆえ、ウォルツァーが、他の政治哲学者が主張する、国際的空間における「法をめぐる言説」を根本的に「誤っている」と判断するとしても、驚くべきことではない。ウォルツァーによれば、国際空間にはこれらの法を遵守あるいは強制する実効的な構造がないからである。このことから、ウォルツァーは最終的に「道徳的要請」を定式化することになるが、これは、彼によれば、国際政治の空間に欠けている法的構造の倫理的代替物となるものである。

マイケル・ウォルツァーが定式化する「道徳的要請」は、民主主義国は、国際的舞台における重大な人権侵害にさいして「他のあらゆる手段が挫折したならば、必要とあらば軍事介入するべきである」という、すべての民主主義国にとっての倫理的義務を言い表すものである。(6)

このような道徳的要請の基礎づけとして、ウォルツァーは、共同体主義の政治哲学を特徴とする自らの人権解釈を引き合いに出す。それによれば、大量殺戮や奴隷化の危機に瀕しているあらゆる社会的「集団」は「救援される権利をもっている」。(7)ウォルツァーは自らの道徳的要請を、国内で人権が保護され、彼のいう社会集団の脅かされた人権を実際に保障することができる民主主義国に向けているのである。しかし、ここで強調される道徳的要請からは直接的に、ウォルツァーの要請によって行動を要求される国家の側から軍事行動を自ら正統化すること、ないし軍事行動の権限を自ら与えることが導き出される。それによってウォルツァーの要求は、現行の国際法の規範的前提と「正しい戦争(bellum iustum)」の法理の国際法による破棄とに対して、看過できない緊張関係に立つことになる。ウォルツァーは、民主主義的な法治国家が軍事行動の権限を自ら与えることを擁護する自らの道徳的宣告を、第二の要請によって補完する。それによれば、国際法秩序のなかにあるすべての国家には、秩序ある国家を世界中に建設するプロセスを支援する義務がある。というのも、ウォルツァーの共同体主義的前提によれば、一定の強制力を付与された個別国家だけが国内において人権の保護を確実に保障できるのであり、したがってウォルツァーは国際連合および国際法によって設立された他のあらゆる機関の、人権を保障する能力を否認するからである。

(二)

国際公法秩序への新しい脅威と挑戦に対するもう一つの答えを定式化しているのは、アレン・ブキャナンである。

原則として、ブキャナンはウォルツァーによる人権の解釈を共有し、秩序ある国家の法秩序の境界を超える道徳的義務の源泉としての地位を人権に帰しており、したがって「法的規則に根ざしていることを要しない」[8]規範的妥当性をウォルツァーと共有している。ブキャナンによれば、人権は普遍的な道徳的妥当を要求する。なぜなら、人権は、それなくしては人間が「よい生」あるいは「秩序ある生」を送ることができないような、特定の普遍的で必然的な条件を言い表しているからである。よい生のこのような普遍的条件を保護することに対する「関心」は、人権のこのような機能のゆえに事実あらゆる人間によって共有されるが、この関心は、ブキャナンにとって、人権が普遍的に妥当するための決定的な道徳的根拠である。しかし、ブキャナンにとって、同時に次のことも必要である。この「普遍的条件」を個別的にさらにきめ細かく具体化することによって、人権を、世界中の人々が暮らしているさまざまな社会的・文化的、結社的・政治的状況に適切に関連づけることができるようにすることである。この意味でブキャナンは次のことを認めている。「たとえ人権の現実存在と基本性格とが、各々の法システムの特殊な状況を顧慮することなく道徳的論議のみを通じて規定されるとしても、これらの権利の遵守を監視し、改善し、それらの内容をさらにきめ細かく規定するための制度的な努力が必要であり、この制度的な手段は状況に応じてきめ細かくなければならない。[9]」

ブキャナンが拘束力のある規則あるいは行為規範として把握する人権のもつ実践的効力は、彼にとって第一義的に「消極的」である。それは政治や法の特定の形態を積極的に規定するというよりも、むしろブキャナンにとっては禁止の形をとる「原則的道徳的価値」であり、「積極的に制度設計を処方するというよりも、ある既定の制度編成に対して強制力を行使する」[10]。このように人権の機能はなによりもまず消極的であるが、しかし、さらなる積極的な要求を含んでいる。たとえば、すべての人間がもつ「民主主義的な統治形態（democratic governance）」の諸条件の下で生きる権利などである。この権利をブキャナンは国際的な法秩序（international law）の一要素として確保したいとも思っている。なぜなら、彼によれば、個別国家における「民主主義的な統治形態」の政治秩序は人権のもっとも確かな保護を「とりわけ個別国家が得意とし国際的統治制度が不得意とするシステムによって」[11]提供するからである。

それゆえ、ブキャナンにとって、「最小民主主義」の要件を満たす生活条件が世界中につくられるということは、彼自身のいう人権に根をもつ要請である。ブキャナンによれば、この要請は個別国家に適用され、それらの国家にこの要請にふさわしい積極的な役割を国際的舞台でも果たすことを要求する。この考察を見れば、ブキャナンが、人権の妥当が個別国家の主張する主権原理に対して規範的意味で優先することを認めていることは明らかである。同じ根拠からブキャナンは、国際関係における緊急で重大な人権侵害の場合に「予防的軍事力」を投入するという、民主主義国の明確な義務をも要請する。この道徳的に根拠づけられた論証によって、ブキャナンは民主主義国に、国際法秩序の基準に照らせば極めて問題のある予防的軍事行動を実施する正統的な可能性を容認するだけでなく、諸国家のそのように行動する明確な道徳的必然性つまり道徳的義務をも主張しているのである。とはいえ、ブキャナンによれば、この道徳的義務には一連の手続き規則が伴っていなければならない。彼によれば、それは、原理的に行動義務がある民主主義国の行動の正当性と適切性とを、いわゆる「事前」および「事後」の評価に照らして、検証することができるような手続きである。それが目標とするのは、政治的論争の枠内で、第一に介入を行う国家自身に、第二に他の関係諸国にも、予防的軍事力投入を正当化する根拠があるという「中立的な証明」を与えることである。

アレン・ブキャナンがロバート・O・コヘインとともに発表した論文「予防的実力行使——制度構築のための世界市民的提言」において、この二人の筆者はさらに広い制度的枠組みを提案している。その枠組みのなかでは、民主主義国が予防的軍事力を投入する権限を自らに与えるプロセスは遂行されるべきであるが、それは、そうすることによって、「侵害される可能性のある国家を正当化できない介入から保護し、同時に不作為の結果として生じる許容しがたいリスクを発生させないためである」[12]。二人は自らの提案を国際契約の企てとして構想し、その課題を、なによりもまず新しい手続きにかんする現行の国連法を補完することに見ている。提案された手続きは、民主主義国が国際関係において予防的実力行使を行う道徳的義務を遵守する場合に、その国家を助けることを明示的な課題としている。そして、そのような予防的軍事力を投入する民主主義国の道徳的義務について二人の筆者が語るのは、他でもなく国連安全保障理事会が何らかの理由でいつまでも何の決定もできない場合に備えてのことである。ここで提示されている軍事力の予防的投入の正統性をその実行の「前」と「後」で検証するための基準のリストは、国際的な行動規則を改革するための新しい手続きの提案の中核とでもいうべきものを示している。この改革は、ブキャナンの見るところでは、現行の国際法秩序に代わる新しいグローバルな「責任のシステム（system of accountability）」の設立を目指すものである。

第三節　グローバルな公法秩序の創設への道——国際連合の根本的改革の主張

マイケル・ウォルツァーとアレン・ブキャナンは二人とも、すでに見たように異なったやり方によってではあるが、国際公法が今日「内から」そして「外から」直面している挑戦に応答している。共通しているのは、彼らの考察が、人権がもつ規範的内容のたんに道徳的解釈であるだけでなく、今日民主主義国にとってグローバル化のプロセスから生じる義務の道徳的解釈でもある、ということである。国際法秩序に対する挑戦の克服に向けた私自身の考察を提示する前に、まずウォルツァーとブキャナンの議論に見られるいくつかの問題を指摘しておきたい。

ウォルツァーの考察は、一九四五年以来の国際法の展開に対する驚くべき無知を特徴とする。この点でウォルツァーはハンナ・アーレントとまったく同じように論じるが、しかし、アーレントの劇的な経験はまったく別の歴史的－法的状況に関係するだけでなく、とりわけ異なった国際的－法的状況にも関係する。新しい国際公法の発展は、世界平和を持続的にそして公正に擁護し、あらゆる人間のために（集団のためだけでなく）同等に確実に保障することにはまだはるかに及ばない、という点でウォルツァーは正しいと認めることができるとしても、人権の保護機能をはじめ国際法の有効な内容をすべて否認することは、まったく反直観的だと思われる。個別国家を超える規範的意味のある人権の法的内容にかんする言説をウォルツァーが却下したことは、「共同体主義者」としてのウォルツァーが認めることというより、むしろ外交上の「現実主義者」による国際機関や国際裁判所の役割の（まったく異なった根拠をもつ）評価に関係があるように思われる[13]。しかし、ウォルツァーのこの前提に賛成したとしても、ウォルツァーの議論では、民主主義国は軍事行動する「道徳的義務を負う」という要請が国際政治の空間において厳密には何を意味するのか、不明である。ウォルツァーは、ブキャナンとは違って、国家の効果的な「介入の能力」という観点を超える、国家の軍事行動の正当性を検証するためのさらなる行為規則や規準を示していない。だからウォルツァーの提案は、事実上、民主主義国は介入の権限を自らに与えるべきだという宣告に行きつく。この宣告の政治的－戦略的結果全体は国際社会システムにとって看過できないものであり、むしろ——とりわけ現在現れつつある「多極性の時代（age of multipolarity）」[14]にあっては——紛争や危機を助長するように作用する蓋然性が高いであろう。まとめて言えば、ウォルツァーの提案は、結局、「諸国家間の無政府状態」の新たなゲームのやり方に行きつくだけで、国際公法の規範原理の制度的徹底に対する貢献をまったく含んでいない。したがって、ウォルツァーの考察は、民主主義国による正しい戦争遂行の倫理的－道徳的理論の構築に対する貢献として評価されるべきである。しかし、そうするとその考察は、国際的な国家秩序と法秩序とに対する挑戦を抑制するというより、むしろ先鋭化させることに貢献することになる。

ウォルツァーの提案の前提と帰結にかんするこのような総合評価に加えて、さらに、道徳的規範と法的規範の義務づけの性格をめぐる問いに対するウォルツァーの哲学的貢献にかんする異論がある。ウォルツァーが、人権は国家のような集団に対する道徳的義務づけの源泉である、という自らの解釈を支える適切な論拠を提示していないことは明らかである。さらにウォルツァーは「道徳的義務」と「法の義務」とを区別していない。この区別をすれば、道徳的な個人のための義務と集団のための義務とを区別することができるだろう。また、ウォルツァーは、彼が要請する軍事的介入の義務が無条件的な義務であるか条件的な義務であるかについて、あまり論じていないことがわかる。以上のような異論はあるものの、ウォルツァーの論証には正当な点も見られる。つまり、西洋列強は、ヒトラー政権下のドイツが第二次世界大戦およびナチスによって計画された絶滅政策を準備しているのを目の当たりにしながら、素朴な宥和政策を推進したが、その原因は政治的な誤りだけでなく、法倫理的に命じられる行為に対する規範的洞察の欠如にもある、という点である。この点では、そのようなことが今日繰り返されるべきではない、というウォルツァーの意見に賛成する。

ブキャナンはその提言のなかで、新しい制度編成を提示して、民主主義国による軍事力の予防的使用を支持する宣告を国際法秩序の原理と摺り合わせようとする。しかし、ブキャナンの場合も、諸国家を義務づける根拠を発見するための「道徳的な」(あるいは「倫理的な」といったほうがよいか)議論が支配的である。ブキャナンが提示する哲学的論証を見ても、ブキャナンが仮定する、人権によって規定されるよき生の最小条件に対するあらゆる人間の「事実的な」関心が、一つの(常に特定の性質をもった)「道徳的義務」の洞察へと導くのはなぜなのか不明である。

しかし、ブキャナンの説明は、人権が規範的に義務づける力をもつ根拠の点で哲学的に不十分であるだけでなく、残念ながら、政治－哲学的帰結から見て有意義な一つの区別を欠いてもいる。ウォルツァーのみならずブキャナンも、しかしウォルツァーとは別のしかたで、道徳的義務と法の義務との区別を、あるいは道徳的個人の義務と法的行為によってはじめて構成される政治的集団の義務との区別を、認め損なっているのである。この欠陥のために、最終的にブキャナンは民主主義国の無条件的な道徳的義務を想定するに至る。しかし、ウォルツァーの場合と違って、ブキャナンが提示する考察は次のような事情を無視してはいない。二十世紀における国際連合の創設と国際法のさらなる法的発展によって、昔の「国際世界の無政府状態」は、ますます強くなりつつある法化のグローバルなプロセスによって、正統化の圧力の下に置かれているのであり、その影響の下ですでに変化を遂げている、という事情である。それゆえ、ブキャナンは、自らの支持する「責任のシステム」を国際公法の既存の秩序に対する積極的な補完として提示するのである。しかし、ブキャナンの論証の中心的要素、つまり期待される予防的軍事行動にかんする権限を自ら与えるという民主主義国の道徳的に根拠づけられた義務が、法体系的にそして制度政治的に十分に考え抜かれているかどうかは、疑う余地がある。つまり、どのようにすれば、その提言が現行の法秩序に統合されるさいに、同時に国際公法の中心的原理を廃棄しないですむのかがわからないのである。その中心的原理とは、たとえば、憲章の第七章に則り、時間的に限定された自衛という例外を認めたうえで、軍事力投入による威嚇を禁止することを含む、法規範的に根拠づけられたあらゆる国家の無条件の平和義務や、あらゆる国家の集団的安全保障という法政策的な理念などである。これらの原理は、国際的な法共同体と諸国家共同体に対する挑戦を解決するアプローチのうち、個別国家が自ら権限を賦与することに解決を委ねることをその核心において目指すようなものをすべて排除する。それゆえ、私はブキャナンの提言を退けたいが、その考察を根底で支える、国際法秩序に対して現に存在している挑戦にかんするブキャナンの分析を無視するわけではない。

国際公法の法規範的原理は、すでにカントの政治哲学によって理論的に準備され、平和を世界規模で保障するための伝統的な国際法の試みが悲劇的な挫折を経験した後で、新たに創設されたのであるが、その法規範原理は、次のような場合にのみ、世界政治の実践において有効であることが実証される。つまり、国際連合とそれによって生み出されるグローバルな制度とが、国連憲章に見られる、第二次世界大戦の連合国の際立った特権などの歴史的に制約された妥協の産物を克服する根本的な改革を行おうと決意する場合である。国際公法の改革は第二次世界大戦後に成功する兆しを見せたが、国際公法はその原理を基礎としてさらに展開されなければならない。国際公法は、この六十年にわたる法の進化のプロセスによって、また、あらゆる国家を法政策的に同等に結び合わせる法秩序という意味での国際公法の憲法化を基礎として、(15)真にグローバルな公法に向かって、カントの政治哲学が要請した概念である「共和的世界法」という意味で、発展していかなければならない。この要求にかんしては、まず、カント的な「共和的世界法」においてはとにかく国家的秩序の設立が重要である、という概念的な誤解を防がなければならない、つまり、私たちの問いの文脈に即して言えば、グローバルな公法を支持する議論は不可避的に「世界国家」を要求することになる、という誤解を避けるべきである。むしろカントが「共和的」という付加語によってさしあたり示しているのは、次のような公法秩序の特質にすぎない。つまり、「専制的」という規定に対立する特質、そして、個人の「自由」および――今日では付け加えなければならないが――自由とならぶその他の「外的（政治的）行為」における主要な人権を保障するという正統的な法機能を制度化することを指示する特質である。(16)この意味で、グローバルな公法に共和的な性格を要求したからといって、憲法を備えた国家秩序にいわば優越するグローバルな国家の創設を要請することになるわけではない。共和的な特質をもつと認められるグローバルな公法は、むしろ次のような課題をもつことになるだろう。国家権力と国家主権とのあらゆるメルクマールを備えた「世界国家」を要求することなく、平和の保障や人権の妥当など現実に普遍的な法機能だけを適切な手続きを通じて世界規模で保証するという課題である。むしろ、そのようなグローバルな公法の制度的デザインを、あらゆる国家と国際法の主体とがまず共同で規定しなければならないだろう。国際法の法的発展によって今日では、国家や国際機関とならんで個人もますます国際法の主体として数えられるようになっている。

それゆえ、カントのいう意味での共和型のグローバルな公法秩序は、次のような一つの課題を引き受けなければならない。つまり、自由と人権とを世界規模で保障すること、しかも紛争の場合には、個別国家とその政府、条約機構がもつ権力による介入から独立に保障すること、である。というのも、人間の身体的および精神的安全への権利、自由と法の下での平等への権利は、個別国家に対して、場合によっては国家の自国民に対する干渉に抗して保護されなければならないだけでなく、グローバル化への途上で構築されつつある国際的ないし超国家的な、グローバルに活動する機関、諸国家共同体、民間アクターに抗しても保護されなければならないことは、明らかだからである。グローバルな公法は、このように記述される課題の枠内で、特に国家間の平和を、確実であらゆる関係者に対して透明かつ公平な手続きを通じて、保障しなければならない。その手続きにおいて人権保障の最終保証人になるのは個別国家ではなく、共和的に組織された世界共同体なのである。

この目標は、国際法に対する先述のような挑戦が国際法の基本原理と一致するように解決されなければならないとすれば、法政策的に見て、グローバル化のプロセスの地平において規範的意味で避けられない課題であるように思われる。もっとも、それが政治的に達成されるためには、なによりもまず、国際連合の制度が、とりわけ安全保障理事会が、改革され法政策的にさらに発展させられなければならない。それは、システムに制約された挑戦とシステムのアポリアを招く内的メカニズムとを制度的に克服するという意味で、遂行されなければならない。この改革は、世界レヴェルでの公法の憲法化を、したがって個人および国家の自由と平等の法原理を適切な公共的手続きの形で保障するグローバルな法秩序を、目指すものでなければならない。そのようなグローバルな法秩序が、譲渡しえない基本的権利の保護という課題を担う諸国家共同体の諸機関や司法手続きに、法政策的に確実な枠組みを与えるのである。そうしてはじめて、ウォルツァーやブキャナンが提案する、結局は平和も人権も持続的に保障することのない、個別国家による予防的行動への自己権限賦与の要請も不要になる。しかしながら、このような改革を補完するものとして、実効的な、つまり世界共同体のもつべき断固とした処置をとる権利を賦与された、国際連合のグローバルな法をさらに発展させるという意味で、既存の国家内部における法化と民主化のプロセスもまた世界規模で推進され、法政策的に支援されなければならないであろう。そうしてはじめて、核兵器の拡散と開発とを長期的に実効的に阻止することができる。というのも、現行の国際法に矛盾し、したがって規範的に見て正統性をもたないだけでなく、違法であり犯罪的であるさらなる大量殺戮プログラムと核兵器開発は、事実上ほとんど例外なく、北朝鮮、パキスタン、シリア、イランなどの負の例が裏づけるように、権威主義的な、専制的な、したがって非共和的な政権によって積極的に推進されるからである。そのさい、グローバルな市民社会組織を生みだすというグローバル化のもつ特別な可能性も同時に活用することができる。その市民社会組織によって、教育および自由な政治情報、文化的コミュニケーション、学問および民主主義国の政治と市民社会による公共的な批判、こういったものが障壁なく世界規模で流通することが可能になる。このようにして、宗教が国家や民族の政治的紛争の道具とされる地盤をも取り除くことができるのである。(17)

註

（1） I. Kant, *Zum Ewigen Frieden*, Akademie-Ausgabe VIII, S. 341–386.（イマヌエル・カント、遠山義孝訳『永遠平和のために』

カント全集14、岩波書店、二〇〇〇年)。さらに次の文献を参照せよ。*Frieden durch Recht*, hg. von M. Lutz-Bachmann und J. Bohman, Frankfurt am Main 1996.

（2） さらに次の文献を参照せよ。*Weltstaat oder Staatenwelt? Für und wider die Idee einer Weltrepublik*, hg. von M. Lutz-Bachmann und J. Bohman, Frankfurt am Main 2002.

（3） 次のものを参照せよ。*Recht auf Menschenrechte. Menschenrechte, Demokratie und internationale Politik*, hg. von H. Brunkhorst, W. Köhler und M. Lutz-Bachmann, Frankfurt am Main 1999.

（4） Michael Walzer, *Beyond Humanitarian Intervention : Human Rights in a Global Society*. ウォルツァーのテキストを私の手許にある原稿から引用する。

（5） Ebd., S. 1.

（6） Ebd., S. 7.

（7） Ebd., S. 8.

（8） Allen Buchanan, *Justice, Legitimacy and Self-Determination. Moral Foundations for International Law*, Oxford, 2004, S. 119.

（9） Ebd.

（10） Ebd., S. 127.

（11） Ebd., S. 147.

（12） Allen Buchanan/Robert O. Keohane, “Preventive Use of Force. A Cosmopolitan Institutional Proposal”, in : *Ethics and International Affairs* 18 (2004), S. 1–22, S.1.

（13） 共同体主義と外交政策上の現実主義との内的「類似性」については、次の拙論を参照。”Die Idee der Menschenrechte angesichts der Realitäten der Weltpolitik : Eine Reflexion über das Verhältnis von Ethik und Recht”, in : *Was ist das für den Menschen Gute?/What is good for a Human Being?*, hrsg./ed. By J. Szaif/M. Lutz-Bachmann, Berlin/New York 2004, S. 276–291.

（14） この点については次の文献を参照せよ。Richard N. Haass, “The Age of Nonpolarity”, in : *Foreign Affairs* 87 (2008), S. 44–56

（15） 次の文献を参照せよ。A. von Bogdandy, “Constitutionalism in International Law : Comment on a Proposal from Germany”, in : *Harvard International Law Journal* 47 (2006), S. 223–242.

（16）　次の文献を参照せよ。I. Kant, *Metaphysik der Sitten, Rechtslehre,* Einleitung in die Rechtslehre, §C, 同じく Öffentliches Recht, §41–51, また §53–62.（イマヌエル・カント、樽井正義・池尾恭一訳『人倫の形而上学』カント全集11、岩波書店、二〇〇二年）。

（17）　この点については次の拙論を参照せよ。”Demokratie, öffentliche Vernunft und Religion. Überlegungen zur Rolle der Religion in der politischen Demokratie im Anschluss an John Rawls und Jürgen Habermas“, in : *Philosophisches Jahrbuch* 114 (2007), S. 5–21.

第八章　〈古い〉戦争と〈新しい〉戦争に直面するトランスナショナル・デモクラシー

――集団的暴力という現象を規範的に取り扱うための哲学的考察――

アンドレアス・ニーダーベルガー（舟場保之訳）

【解　題】　現代は、さまざまな形をとる集団的暴力の存在が、従来の国際的な諸制度や手続きに対する挑戦を意味する時代である。たしかに、いわゆる〈古い〉戦争である国家間の戦争は、国際連合憲章第二条の暴力の絶対禁止とこの禁止に基づいた安全保障理事会の活動によって減少したと言える。今後もこの種の戦争を防止するために、国連体制がもつ役割はけっして小さいものではなく、グローバルなコンフリクトを克服するうえで果たすその中心的な働きはただちに否定されるべきではない。しかし、こうしたコンフリクトのアクターやコンフリクトの種類ないしは暴力の種類が変容している今日、既存の組織やその手続き、これらが前提する国際法が、これまで通りに単純に存在し続けることはもはや可能ではないし、コンフリクトや暴力に対処するうえでそれはまた望ましくもない。明確な規定を与えることは難しいが、使用される暴力の手段や暴力の形態、暴力活動の背後にある超国家的な特徴をもつ目論み、独特のグローバル化された戦争経済等々の点で、〈古い〉戦争とは著しく異なる〈新しい〉戦争に対しては、既存の国際的な諸制度や手続きでは到底対処できない。それは、テロリズムという〈新しい〉戦争のもっとも重大な現象の一つに対する解決策が、相変わらず見出されない点にも見てとることができる。

ヨハン・ヴォルフガング・ゲーテ大学〔フランクフルト大学〕の若手の哲学研究者であるアンドレアス・ニーダーベルガーは、古い形式の集団的暴力が残存しつつ、新しい形式の集団的暴力が出現し始めているこのようなグローバルな問題状況に対して、個人に定位した非－支配の原理に基づくトランスナショナル・デモクラシーを構想することで、対処しようとする哲学的な議論を展開する。

第一節 〈古い戦争〉、〈新しい戦争〉、そして国際秩序の問題

社会的・経済的不平等や不正およびエコロジーの面から見た世界のありようとともに、諸個人や諸集団あるいは政治的統一体全体に向けられる集団的暴力の存在が、とりわけ、国際的な諸制度や手続きに対する挑戦を意味していることは疑いない。さらにこの挑戦は、当該の現象には統一した形があるわけではなく、しかもとりわけ主権原理といったような一定の種類の集団的暴力を規制する従来の縛りが、他の種類の集団的暴力を生む一因と見なされることもあるので、とくに強力なものである。したがって、数的には減少しつつあるとはいえ、相変わらず国家間の戦争（いわゆる〈古い戦争〉）や古典的な形の内戦があり、これらの内戦においては、民族的、宗教的、イデオロギー的あるいは経済的差異を暴力的に解消しようとすることによって、一つの領土内における秩序ある政治的諸関係という構造が継続的に掘り崩される。(1) さらにまた、いわゆる〈新しい〉戦争というものもある。これは、明確な規定を与えることはできないが（あるいは、与えることはできないから）、国家間の戦争からも、前述の内戦からも区別される。(2) これらの戦争において特徴的なのは——非常に一般的に言えば——、暴力の手段および暴力の形態に関しては次の点である。すなわち、とくに軽兵器および中規模兵器が使用されること、（中央からの（政治的な）コントロールの可能性も含め）明確な軍事的ヒエラルヒーや指揮系統がないこと、傭兵および／あるいは子どもの兵士が採用されること、非対称的な戦闘状況やそれ相応の戦略が目的に合わせて利用されることである。(3) こうした点では、これらの戦争は内戦に近いものとなりうるだろうが、これらは同時に、資金や人員の調達、および暴力活動やその活動結果の背後にある目論みの点からは、国際的な特徴あるいは超国家的な特徴を示している。こうした特徴は、古典的な内戦がも

つ社会的な境界や領土的な境界とは対立し、独特の「グローバル化された戦争経済」を指し示している。[4] 最後に、とくに冷戦の終結以降、〈国家内における〉人権侵害は、それが支配的なエリートや個々の民族的、宗教的、イデオロギー的あるいは社会－経済的なグループによって国家の権力手段が抑圧的に使用されたり、あるいは国家の諸制度が機能不全に陥ることによって引き起こされるかぎり、グローバルな公共の関心事として理解される。[5]

現存する国家横断的な組織や国際的な組織そして安全保障同盟は、しばしば、集団が経験する暴力的なコンフリクトを防止したり規制したり、ないしは解決さえするために、あるいは人権を擁護する国家体制の構築を支えるために形成された。そして国家間の戦争に関して確実に言えるように、この種の戦争が減少したのは、これらの組織や同盟の影響力のためでもあり、つまり換言すれば、とりわけ国際連合憲章第二条の暴力の絶対的禁止と本質的にこの禁止に基づいている安全保障理事会の活動のためでもある。[6] それにもかかわらず、既存の組織やそれが確立した手続き、あるいはこれらの組織が働く際に基づいている国際法が単純に存続し続けることは、可能でもなければ、また望ましいことでもない。グローバルなコンフリクトのアクターやコンフリクトの種類ないしは暴力の種類が変容していることや、規制あるいは措置を与える対象や施行される原則が部分的には新たに規定し直されることによって、国際法の諸原理やこれらを適用するための諸条件が新たに考え直されたり、[7] あるいはこれらを首尾一貫して公平に施行することが要求されるだけではない。国際的な構造を備えた既存の国家体制が形成する秩序が、[8] あるいはたとえば既述のように問題視された国家主権という原理のような、[9] 少なくともこうした秩序のいくつかの本質的な前提が、根本的に問われるのである。しかし依然として承認されるべきなのは、グローバルなコンフリクトを克服するうえで中心的な役割を果たす安保理を備えている国連の体制は、ただちに放棄されるべきでもない、ということである。しかもそれは、〈不完全な法的、制度的状態の方が、まったく何もない状態よりもましである〉といったような怜悧による考えに基づいてだけでなく、たとえ国家間の戦争に〈だけ〉結びつけられることになるとしても、暴力の絶対的禁止が、まさに国家が引き続き重要な政治的アクターとなるからでもあるが、断念されてはならない本質的な規範的成果だからでもある。[10]

たしかに国際刑事裁判所（ＩＣＣ）の創設によって、たとえば集団的な暴力行為や政治的軍事的職務に就く者の違反行為に対処する（そしてこのことによって、体系的に、グローバルな刑法というパースペクティヴを強化し、そうした行為に対して明確に範囲が定められ正当化された警察による措置をもって応じる）新たな可能性が広がっている。[11]しかしこうした可能性も——この裁判所が機能することに対するアメリカの積極的な抵抗のためだけでなく——限られている。[12]たとえば、国際的に行動するテログループの行為を犯罪行為として、これにローマ規程を適用することには成功していないが、それは、問題となったテロリズムの定義について署名国が一致できなかったからである。[13]したがって、〈新しい戦争〉のもつもっとも重大な現象の一つに対する、ないしはそれどころかグローバルに重要な意味をもつ人権侵害のもっとも重大な現象の一つに対する解決策が、相変わらず見出されないままである。このことは、たとえば二〇〇三年以後のイラクの状況、つまり国家が占領軍の助けを借りても部分的にしか効果的に防御することができないような、市民をも巻き込むテロが続いているのを見ればわかる。[14]さらに——このことについては後ほど中心的に扱うつもりである——たしかに刑法は行ってもよい行為の限界を遵守するように処罰規定を設け、そのことによって相互行為のための基本的な規則を呈示し（そうしてそれ相応の強制力を備えてまた）これを施行することもできる。しかしそうした刑法でも、法の制定を政治的に行い法の施行を制御できる国家体制か、あるいは国家に似た体制が存在することを前提するのである。

集団的暴力の問題を克服するうえで、コンフリクトを解決するための既存の個別国家的メカニズムや既存の国際的なメカニズムでは明らかに不十分であり、その結果、国際関係に関する規範的な理論や哲学の大部分において、根本概念や根本原理を倫理学的に新たに整え直すことになった。新たに形成された概念や原理は、国際関係を扱う旧来のアプローチや政治学の分野が国家に定位していたり、あるいは法に定位していたりする点で異なり、部分的にはこうした定位を非難しさえする。一連の集団的暴力の現象すべてが適切に対処されないことに対しては、この状況も一役買っていることが、現状の成果を一面的に強調することによって隠蔽される、と。体系的には、こうした（部分的には〈道徳化〉と特徴づけられる）新たな規定のし直しはさまざまな形をとる。一方で、多くのアプローチにおいて諸個人が、直接、構造や原理や行為の仕方を妥当なものとする根拠と見なされる。その結果、具体的な政治的秩序や制度は、それらが諸個人にとってどのような目的をもつかということを介してのみ、その正当性を明らかにすることができる。したがって、たとえば諸国家には、それらが派生的にはもちろん今後もしばしば、直接的に個人に繋留している妥当性の根拠を実現するために不可欠の実体として理解されるにしても、正当なアクターの地位そのものは認められない。(15) しかしさらにこのように新たに整え直すことによって、他方で、より狭い意味での〈道徳化〉に至るようなアプローチもある。そこでは政治的行動一般を行為論的に規定することが問題とされており、換言すれば、制度と体制は本質的に、個人あるいは集団の行為の仕方を表現したものとして捉えられ、その結果、制度と体制にはある程度存続すること以外に、それ独自の意味を割り当てる必要がなくなる。(16) その代わりに、アクターには直接的な行為義務が割り当てられるが、これらの義務は対応する他者の権利に定位するものである。こうした義務を充足するために制度と体制とが利用されるのなら、このように利用されることは、それ自身が諸権利を損なわない限り、正当である。したがって、政治的な諸関係や手続きや諸制度はどうあるべきかという考察は、すべて、（好ましくない）経験的制約の下でどのようにして道徳的原理を適用し、あるいは道徳的権利を実現するかという問題領域へと移される。(17)

グローバルなあるいは国際的な政治哲学をこのように〈行為論的に〉新たに規定し直すことには、数多くの困難が伴う。ここでの一つの重要な問題は、ウェストファリア講和以降展開されてきた古典的な戦争の定義が解消されることであり、たとえば「国家によって認可されていない暴力の状態[18]」が成立している場合のように、一定の広い基準を満たすすべての形の集団的暴力まで、戦争概念が拡張されることである。戦争概念をこのように拡張することには〈メリット〉もあり、規範の面から解明できる現象の幅が明らかに拡張され、そのことによって個別国家の秩序や国家横断的な秩序あるいは国際的な秩序に向けることのできる要求も、アクチュアルな歴史的制約に適合する[19]。とはいえ、戦争概念をこのように拡張することにはデメリットも伴っており、古典的な国家間の戦争といった類の現象に合わせて設定されており、部分的にはすでに国際法の見地から無効にされている既存の原理が、いまさら見直され、場合によってはより一般的な新しい規定の下におかれることになる。つまりいかなる形の「国家によって認可されていない暴力」もただちに同じレヴェルにあって規範的に重要な現象と見なされるなら、当該の国家による適切な応答が期待できない〈国家内の〉暴力が現れた場合、自身の暴力行使という〈国家間の暴力の禁止に違反する形での〉不正に抗して、前者の暴力による不正を取り除くことが考えられなければならない。国際法による暴力の禁止をこのように見直すときには、それは純粋に原理論的には十分根拠をもつかもしれないが、見直した場合にどのような結果を直に招くことになるかを考慮しないというある種の〈政治的素朴さ〉が伴うとともに、政治的な構造と制度がもつ統制的機能と構成的機能との必要な区別がなされていない[20]。というのも、もし事実として構造と制度が本質的に原理を具現化しており、そうした原理に基づいて統制的にアクター間のコンフリクトに介入するのであれば、これら構造と制度はその規範的な諸要求に応えているかどうかに関して評価されうるだろうし、諸原理の内容が聞き入れられなかったり、明らかにこれらに反する行為が行われる場合には、他の構造や制度にとって代わられなければならないことになるからである。しかしこのような考察によって、コンフリクトへそのつど介入することと、そうしたコンフリクトが生じなくなるか、あるいは少なくとも暴力的な仕方で解決されることはないような体制を継続的に確立することとが、十分に差異化されるわけではない。近代国家、とりわけ近代の法治国家の構造と制度は、社会的なコンフリクトに対して規範を用いて直接的に介入するという目標を放棄したが、それは次のような空間を構築することによってである。つまり、そこでは社会的な相互行為において原則的に暴力が禁止されており（換言すれば、そもそも暴力があるとすれば、それは不当な〈暴力行使〉とこれが引き起こす事柄を防止する目的のためにのみ、国家自身によって行使される）、だれもが他者に対するその正当な願望や要求が、また実現されることも期待できるような空間である。[21]暴力の独占を達成し、公的な場面における相互行為が法に則るような状態を実現するという二重の目標が前提するのは、このような目標どおりに形成されている政治的秩序に対して外部からの恣意的な介入がないことである。したがって集団的暴力という形式が何よりも国家間の戦争禁止に優先権を与えるのは偶然ではなく、これは（少なくとも複数の国家が存在するという条件の下では）近代国家というものがもつ本質的な目標の一つが実現されるための必要不可欠な前提である。なぜならいかなる国家も、自分自身やあるいは自国の市民へ暴力を行使する権利を他の国家に対して認めると同時に、長期にわたって暴力の独占を確実なものとすることは明らかに不可能だからである。そしてこのことが、国家の構造と制度が暴力の独占を実現できなかったり、あるいは暴力の独占を濫用し、人権さえ侵害するようなケースに対処するための、正しい方途を呈示するものではないことをもちろん認めるべきである。にもかかわらず、人権を保護するための介入は個々のケースにおいて原則的に、暴力を独占する持続的な法状態を確立することからは区別できるということが、こうしたケースに対してもやはり依然として確実である。そのかぎりで、〈人道的介入〉を正当化するための議論が、しばしば正当防衛の権利ないしは緊急避難的義務と結びつけられる（そしてそれとともに、切迫した現にある危機と結びつけられる)(22)一方で、通常一般的な社会的コンフリクトの状況と関連づけてなされるような、公的な法的状態を実現するための考察が、積極的な〈平和状態〉の規定をも視野に収めていることは驚くべきことではない。

グローバルな政治哲学を〈行為論として〉新しく考え直す試みとは違った仕方で、ここでは次のような規範的アプローチを呈示するつもりである。このアプローチは、普遍的であり第一に個人と結びついている(そしてそのかぎり、国家の妥当性それ自体を制限することを含意する)非‐支配の原理を出発点として、その後さらに、公法が妥当性をもつグローバルな状態を構想する。この状態においては、集団的暴力という現象といかにかかわり合うかということが考えられるとともに、現在の国際法による暴力の禁止を受容し、また改良することが許される。最後に、そこから生まれるトランスナショナル・デモクラシーというこの構想が、理想的ではない政治的状況の下で、どのような結果を帰結しうるかを簡潔に明らかにするつもりである。

第二節　非‐支配の原理とトランスナショナル・デモクラシー

ここまでは、古い形式の集団的暴力が残り続けているとともに、新しい形式の集団的暴力が出現し始めているという時代診断から出発し、こうしたグローバルな問題に対してどのような規範的応答を見出すことができるかを議論してきたが、次に、国際秩序一般がもつ原理および構造そして制度はどのようなものであるのかを探究しよう。そしてその後で、このような秩序が前述の問題に対して説得力のある応答を可能にするものでもあることや、またどのような仕方で説得力のある応答を可能にするものでもあるのかを示す。すでに言及したように、諸国家が一つのシステムをなす国際秩序について下される評価は二義的であり、[23]もはや諸国家はただちに、内政に加えて国家間交流に残る不透明な部分を克服するような、グローバルな政治を行うための規範的な基盤と見なすことができるわけではない。明らかに、あらゆる人間には他のあらゆる人間に対する義務があり、これらの義務は、あらゆる人間がおかれているそのつどの政治的連関や制度的連関にかかわる個別の要求からは独立し、かつこれに先行している。また現にある問題状況には、局所的なコンテクストに限定したりその解決方法を限定的なものとすることはできず、それどころか部分的には諸国家のシステムないしは諸国家が基盤とする諸原理にこそ由来したようなものがある。[24]したがって妥当性論からすれば、コスモポリタン的個人主義が選択されるべきだが、制度論的には、既知の、あるいは発見されるべき（超）国家的制度ないしは制度的体制が正当な要求を満たすことができるかどうか、そしてどのようにして満たすことができるのかということ、また他の政治的体制に対して介入するためのいかなる権限が、これらには与えられるべきかということが探究されなければならない。目標は、もつべき正当な諸権利をあらゆる人間に保証しうるような、公法が妥当性をもつグローバルな状態でなければならない。[25]

だがこうして、地方自治体から世界レヴェルのものにいたるまですべての政治的秩序が問われることになるが、少なくともここでは、公的な法的状態を正当化する制約への問いは、二重化されている。[26]まず一方で妥当性論の見地から、コスモポリタン的な道徳的パースペクティヴにおいて根拠づけられている諸要求の実現が求められたが、他方で民主主義的体制の法状態がさらに必要なこととされる。民主主義的体制の法状態だけが、グローバルなレヴェル（で）の行為がパターナリスティックで、したがって結局のところ何人かの恣意やあるいは個別的な見解に依存的である、などということにはならないのを保証できるからである。――そうしたことになるととりわけ、グローバルなレヴェルが、その下位にあり民主主義的体制が実現されている他のレヴェルの営為に介入できるような場合があれば、それはまたさらに一つの問題となるだろう。しかしこのように、グローバルな政治のレヴェルも民主主義的な要求のもとにおかれるとしても、このとき、大部分の民主主義理論がその核心部分を構想する際に今日まで範としてきた集団的自律性としての国民主権というモデルを、グローバルに（再）構成し、個別国家を超えた政治的空間ではこのモデルを排除することが可能であるし、また必要でもある。[27]集団的自律性は、公法が妥当性をもつグローバルな状態のための規範的な基準であるが、こうした集団的自律性による営為は、世界国家的な体制を基礎づけることに至るだろう。すなわち集団的自律性が行使されることによって、つまるところ、自律的に自己自身へと作用を及ぼすような集団が法的体制として構成され、[28]自己自身への作用が実行されるための立法機関、行政機関、司法機関が法的体制として構成されることが要求される。これらの機関が正当であると言えるのは、だれがこれらの機関の権限にお墨付きを与えてもよいのかということ、だれが実際にお墨付きを与えたのかということ、そしてだれに対してこれらの機関はその行為を正当化しなければならないのかということを、明らかにできる場合だけである。したがってこうした考え方のもともとの目標は、一方で国民主権の主権者拡張とその担い手の諸権利とを確固たるものとすることにあり、他方でそうした主権者が直接的に意見を表明したり決定したりできるような手続きや委員会を設けることにあるのだが、当該の諸制度の働きは主権者の自己立法や自分自身への作用として理解されるものである。ここで中心となるのは、できるかぎり多くの諸個人が事実として、できるかぎり広範にわたる政治的な参加の権利および正当化の権利を手にすることである。たしかに集団的自律性をグローバルなレヴェルに繋ぎ止めることに力点をおく書き手たちは、法的体制を構成することから生じる国家という形式が中央集権的な国民国家的なものとパラレルに理解される必要はない（あるいは、それどころかそのように理解されてはならない）と強調する。しかしこうした書き手たちは、新たな主権者の直接的な発言や決定も主権者に対する行政機関の責任も、現にある政治的共同体ないしは政治的アクターを超えた、そして個人としての市民一般を土台とした政治的体制においてのみ、可能であるということを確信している。[29] 世界国家というパースペクティヴへいたるのは、この新たな体制が既知の政治的統一体をたんに補完したり、あるいは既知の政治的統一体のなすべきことを部分的に引き受けたりできるからではなく、それが――個別国家において国民議会あるいは連邦議会が最終審級であることとパラレルに――妥当性という点で下位のレヴェルの政治的体制からは独立しており、むしろこの下位のレヴェルの政治的体制がもつ妥当性を基礎づける（こうしたことは、たとえば連邦体制において生じうる）[30] からである。したがって展開された〈コスモポリタン的民主主義〉においては、非常に異なったレヴェルとアクターの「ヘテラルヒー（Heterarchie）」（ヘルド）があるとしても、これらのレヴェルとアクターの間にはいかなる内的な規範的要求もふさわしくない。[31]

グローバルな集団的自律性というモデルは、その基本的な考えにおいてもその帰結においても説得力をもつことはできない。フィリップ・ペティットが古典的な共和主義を改良して手にする非－支配（non-domination）の原理に基づき、一つのオールタナティヴとしてトランスナショナル・デモクラシーを構想することができる。[32] これは、自律の構造がもつ循環を免れ、その代わりに諸規則と制度的な行為を産出し、批准し、規制する複雑なプロセスについて考えることを可能にするものである[33]――したがって（もっぱら、あるいはとりわけ）直接的な政治参加とは異なる、こうした規則や行為を正当化するための別の基準をも提供するものである。[34] 規則と行為を産出し、批准するプロセスが複雑であるという想定は、本質的に次のような洞察、すなわち自律を構想するうえで放棄することのできない代表や代理は、規則や行為を生み出す一つの――そしてひょっとするともっとも重要だというわけでもないような――方途に過ぎないという洞察に負っている。代表する者や代理する者が前提とするのは、一つには、市民たちが少なくとも理想のケースにおいては自分たちの利害関心のなかで選好するものを明確に知っており、利害関心のうちのどれを政治的に実現すべきかをいかなる状況においても正確に知っている（あるいは知りうるだろう）ということである。また、もう一つには、審級を手続きとして描くことができるということである。手続きとして描くことによって、代表や代理は、状況が変われば委任の担い手をもはや拘束することができなくなるような、一定の事柄における一つの委任に尽きてしまうわけではなくなる。これら二つの事柄は、すでに理想のケースにおいて前提できるかどうかあやしい。というのも、まず、人間にはきわめて多種多様な利害関心があり、それらは時とともに変遷するし、それらのリストは完成することがなく、人間が利害関心に一般的な順序を与えることは――合理性という基準を導入するとしても――原理的に不可能だからである。第二に、直接的な代表および直接的な代理という複雑なモデルを構想することは不可能である。公共性の構想を補強することがしばしば選択されるが、しかしこうしたやり方がすでに狭いコンテクストでの代表および代理を離れるものであり、いかなる条件の下で〈公論〉に基づいた決定が正当化されているのかという問いを、新たに投げかけるものである。[35]

非－支配という基準は自律原理と次の見解を分かちもっている。すなわち、規則や制度的な営為が、もっぱら関与者の重要な利害関心を取り入れ、これらを反映するものとして理解できないなら、いかなる規則も妥当性を要求することは正当ではないし、またいかなる制度的営為も受容されえない、という見解である。なお、ここでの「もっぱら」が意味するのは、関与者の利害関心が取り入れられ、反映されることに加え、アクターそれぞれの特殊な利害関心や関与者の他の重要な利害関心に対立するような目標や利害関心が、規則や行為を構成するものである場合、その場合にも、正当性は与えられていないということである。関与者によって立法機関および行政機関が（多かれ少なかれ直接的に）編成されるだけでなく、非－支配という基準に従えば、諸制度は規則や行為様式を自己自身にもアクターにも〈提案〉し、関与者はこうした〈提案〉に応じてふるまうという事態もありうる。しかしこのふるまいは、必ずしも、関与者がどの提案についても集団で審議し取り決めるようなものとして理解される必要はなく、万人が同じようにアクセス可能な異議申し立ての手段が現にあるのにそれが利用されないのなら、たいていのケースにおいては適当なものである[36]。非－支配の原理によれば、積極的な政治参加はたしかにそれ自身重要な利害関心でありうるし、それ相応の制度によって実現される必要もある。しかし民主主義的な諸関係が存在することに対するこのような利害関心を、すべての市民もまた第一に充足を求めるに違いないような優先順位の高い利害関心として、あるいは実際に反映されることが正当性のための必然的な基準でさえあるような優先順位の高い利害関心として、理解することが不可避的というわけではない。積極的な政治参加が規範的に絶対的に命じられる優先順位の高い利害関心となるのは、政治的アクターが、関与者のもつ重要な利害関心を取り入れ、これらの利害関心によって自己の働きを規定することを拒否し続ける場合である。なぜならこうした条件の下では、関与者は構造的に自由を失う危険性を逃れられないからである。とはいえ、効果的な制度がない場合や、制度が暴走する場合には、政治参加に対する利害関心が優先されるということから、市民が積極的に政治参加する場合にだけ重要な利害関心は制度的な行為を規定することができるということが導かれると考えるなら、それは集団的自律の理論が犯す誤謬推理である。

　したがって、立法機関とその他の諸制度は次のような内的結びつきをもって構成されていなければならない。つまり、これらはもっぱらその作用が影響を及ぼす人々の利害関心という観点において、当の作用を基礎づけるように構成されていなければならない。それは、これらが、呈示されている問題における重要な利害関心が何であるかを突き止めるセンサーを備えているのでなければならない、ということを意味している。たとえば立法機関がその他の諸制度と接続する仕方に見られるように、個々の領域において諸制度の行為に連鎖がある場合には[37]、連鎖の後方に位置する諸審級は、もちろん先行する諸審級が下す決定やそれらの原理的な基準に結びつけられている。しかし、他の諸審級と接続することは、必ずしもすべての制度にとって有意味であったり可能であったりするわけではなく、また同時に、諸制度のもつそれ固有の〈センサー〉が重要な利害関心を捉え損ねるということもありえないわけではないので、諸制度には、可能的な規制や行為の仕方を選ばれた関与者たちが明らかにする審議的な（deliberativ）審級が含まれていなければならない。このとき、どのような審議がなされるべきかを選択する基準は、さしあたり、それが〈代表的な事柄〉であると推測されるかどうかということにあるのではなく（審議を行う人たちがもつ意味を、量的－統計学的に評価することは、もちろん重要であるが）、提出される論拠と利害関心が、部分的には相違しつつも重要なものであるかどうかということにある。たとえば、労働市場政策についての審議においては、関係する労働組合のすべてが（さらにできるかぎりそれぞれの組合員数に応じて）審議に参加することよりも、問題を解決するうえでもっとも重要な対立する考え方が発言され（それがたとえ解決と直接関係するわけではないような人によって発言されるとしても）、決定が下される際に影響を及ぼしうることの方が重要である。関与する個々人のより広範な参加が必要となるのは、当該の制度が審議する人々の選択において恣意的に機能しているといった印象や（そしてそれに応じて、重要な利害関心が捉えられないという結果も生じる）、あるいはまた審議それ自身の拘束力が求められるといった印象が強い場合である。したがって、諸制度がこのように内的に結びついた構成をもつことによって、決定を下し行為を規定する手続きが導かれ、そうした決定や規定の質が保証され、決定や行為を実行に移すうえでできるかぎり好都合な状況が創り出されることになる。しかしそれとともに——諸制度がどれほどセンサーを発達させ、審議がなされるように内的に構成されていても、そのこととは無関係に——必ず次のような道具立てがなければならない。それは、関与者が自分の利害関心が顧慮されていないという声を上げ、あるいは問題とその解決を手にしていると口にするとき、諸制度に対して、改めて審議過程や決定過程そして正当化過程をやり直し、通告された規則や行為に反対する理由がもっともなものであるかどうかを究明するように強いることを可能にする道具立てである。こうした道具立てが存在しないと、諸制度は重要な利害関心を広範にわたって拾い上げ、これらを諸規則や諸行為へと統合するように実際に機能し続けるものである、ということを前提することが、ほとんど現実的ではなくなる。

諸制度が非－支配を実現するために満たさなければならない諸条件を厳密に論じたこの直前の箇所から、こうした規範的な基準は、諸制度やその他の政治的なアクターあるいは市民社会のアクターによる自己拘束によってすでに実現されている、というわけではないことも明らかとなる。[38] ペティットが正しく見てとるように、非－支配の実現は、関与者の重要な利害関心を取り入れることは取り入れる側の恣意の働きにかかっているのではなく、この条件のもとでふるまうことが取り入れる側のありようを構成するということを含意している。[39] したがって、個々の制度が正当なものであるかどうかは、それらが支配的になる危険性を原理的に封じるような構造にあるかどうかということにもかかっている。しかしだからといって、まさしく既存の政治的共同体を超えるレヴェルで、つまりトランスナショナル・デモクラシー体制という観点から、国民国家のモデルが追求するような統一的でヒエラルヒーをもった体制において、あらゆるアクターを統合し続けなければならないという結論を導くことはできない。というのも、そのような統合は第一に、アクターの行為と相互行為における自由の余地を不必要に制限し、そのことによって集団的自律性のモデルを質的に上回っている点を失う危険性があるだろう。またそのような統合は第二に、認められるアクターがだれであり、その行為様式がどのようなものであるのかを定める際に生じる諸問題に対して、規範的に説得力のある原理的な解決を求めることにとりわけ、失敗するだろう。この二点目については説明が必要だが、その説明は同時に、非－支配の原理がもつ規範的内実をいっそう明らかにする。

非－支配の原理に関するこれまでの説明に従えば、重要な利害関心が諸規則や諸行為へ反映される程度はさまざまであるだろう。その幅は、今の場合、一致する利害関心や相違する利害関心を抽象的に顧慮することから、そうした利害関心を内容に関して具体的に反映することにまで及ぶだろう。ところが、この原理は政治的自由の表現として理解することができるので[40]、それはまた、重要な利害関心が決定に対して最大限意味をもちうるように決定の内に反映されるべきであるということも意味している。このような〈最大限意味をもちうる〉ということが実現されているかどうかは、またしても次の二つの点に関して測られる。一つは、決定の及ぶ範囲であり、もう一つは、問題あるいは構想がそのつど成立している次元である。〈こうした実現されているかどうかを測る基盤〉に基づいて、以下のような補完性原理が成立する。

諸規則と諸行為は、（1）現にある問題の解決あるいは計画された構想の実現を可能にし、（2）現在用いることのできる知によれば、それらに関与する可能性があるような人たちすべての重要な利害関心を考慮に入れることを可能にする、考えうる限りもっとも低い次元において見出されるべきである[41]。

問題解決や構想に際して、一致や少なくとも本当の意味での多数派が形成されることを前提できるのはきわめてまれなケースにおいてのみで、民主主義的に正当化される行為はいわゆる多数派によって支持され、程度の差こそあれ数多くの少数派によって受容され、あるいは許容されるケースがほとんどである[42]。こうした背景から明らかなように、決定は不必要な仕方で非－関与者によって下されるべきではない。というのも、この場合――とりわけトランスナショナルな体制が広大な面積を占め、そのことによって費用を〈外部化〉したり、もっとも弱い成員を抑圧したりする可能性が生じる点で――多数派による専制が行われたり、あるいは重要ではない利害関心に基づいて決定が下される危険性が不必要に高められ、〈外部からの規定〉がなされている印象を生み出しうるからである。(43) しかし同時に、決定が下される際には、行為の可能性が（現在用いることのできる知によれば）当該の決定によって変化するような人々の利害関心は、たとえ制度が直接的にその人々を狙いとしているわけではなく、またその人々がさしあたりは当該の問題と関わっているわけでもなく、あるいは計画の展開に参加しているわけではないとしても、顧慮されるということが保証されている必要がある。後になってはじめて関与することになる人々に対しても、諸規則と諸行為が新たにテーマ化される可能性が開かれていなければならず、この場合には、一定の前提の下で補償を要求することさえ妥当性をもちうる。このように非－支配が明らかにする自由の思想は、一つの政治的共同体の（内部の多数派の）自由や、規則や行為によって直接的に利益を得る人たちの自由を積極的に実現することにみずからを制限することはできず、――少なくとも、自由を制限するような帰結は、それが正当化されていないのであれば回避するという意味で――自由の普遍的な実現を含意している。したがって非－支配は、諸制度がその直接的なクライアントのもつ重要な利害関心を取り入れるということを意味するだけではなく、さらに、これらの諸制度が第三者やその他の諸制度に対しても支配的に働くことはない、ということも意味している。非－支配の原理はこのように、制度の働きに関して直接的な利害関心をもつ人々との垂直的な関係を規定し、これらの人々に対して（消極的な意味および積極的な意味での）自由を可能にする。またこの原理は、その他の諸制度や政治的共同体および諸個人との水平的な関係も（少なくとも消極的自由という意味で）規定する。

緊張が解消され、補完性原理の適用に必然的に伴う裁量の余地が消し去られているような、原理的で持続的な制度的ヒエラルヒーを設定することは、可能ではない。さまざまな仕方で立法の審級がつねに上位に置かれるものも、それぞれのレヴェルに対して権能の一覧が与えられている連邦体制を法として書き記すことも、長続きするものではない。中央の審級には権能を自分のものとし、権能を集中させる傾向があり、連邦の諸権利を書き記すことは、たえず変化する問題状況に適切に対応することを困難にし、問題状況がたえず変化することによって場合によっては必要とされる諸制度の改革や変革あるいはそれらの新たな創出を困難にする。だが、補完性原理は手続き的にこそ解釈される。このとき、そのつどの事実的ならびに規範的な権能が、審議や異議申し立ての可能性や決定過程の透明性を通じて明らかにされうるような手順を、この原理は定める。まず、制度がそのクライアントに対してもつ垂直的な関係に対して、すでに確認されたように、異議申し立ての可能性が確保され、万人が同じように異議申し立てをできるのでなければならない。この要求は、他の諸制度や間接的には関与者との水平的な関係においても、満たされているのでなければならない。つまり、権能をこのように二重の仕方で明らかにすることは、関与する可能性のある人々がその重要な利害関心を表明できるということを含意している。[44] したがって補完性原理が妥当性をもつにもかかわらず、非－支配に基づいてグローバルな見地から必要最低限の正義に対する要求が生起する。その必要最低限の正義によって、利害関心一般の表明を可能にする社会的、文化的、認知的手段を万人が手にしていることは必然的なこととなり、またポリアーキーな構造をもった諸制度が協調するなかで耳にできる異議申し立ての声に対して、十分に力をもった諸制度を設けることが必然的なこととなる。[45] さらに、それぞれのそのつどの利害関心の実現を積極的に促進できる諸制度を構築し維持すること、そしてとりわけこれらの諸制度を利用することが可能であることも、普遍的な人権として基礎づけられる。

トランスナショナル・デモクラシーということが言えるのは、既知の国家体制と国家体制相互の条約による結びつきの他に、次のような諸審級および諸制度のネットワーク（部分的にはより広範囲にわたるネットワーク）が存在する場合である。それは、そのつど単独で、あるいは相互に協力し合うことによって、個々人や集団あるいは共同体がそれぞれの共存および行為の確保と規制そして支援に対してもつ重要な利害関心を反映するのに役立ち、したがってそのつど非－支配原理のもつ垂直的な意味を実現するような、そうした諸審級および諸制度のことである。[46] このときネットワークの構成員となりうるのは、個別国家だけではなく、従来は国家体制の部分であったり、あるいは国家体制を超えている諸制度や諸審級も、またたとえば個別国家に帰属する、あるいはトランスナショナルなNGOや企業といった民間のアクターも同様に、ネットワークの構成員となりうる。[47] ネットワークの構造はさらに、非－支配原理を相互に水平的に尊重するものでなければならず、このことがまた二つのこと、つまり諸審級と諸制度は関与する可能性のある人々を決定を下す際に考慮に入れるように内的に義務づけられているということと、そして諸審級と諸制度は同時に原理の遵守を外部からコントロールされるということを帰結する。第一の帰結が、ネットワークの構成員およびネットワーク全体がもつ世界市民主義的な性格を根拠づける一方で、第二の帰結は、規則を与えたり執行したりする諸制度の他にコントロールのための力を備えた審級の設置を正当化する。世界市民主義が、非－支配の原理の妥当性と解釈とから帰結するトランスナショナル・デモクラシーにとって意味するのは、唯一のグローバルな政治的空間があるということではなく、部分的には対立さえし合うさまざまな政治的空間と共同体のなかに、平和的で理性によって規制される共通の部分が実在するということである。[48]

ネットワークの構成員をさまざまな形での国家的な統合体とすることは最初に除外されたので、トランスナショナル・デモクラシーがもつ四つの本質的な特徴（ネットワーク構造、垂直的な非－支配、水平的な非－支配、非支配の原理が遵守されるようにコントロールする審級の存在）は、民主主義的体制が妥当性をもつような共通の空間を包括する憲法によって、確保されなければならない。このような憲法は、まず非－支配の原理をそれぞれの政治的行為が正当性をもつための基本的な基準として定めており、この原理から他の諸規定を導出しなければならないだろう。これらの諸規定のうちに一種の〈基本権憲章〉が彫琢されているが、この〈基本権憲章〉は、非‐支配の原理がもつ垂直的な次元および水平的な次元が含意する個人的人権および集団的人権、社会的権利および文化的権利、そして〈市民権〉を包括している。こうした基本権がたんなる形式的な権利にとどまらないために、諸制度が、これらの権利が万人にとって等しい価値をもつことを保証するように構想されなければならず、その際にまた、これらの制度がそれ自身支配的なものとならないように注意されなければならない（だからといって、たとえば、グローバルな諸制度あるいは地域的な諸制度は必然的に問題を孕んでいる、というわけではない）。[49][50]このことに関連して、ネットワークの構成員がもつさまざまな内部の〈憲法〉が承認され、民主主義の理論上必要とされる補完性原理が受容され、またコンフリクトのケースや調整が必要な場合に、ネットワークの構成員たちの相互行為を導くことのできる手続きや諸制度が示されなければならない。[51]もっぱら異議申し立てがなされるケースにおいて、非‐支配の原理がアクターたちに課す手続き的要求が事実遵守されたかどうかについて吟味する機関は、[52]コントロールと判定の審級として、決定を下すためのそれ独自の積極的な権能を伴わないものとして、つまりそれ独自の規制や行為を伴わないものとして組織されるべきである。このような審級には、それ独自の強制手段を十分に付与しておくことはできないので、他のすべてのネットワークの構成員は、この機関の決定を実施するためにそれぞれの使用可能な手段を投入するように義務づけられなければならない。

第三節　トランスナショナル・デモクラシーにおける戦争と平和

トランスナショナル・デモクラシーの諸原理と機能の仕方をこのように呈示することによって、初めに提起された問いに対してどのようなことが言えるか。初めに提起された問いとは、どのようにしてこのトランスナショナル・デモクラシーという構想は、既存の、あるいは計画される新しい戦争や古い戦争それぞれの〈メリット〉と〈デメリット〉を比較するディレンマにさらされることなく、さまざまな形の集団的暴力を効果的に、構造的に、そして規範的に正しい仕方で食い止め、しかもこのようなやり方が十分な政治的正当性を要求しうることを保証できるか、という問いである。これらの問いに答えるには、二つの段階を経なければならない。まず、トランスナショナル・デモクラシーは、理想的な条件の下で、呈示された要求を満たすことができるのかどうか、また満たすことができる場合には、どのようにしてか、ということが探究されなければならない。これを示すことができたなら、次に、このような構想は理想的でない状況の下ではどのような帰結を導きうるのかが、明らかにされなければならない。

トランスナショナル・デモクラシーは、理想的には、非－支配の原理を垂直的にも水平的にも顧慮するさまざまなアクターや諸審級および諸制度によるネットワーク状の体制を意味している。非－支配の原理がこのように反映されることから、集団的暴力を許容するか許容しないかということについての結論がただちに帰結する。というのも、非－支配について論じることができるのは明らかに、個人間あるいは集団間においても、政治的あるいは社会的諸審級から個々人あるいは集団に対しても、また諸審級同士の間においても、暴力が行使されない場合だけだからである。そうであるかぎり、トランスナショナル・デモクラシーという構想は、初めに呈示されたあらゆる形の新しい戦争および古い戦争の正当性を否定する。〈民主主義的平和〉は、民主主義そのものの要求から直接生じるのであり、つまりいかなる民主主義もそれ自体として、他者に対して暴力を行使する権利を用いることはできない。こうしたことは直接、支配につながるであろうから。(53)

暴力行使の正当性をこのように否定しても、まだ多くのことが得られているわけではない。というのも、前述の形の暴力をたんに規範的に断罪することや、〈たとえば、〈非－支配の原理を相互に顧慮すべし〉といったふうに〉積極的な平和の理想形を定めることは、他の規範的な原理あるいは価値によっても行いうるからである。それに対して、こうした形の暴力の使用が事実としてもなされないでいることを、トランスナショナル・デモクラシーは保証できるのかどうかを示し、もし保証できるのであればそれはどのようにして可能であるのかを示すことの方が、より困難である。単独でグローバルな暴力の独占を要求し、そうした仕方で国内的な平和を地球全体まで拡張しようとするような包括的な世界国家モデルとは異なり、トランスナショナル・デモクラシーの構想は、国家というもののもつ本質的な要素を世界のレヴェルで放棄するだけではない。この構想は――前節の末尾ですでに簡潔に示唆しておいたように――〈グローバルな暴力の独占を目指すことが有意味でありうる〉という考えに対して、明確に反対するのでもある。そのような暴力の独占が可能であるのは――独占の厳密な意味において――、それ相応に統合された〈警察〉力がいかなるグローバルな可能的暴力にも立ち向かうことができ、これらが力を発揮することを妨げるような場合だけだろう。しかし、強制力が事実としてこのように蓄積されることには、〈たとえ、他の人々よりもこの手段をより多く手にする者とは争わないようにするという、〈柔らかな強制〉によるだけだとしても〉それ自身が支配的に働くという大きな危険性や、あるいはそれ相応の力が不当に私物化される際に、これを防ぐ可能性がないという大きな危険性が伴うだろう。つまり、暴力の独占が望ましいということはありえない。

しかしいくつかの連邦国家の経験が示すところによれば、厳密な意味での暴力の独占は、さまざまな場所に集結する個々の強制力がそれぞれ連関をもつ際に、指揮権が明確になっているのであれば、まったく必要ですらない(54)。指揮権があることと相応の権能を正当に行使するようにコントロールすることとは、相互に排除し合うものではない。正当な強制力がこのように分配されることによって、一方ではいかなる既存の暴力や脅威となる暴力にも対処しうるほど十分大きな潜在力を形成することが可能になり、他方、あらゆる手段を恣意的に使用することは同時に不可能になる。いくつかの手段を恣意的に使用することは、それに対して他の使用可能な手段による応答がなされる恐れがあるので、当のアクターにとっては危険である。(55)

しかしたしかにトランスナショナル・デモクラシーがとるネットワーク体制は、古典的な意味での連邦体制をも放棄しているのだから、強制力の所在がまったく明確にされていないように見えるかもしれない。そしてこのことはまたしても次のような結論を招きうるだろう。つまり、ネットワークの状態はたえず不安定で、強制力が不正に使用される可能性と、こうした不正な使用をやめさせようとする正当な介入が行われる可能性とによって特徴づけられることになるだろう、という結論である。このような状態は、明らかに、非－支配の原理にさえ矛盾するだろう。というのも、この原理はただ一時的に妥当性をもちうるだけではなく、予期しうる行為の仕方について一定の時間的な広がりをもった秩序を要求するからである。ネットワークを構成する個々の要素は属地原理（Territorialitätsprinzip）とは比較的結びついておらず、関与原理（Betroffenheitsprinzip）を介してその機能が本質的に規定され、その存在の正当化が本質的になされている。それにもかかわらず、ネットワークを構成する他の要素には、それぞれの一定の領域に対して局地的に暴力の独占を確立し、警察をそれ相応に設けるとともに、警察力の投入が正当な仕方で命じられコントロールされうるような手続きを、それ相応に設けなければならないようなものもある。近代国家のもつこうした中心的な機能は、したがって無条件に維持され続ける必要がある。こうしたことからネットワーク全体の連関について帰結するのは、すでに本論文の初めに非－干渉の原理を擁護して確認したように、局所的な暴力の独占を組織し維持することを本質的な目的とするネットワーク構成体の枠内でなされる、コンフリクトの解決と暴力の抑止とが、優先されなければならないということである。このことはまた、当該のコンテクストへ介入することのできる外部の暴力手段を頼りにすることが正当なのは、この介入を要求する者が、構成体の内部で暴力を独占する組織がその課題に応えない、ないしは応えられないということを説得的に示すことができる場合だけである、ということを意味している。その際には、（たとえば、一定の問題に関して外部の警察力の方が、ある政治体内部の使用可能な力よりもより経験豊富であるとか、よりよく装備がなされているとかいった場合のように）純粋に効果だけが考慮されるということがあってはならない。純粋に効果だけが考慮されると、局所的な暴力の独占が持続的に展開され維持されることを脅かし、不正な暴力の防止を保証することになっている諸制度の機能を民主主義的にコントロールすることも危うくなりかねないからである。

しかしこのような優先は、暴力の独占を目標とするこうした構成体がまた、外部のコントロールの下におかれることを排除するものではない。この外部のコントロールによって、局所的に使用可能な警察の暴力のポテンシャルが、それ自身支配的ではない仕方で構成体内部で非‐支配を保証するために用いられるように監督される。こうしたコントロールこそは、それによってのみ非‐支配の原理が包括的な意味で実現されるため、必要なのである。こうしたコントロールを設けることは、すでに今日、たとえばドイツ基本法第二十五条のように、さまざまな憲法の内に見出される国際法の優位性を推進することに対応している。しかし、すでに民主主義の理論によって必要とされる補完性原理を解明する際に詳述したように、こうしたコントロールが向けられてもよいのはもっぱら、内的な暴力の独占がもつ射程（ないしは内的な暴力の独占を具現化している諸制度の射程）に対してである。つまり、コントロールによって第一に吟味されなければならないのは、局所的な警察（暴力の独占を形成する諸制度全体をこのように表現しているのであり、これにはもちろん民間組織や軍事組織も数え入れることができる）が、市民同士の間や諸制度および諸審級が市民に対してもつ関係において、非‐支配の状況をそれぞれの政治体に対して保証しているかどうかであり、さらにそれが、他の政治体やその市民に対して支配的な影響を及ぼしていないかどうかである。すると、一つの体制の外部で支配的な影響が生じうるこの第二のアスペクトから、たしかにやはり、政治体同士の間で非－支配の原理が維持されるようにコントロールが行われるために、特別な基準が創り出されなければならないことになる。つまり明らかに、この原理を損なうのは、政治体による他の政治体あるいはその市民に対する直接的な暴力行為だけではない。局所的な、あるいは構成体同士の同盟によって統合された警察力ないしは（たとえば兵器工場のような）暴力源の規模や構造あるいは形態から生じる、そのような暴力行為の可能性がすでに、他の政治的体制がもつ行為の選択肢を制限しうるのである。したがってトランスナショナル・デモクラシーにとっては、それぞれの局所的な警察の分担を調整し、その行為の限界を呈示するだけでは十分ではなく、包括的な安全保障構造がなければならず、この構造においては分担の実現について共同で、あるいは限定された〔成員による〕採決において相互に決定がなされる。(56) するとこのことはきっと、一定の課題に対して共通の警察力を創出することにもつながりうる。ただしそれは、関与する人々の重要な利害関心を取り入れ、反映することがもはや保証されていないような制度は、ここには存在しないということが確証されているかぎりのことではあるが。

　すると、最後に明らかにされたコントロールを行う機関は、一つの政治的体制において独占された暴力源が濫用された場合に、ネットワークの残りの部分がどのように対応するかを定める手続きおよび基準をも包括しているだろう。この際に自身の暴力手段を投入することは、もちろん最終手段（ultima ratio）に過ぎない。というのも、暴力的に介入する場合には、本来救援されるべき人々においてまでも、抑圧的な影響が及ぶことをけっして排除できないからである。(57) ここでは適切性の原理が適用される必要があり、それぞれの措置に関与する人々はできるかぎり手続きのなかで顧慮される必要がある。イラクやアフガニスタン、ソマリアのアクチュアルな状況と類比的に、所与の領土における諸制度が、その意志はあるけれども、市民の基本的な生活能力、すなわちとりわけ市民の基本的人権の保護を保証できないことから、人権侵害が生じる。このような人権侵害に関して、トランスナショナルなネットワークは国家形成のための諸制度を計画しなければならない。これらの諸制度には、一方で市民たちに生活能力を与え、そのつどの要求に応えられるように地域の諸制度を創り出すか、あるいは整えるという課題があり、他方でそれ相応の地域の諸制度を設けたり構築したりするために必要な資源さえも（たとえば、他のネットワーク構成員に要求することで）用意するという課題がある。他の場所にある既存の諸制度を拡張する場合や、あるいは外部の組織や〈専門家〉を招く場合のようなやや直接的な援助は、例外にとどまる必要がある。なぜなら、そのような支援は抑圧的なパターナリズムや、それどころか帝国主義の危険性を伴っており、結局長い目で見れば効果的でもないからである。(58)

　理想的な形でのトランスナショナル・デモクラシーの構想は、こうして〈古い〉戦争および内戦がもっている三つの集団的な暴力形態に対しても、政治体内部における人権侵害に対しても、これらを防止したり克服したりする説得的な組織を用意することができる。しかし、この構想はそれでもって、〈新しい〉戦争というもっとも差し迫っていると思われる問題に対する有効な応答をも、すでに呈示できているのだろうか。どのようにしてこの構想は、少なくとも局地的に、しかし場合によっては地域全体さえも荒廃させることになるような武器の拡散を防止できるのだろうか。そしてこの構想は、世界市民主義的な体制を拒絶するアクターとの関係に対して、どのような選択肢を呈示するのだろうか。世界市民主義的な体制を拒絶するアクターとは、たんにこうした体制を避けようとするか、またはこうした体制をたとえば神権政治的体制の意味でグローバルに作り変えようとさえするか、あるいは非－支配ということをもはや真面目には論じられなくするほどまでに、こうした体制の構築を妨げる人々である。何よりもまず、民主主義のトランスナショナルなネットワークが成立すれば、市民や政治体や諸制度が相互にグローバルな関係をもつなかで、寛容と文明化の文化を心理学的にも社会的にも帰結するだろうという希望があることは明らかである。しかしもちろん、このような広範な文明化によっても、次のことは防止できないだろう。それは、経済的、個人的、イデオロギー的理由から、あるいはまたネットワークの実情を正当と見るかどうかについての根本的な食い違いを背景にして、こうした文明化に対立するような行為が準備されたり、あるいはこうした文明化に対立するような資源が集積されることである。そして遅くとも二〇〇一年九月一一日以降、数多くの国家において内的な安全保障のために新たに法が制定されたように、それ相応の手段をもったこのようなアクターたちの小集団が存在するだけで、市民権と自由権は著しく制限されることになり、したがって諸制度が支配的にふるまう可能性が増大するのである。

原則的に、トランスナショナル・デモクラシーは、ある種の行為ないしはその準備あるいは教唆に対して刑法という手段で応じ、そのことによって戦争用語の使用や軍事的な戦争行為と古典的な仕方で結びついている行為様式を放棄するだろう。このように明確に刑法を選択することは、少なくともイデオロギー的に動機づけられている暴力に関しては、以下の点できっと本質的な貢献を果たすだろう。それは、部分的には節度を欠いており、いずれにしても正当化がほとんど一般的な説得力をもたないような、独自の暴力手段が投入されることによって暴力が準備され再生産されるのを、より少なくすることである。しかしもちろん、刑法による訴追は、冒頭で論じたように欠けているテロリズムの定義、そしてとくにグローバルなテロリズムの定義についての了解が確保されることを――たとえテロリズム概念そのものが放棄されるとしても――前提している。さらに、権限をもつ諸制度に由来しないような暴力行為は、原則的にグローバルなレヴェルで万人にとって重要性をもつものとして見なされなければならない（すでに議論したように、もちろんこうした暴力行為によって、ただちに介入が正当化されるわけではないが）。冒頭で詳述したように、いわゆる〈新しい〉戦争という現象の本質的な特徴は、これらがトランスナショナルな組織を戦略的、イデオロギー的、経済的に利用（し尽く）している点にある。したがって違反行為の成立を共同で定めることによって、たとえその体制においてはそれ自身犯罪行為と見なされないとしても、一つの体制内部で準備されている行為を、あるいは一つの体制へと逃れることを、刑法上訴追することが可能にならなければならない。したがって、トランスナショナル・デモクラシーはとくに、〈新しい〉戦争の問題に対処するのにふさわしい。なぜなら、他の体制において支配的にふるまい、あるいはそこで実現された非―支配を掘り崩すような個々人あるいは集団による庇護やそれどころか支援は、トランスナショナル・デモクラシーにおいては、それ自身、庇護したり支援したりする体制による支配として理解されるからである。社会的諸体制や政治的諸体制の間の水平的な非―支配という他ならぬこの構造が、社会―経済的で文化的な正義の問いを拾い上げるための基盤をも提供し、このことによって〈新しい〉戦争の兆候を克服するだけでなく、その本質的な原因をもテーマ化することができるだろう。したがって理想的な形でのトランスナショナル・デモクラシーにおいては、〈新しい〉戦争に対する応答もネットワーク体制との矛盾を招くことはなく、こうした種類の暴力でさえも結局は非―支配の原理によって規定され、制圧され、その合理的な基盤に関して政治的な論争へと変換されうる。(59)

第四節　トランスナショナル・デモクラシーの構想と非―理想的条件下でのその帰結

トランスナショナル・デモクラシーのこれまでの説明は、こうした政治的秩序の理想形を引き合いに出し、集団的暴力とどのようにかかわり合いをもつかという問いに関して、規範的に以下のことを証明するという目標を追求した。それは、こうした民主主義の形態を普遍的に基礎づける出発点となる非―支配の原理が、暴力現象に対する他の対応がしばしばぶつかる、原理同士の間の（とりわけ、不介入の原理と人権保護の義務との間の）対立を解消するのに適している、ということである。対立がこのように解消されるのは、トランスナショナル・デモクラシーのネットワーク体制が、多かれ少なかれ広い範囲で実現されているという前提の下においてのみであり、しかし理想的ではない条件下ではまだ多くを得られることはなかった、という異論がこの原理に対して唱えられるかもしれない。これに対しては、理想的ではない条件下でさえも、つまりトランスナショナル・デモクラシーの包括的な秩序が存在しない場合でさえも、非−支配の原理は、集団的暴力という現象とかかわり合いをもつための規範的な手引きを提供できる――しかも構造的なパースペクティヴにおいても、短いスパンのパースペクティヴにおいても――と返答可能である。

非−支配の原理によって構造的に認識されうるように、人権は――私たちが現に存在する理想的ではない条件下においてすでに――基礎的な基本権もより高次の政治的権利や社会的権利も万人に保証されているような政治体制への要求として、理解することができる。人権は、人間一般に関わる個々人の要求に尽きるのではなく、まさしくそれが実際に法として記されるということも背景として、法状態が現に存在することを要求する。この法状態においては、人権の実現がそれに関心を寄せるアクターのそのつどの動機に依存するのではなく、原則によって保証されるのである。このように生命や生計手段を直接保護することが人権の含意するところであるとしても、この含意は、行為の選択肢を評価する際にともに考慮されなければならないような、より広い射程をもった要求の枠内にある。このことは、たとえば次のようなことを意味しうる。つまりそれは、政治的、経済的、あるいは警察的−軍事的介入を行うための手段をそのつど選択する際に、これらはどのような仕方で、それ相応の諸制度をともなった持続的に機能し続ける法秩序の構築を促進するか、あるいは妨げるかについて、顧慮されなければならないということである。したがって長期に及ぶ人権の保護は、理想的ではない諸条件の下ですでに、危機のケースにおいて介入できるように民間の介入組織および警察的－軍事的介入組織を構築することだけを要求するのではない。国家形成を促進し支援することも、制度的諸体制が基本権を保証できるような状況を産出することも、こうした保護の中心をなす課題である。[60]

これらのことによって、人権の保護は、不介入の命令とも国家間の戦争の禁止とも矛盾せず、内的にこの原則および禁止とつながっている。つまり不介入を規範的に基礎づけることができるのは、〈民主主義的な自己決定の権利が存在する〉ということを介する場合だけである。しかし民主主義的な自己決定はやはり、自身の利害関心を表明し、政治的に妥当性をもつようにすることをそもそも可能にする基本的な権利の保護を前提している。つまり、不介入のための条件が満たされているのは、政治的体制が人権を保護することができ、またその用意もある場合だけである。しかしこうした前提が整えられているのであれば、他のいかなる政治体も正当な仕方でこの体制へと介入することはできない。[61] ところが、人権保護が漸進的にあるいは部分的に実現されている状況下では、認められる手段が制限されうる以上、この不介入の命令によって行ってもよい人権保護の範囲が定められていることになる。たとえば、ある統一体が広範にわたり人権保護を保証しているが、反抗によって領土内の一定の地域においてこれを保証できない場合、たんに部分的に人権保護が損なわれているのであるから、当の体制の営為全体を不可能にすることのないような人権保護の手段が、選択されなければならない――それゆえ領土全体の統治を全面的に請け負うなどということは、とんでもないことだろう。

したがって、今後も国家間の戦争に対する既存の国際法による禁止は妥当性をもつべきであるが、しかしこの禁止は、政治参加への根本的な権利を保証する目的をもつ軍事的介入や、とりわけこうした目的をもつ非軍事的介入は排除しない。このような介入は、ただけっして、介入についての一方的な、つまり他の政治的体制によって恣意的に下される形での決定を受け入れてはならず、自己の義務を果たさなかったり、あるいは自己の行為の限界を踏み越えるようなアクターに対する警察的行為として理解されうるのでなければならない。このような場合においてだけ、介入は本質的に国家間の戦争の禁止と同一の規範的理由、つまり非－支配の原理に依拠している。

〈新しい〉戦争に関して、あるいは既存の制度的編成の弱者に帰されるのではなく、トランスナショナルな組織であることや、自己犠牲を厭わないことに特徴が見出されるテロリズムの暴力現象に関して言えば、理想的な諸条件の下で刑法を活用することについての前節での考察が、理想的ではない諸状況の下でも直接的な手がかりとなる。世界が今日直面しているさまざまな形態の〈新しい〉戦争と合理的かつ効果的にかかわり合うことが可能となるのは、こうした形態の〈新しい〉戦争を維持することに貢献するような行為の多くが、できるかぎり犯罪行為と見なされ、そのようなものとして世界規模で警察による追及を受ける場合だけである。そのためには、国際刑事裁判所に見られるようなアプローチが強化されなければならないだけではない。すでにより低いレヴェルにおいても、これらの行為を克服しようとしないなら、直接的にあるいは間接的にサンクションが課されることで、そうした怠慢のコストを高くすることもできる。実例は、二〇〇一年九月一一日以降、国連安保理が発案しいくつかの決定事項として実施した、テログループの資金凍結のための要求に見出される。しかしもちろん、こうしたことと並んで、相変わらず〈新しい〉戦争のアクターや〈新しい〉戦争という行為の仕方を正当化する理由を用意するような、既存の支配が成立する政治的、経済的、社会的、文化的状況が主題化され、これらの状況が克服されなければならない。その際に、トランスナショナル・デモクラシーの理想は、このような現実の体制の正当性ないしは不当性を測る基準を展開しうるパースペクティヴを呈示するという、きわめて実践的な機能を満たすのである。(62)

註

（1） この点について、少なくとも第二次世界大戦後以降の武力衝突では、圧倒的に〈内〉戦の数が多く、国家間の戦争は約四分の一を占めるに過ぎない。これについては、以下のデータを見よ。Kirstian Skrede Gleditsch, »A Revised List of Wars Between and Within Independent States, 1816–2002«, in : *International Interactions* 30 (2004), S. 231–262.

（2） 「事実、国家による独占が終焉するとともに、みるみるうちに戦争からその輪郭が失われた。軍事力と組織的な犯罪とはますます頻繁に重なり合い、政治的要求という衣装をまとった大規模な犯罪組織と、かつての軍人たちや武装した将軍一派の残党――これらの残党は、略奪や非合法の物品を取引することで生計を立てている――とを区別することは、しばしばほとんど不可能である。このように〈戦争〉は、政治的にあいまいな概念となっている。」Herfried Münkler, *Die neuen Kriege*, Reinbek bei Hamburg 2002, S. 11f.

（3） これについては以下を参照せよ。Herfried Münkler, *Über den Krieg. Stationen der Kriegsgeschichte im Spiegel ihrer theoretischen Reflexion*, Weilerswist 2002.

（4） これについては以下を参照せよ。Mary Kaldor, *Neue und alte Kriege*, Frankfurt am Main 2000, S. 144–176.

（5） これについて、体系的かつ歴史的な研究としては、たとえば以下を参照せよ。Winfried Brugger, »Menschenrechte und Staatenwelt«, in : Christine Chwaszcza / Wolfgang Kersting (Hg.), *Politische Philosophie der internationalen Beziehungen*, Frankfurt am Main 1998, S. 153–203; Matthias Lutz-Bachmann, » ›Weltstaatlichkeit‹ und Menschenrechte nach dem Ende des überlieferten ›Nationalstaats‹ «, in : Hauke Brunkhorst / Wolfgang R. Köhler / Matthias Lutz-Bachmann (Hg.), *Recht auf Menschenrechte. Menschenrechte, Demokratie und internationale Politik*, Frankfurt am Main 1999, S. 199–215, また Thomas Pogge, »Menschenrechte als moralische Ansprüche an globale Institutionen«, in : Stefan Gosepath / Georg Lohmann (Hg.), *Philosophie der Menschenrechte*, Frankfurt am Main 1998, S. 378–400.

（6） これについては以下を参照せよ。Sven Bernhard Gareis / Johannes Varwick, *Die Vereinten Nationen*, Opladen 2002, S. 65–141.

（7） これについてはたとえば以下を参照せよ。Antonio Cassese, »Terrorism is Also Disrupting Some Crucial Legal Categories of International Law«, in : *European Journal of Internaitonal Law* 12 (2001), S. 993–1001.

（8）　国連の体制と国連の現実に対するこのような批判については、以下を参照せよ。Stefan Oeter, »Humanitäre Intervention und Gewaltverbot : Wie handlungsfähig ist die Staatengemeinschaft?«, in : Hauke Brunkhorst（Hg.）, *Einmischung erwünscht? Menschenrechte und bewaffnete Intervention*. Frankfurt am Main 1998, S. 37–60.

（9）　これについては、とりわけ以下を参照せよ。Jacques Derrida, *Schurken. Zwei Essays über die Vernunft*, Frankfurt am Main 2003.（ジャック・デリダ、鵜飼哲・高橋哲哉訳『ならず者たち』みすず書房、二〇〇九年）。Andreas Niederberger/Philipp Schink, »Im Bann der Souveränität. Zur Kritik eines Grundbegriffs moderner Politik«, in : Jörg Meyer u. a.（Hg.）, *Reflexive Repräsentationen. Diskurs, Macht und Praxis der Globalisierung*, Münster 2004, S. 45–56, また、Gérard Mairet, *La Fable du monde. Enquête philosophique sur la liberté de notre temps*, Paris 2005.

（10）　これについては以下も参照せよ。Martti Koskenniemi, »Die Polizei im Tempel. Ordnung, Recht und die Vereinten Nationen : Eine dialektische Betrachtung«, in : Brunkhorst, *Einmischung erwünscht?*, a. a. O., S. 63–88（註8）.

（11）　国際的に妥当性をもつ刑法の内容を哲学的に構成することについては、以下を参照せよ。Otfried Höffe, *Gibt es ein interkulturelles Strafrecht? Ein philosophischer Versuch*, Frankfurt am Main 1999.

（12）　〈犯罪〉と〈戦争〉との区別が欠けていることに対する批判については、以下も参照せよ。Martín Plot, »Democracy and Terror«, in : *Constellations* 12（2005）, S. 173–181.

（13）　これについては以下を参照せよ。Gilbert Guillaume, »Terrorism and International Law«, in : *International and Comparative Law Quarterly* 53（2004）, S. 537–548, ここは S. 541.

（14）　これについては以下のアムネスティ・インターナショナルによる各国の報告「イラク」編を参照せよ。Amnesty International, *Jahresbericht 2005*, Frankfurt am Main 2005, S. 594–602.

（15）　たとえばオットフリート・ヘッフェの「正当性を与える個人主義」を参照せよ。Otfried Höffe, *Demokratie im Zeitalter der Globalisierung*, München 2002, S. 45–57.

（16）　こちらのアプローチが、最初に述べた個人に定位して妥当性論の見地から整え直す営為を超えているのは、妥当性の基盤をそのように個人に定位して規定することが次のことを排除しない場合である。次のこととは、一定の体制と諸制度がそれぞれの独自性を伴うことは必然的であり、これらの独自性がまた、諸個人が当然もちうる権利を制限するように作用しうるということである。こうしておそらく明らかだろうが、制度あるいは手続きは、望まれる働きが展開されるには一定の間存続する必要があり、その結果、相応する制度や手続きはそのつどの問題状況に関してアドホックに構成されるようなものではありえないのである。

（17）〈相互行為的コスモポリタニズム〉への批判については以下も参照せよ。Thomas Pogge, »Kosmopolitanismus und Souveränität«, in: Matthias Lutz-Bachmann/James Bohman (Hg.), *Weltstaat oder Staatenwelt? Für und wider die Idee einer Weltrepublik*, Frankfurt am Main 2002, S. 125–171. 特に、S. 128–131.

（18）Barbara Merker, »Ethik des Völkerrechts: Zum Problem der Rechtfertigung Humanitärer Interventionen«, in: *Jahrbuch für Wissenschaft und Ethik* 6（2001), S. 235–257, ここは S. 243.〈国家間の戦争〉も、こうした戦争ないしは行為を一方の側に認可するより高次の〈国家的な〉審級がここにはないかぎり、この定義に該当するだろう。つまり、ある国家的アクターが別の国家的アクターに対して宣戦布告しても、そのことによってすでに暴力が〈国家によって認可されている〉ということにはならないのである。この定義における国家概念は、国家が〈裁判官〉として機能するということ、あるいは国家がそれ自身だけで正当な暴力行使の独占を要求するということを、むしろ前提している。

（19）これについては、メルケルの〈不正な〉戦争と〈正当な〉戦争との区別を参照せよ。「〈不正な戦争〉が暴力の状態であり、それが威嚇するだけのものであるにせよ、あるいは実行に移されるものであるにせよ、そして国家によって認可されていないものであるにせよ、あるいは国家が主導するようなものでもあるにせよ、基本的人権が脅かされ侵害されるような状態のことであるとすれば、正当な戦争とは、平和の回復という目的を伴った戦争であり、したがって身体と生命が脅かされたり、あるいは実際に傷つけられたりすることがもはやないような、暴力のない状態を回復する目的を伴った戦争である。」Merker, »Ethik des Völkerrechts«, a. a. O., S. 244（註18）.

（20）体制と制度がもつ統制的機能と構成的機能とのこのような区別については、以下を参照せよ。Stephen Holmes, »Precommitment and the Paradox of Democracy«, in: Jon Elster/Rune Slagstad（Hg.), *Constitutionalism and Democracy*, Cambridge u.a. 1988, S. 195–240.

（21）これについては、以下を参照せよ。Blandine Kriegel, *L'État et les esclaves. Réflexion pour l'Histoire des États*, Paris 1989, また dies., *État de droit ou Empire?*, Paris 2002.

(22)　これについては、たとえば以下を参照せよ。Reinhard Merkel, »Das Elend der Beschützten. Rechtsethische Grundlagen und Grenzen der sog. humanitären Intervention und die Verwerflichkeit der NATO-Aktion im Kosovo-Krieg«, in : ders.（Hg.）, *Der Kosovo-Krieg und das Völkerrecht*, Frankfurt am Main 2000, S. 66–98.

(23)　以下を参照せよ。Susan Strange, »The Westfailure System«, in : *Review of International Studies* 25（1999）, S. 345–354, また Chris Brown, *Sovereignty, Rights and Justice. International Political Theory Today*, Cambridge 2002, S. 231–248.

(24)　これについて、コンテクスト主義的なパースペクティヴにおいて優先関係そのものを擁護する議論を、以下において参照せよ。David Miller, »Nationale Selbstbestimmung und globale Gerechtigkeit«, in : Karl Graf Bellestrem（Hg.）, *Internationale Gerechtigkeit*, Opladen 2001, S. 66–91.

(25)　このことについて、また以下については、より詳細な次のものを参照せよ。Andreas Niederberger, *Demokratie unter Bedingungen der Weltgesellschaft? Normative Grundlagen legitimer Herrschaft in einer globalen politischen Ordnung*, Berlin, New York 2009.

(26)　「少なくともここでは」というのは、国際的な空間を補完的な仕方で考察すると、そこで見出される諸規制は、国内の民主主義的手続きと制度とに依存しているものとして考えることができ、こうした手続きと制度に基づいて要求を行ったり、あるいは統制を行ったりできるからである。

(27)　政治理論における自律性概念のもつ一般的な問題については、以下を参照せよ。Frankfurter Arbeitskreis für politische Theorie & Philosophie（Hg.）, *Autonomie und Heteronomie der Politik. Politisches Denken zwischen Post-Marxismus und Poststrukturalismus*, Bielefeld 2004.

(28)　〔ここで「法的体制として構成（すること）」と訳出した〕»Konstitution«は、ここでは完全に、〈構成すること〉と法的体制という二重の意味で理解されるべきである。

(29)　「このように、コスモポリタン的民主主義の法の完成とコスモポリタン的共同体――あらゆる民主主義的共同体からなる共同体――の創設が、民主主義者の義務となるに違いなく、次のような政治的行為、つまりそれだけが究極的には自己決定の政治を支えることのできるような政治的行為からなる、トランスナショナルな共通の体制を構築する義務となるに違いない。」David Held, *Democracy and the Global Order. From the Modern State to Cosmopolitan Governance*, Cambridge 1995, S.

232.（デヴィッド・ヘルド、佐々木寛ほか訳『デモクラシーと世界秩序——地球市民の政治学』NTT出版、二〇〇二年）。これについてはまた、以下も参照せよ。Anthony McGrew, »Democratising Global Institutions. Possibilities, Limits and Normative Foundations«, in: James Anderson（Hg.）, *Transnational Democracy. Political Spaces and Border Crossings*, London 2002, S. 149–170. 他方デヴィッド・ヘルドは、グローバルな体制に対する比較的穏やかな規範的要求を主張している。David Held, »From Executive to Cosmopolitan Multilateralism«, in: ders./Mathias Koenig-Archibugi（Hg.）, *Taming Globalization. Frontiers of Governance*, Cambridge 2003, S. 160–186.（デヴィッド・ヘルド、M・K・アーキブージ編、櫻井純理ほか訳『グローバル化をどうとらえるか——ガヴァナンスの新地平』法律文化社、二〇〇四年）。

（30）「世界市民法は、支配的な法の枠組みに対して、地域的、国家的、地方的〈主権〉をもつ下部組織を必要とする。しかしこの枠組みの内で、アソシエーションはさまざまなレヴェルで自治を行いうるのである。」Held, *Democracy and the Global Order*, a. a. O., S. 234（註29）.

（31）以下に展開されるトランスナショナル・デモクラシーの構想も、結局は規範的個人主義に基づいているが、しかし集団的自律性のモデルとは異なり、歴史的に形作られてきた次のような政治的共同体あるいは政治的制度があることを認めないわけではない。その政治的共同体あるいは政治的制度とは、規範的個人主義が含意するところと矛盾することなく（このことが、ここで描かれる構想とネオ＝アリストテレス主義的な共同体主義とを区別する）、さらにその成員に財を用意し、一つの社会構造を呈示する。この社会構造は、中長期的により高次の政治的共同体において実現されうるということは前提できないようなものである。共同体や制度の成立がそのつど偶然的なものであるにもかかわらず、それぞれの共同体や制度には、それらの営為に基づいて独自の規範的な要求があり、この要求は、当該の共同体の成員や制度に関わる者が、上位の共同体／制度において市民として平等であることによっては解消することができないものである。これについては再び以下を参照せよ。David Miller, »Nationale Selbstbestimmung und globale Gerechtigkeit«, a. a. O.（註24）.

（32）これについて、また後述する原理の具体的な含意については、以下を参照せよ。Philip Pettit, *Republicanism. A Theory of Freedom and Government*, Oxford 1997, S. 51–109.

（33）民主主義理論の基盤にとって複雑性がもつ意味については、以下を参照せよ。James Bohman, *Public Deliberation. Pluralism, Complexity, and Democracy*, Cambridge/Mass. 1996, S. 151–195.

(34) 以下については、次のものも参照せよ。Andreas Niederberger, »Demokratie in der Weltgesellschaft? Einige Überlegungen zu den normativen Grundlagen politischer Ordnung und ihrer globalen Realisierung«, in : Jens Badura (Hg.), *Mondialisierungen. ›Globalisierung‹ im Lichte transdisziplinärer Reflexionen*, Bielefeld : Transcript 2006, S. 183–199, また Andreas Niederberger, »Wie »demokratisch« ist die transnationale Demokratie? Paradigmatische Überlegungen zur Form der Demokratie in der Weltgesellschaft«, in : Mathias Albert, Rudolf Stichweh (Hg.), *Weltstaat und Weltstaatlichkeit : Beobachtungen globaler politischer Strukturbildung*, Wiesbaden : VS Verlag 2007, S. 109–131.

(35) こうした制約の解明については、以下を参照せよ。Jürgen Habermas, *Faktizität und Geltung. Beiträge zur Diskurstheorie des Rechts und des demokratischen Rechtsstaats*, Frankfurt am Main 1992, S. 399–467.（ユルゲン・ハーバーマス、河上倫逸・耳野健二訳『事実性と妥当性（上・下）』未來社、二〇〇二、二〇〇三年）。

(36) これについては以下を参照せよ。Philip Pettit, »Depoliticizing Democracy«, in : *Ratio Juris* 17 (2004), S. 52–65.

(37) 「連鎖」ということで示唆したいのは、拙論において単体で諸制度という単純化した言い方をするのは、ただ記述をわかりやすくするためであり、諸制度はつねに、あるいは主として単独の統一体として理解しうるということが想定されるべきではないということである。諸制度は、その働きをたいていは他の諸制度と取り決めるし、その行為については他の諸制度が提供する別の作用が及ぶ領域や、これら他の諸制度との直接的な協働に通常は依存している。近代の国民国家は、諸制度のこのような取り決めや協働がもっとも発展した段階として見られるに違いない。そこではとりわけ、いくつかの制度（立法機関、学問）における原理的な規制および解決策の生成と、他の諸制度による個別ケースにおける原理の適用との、認知的－規範的差異化に大きな意味が与えられている（このような複雑な国家形成過程の歴史については、以下を見よ。Wolfgang Reinhard, *Geschichte der Staatsgewalt. Eine vergleichende Verfassungsgeschichte Europas von den Anfängen bis zur Gegenwart*, München 2000）。とはいえ、諸制度のそれぞれが個別にもつ性格を認識することも重要である。というのも、まさしくトランスナショナルな状況の下では、新しい取り決めの状況や協働の状況が生じるが、それらは部分的には既存の命令体制や生成される依存関係あるいは課題の差異化を回避するからである（実例は、たとえばＥＵ内の安全保障部門の協働に見出される）。

(38) この点において、非－支配の原理に定位するトランスナショナル・デモクラシーという構想は、市民社会モデルあるいは私法モデルから明確に区別される。このようなアプローチについては、以下を参照せよ。Gunther Teubner, »Globale Bukowina : Zur Emergenz eines transnationalen Rechtspluralismus«, in : *Rechtshistorisches Journal 15* (1996), S. 255–290. この点に対する詳細な経験的批判を提供するのは、たとえば次のものである。Tanja Brühl u. a. (Hg.), *Die Privatisierung der Weltpolitik. Entstaatlichung und Kommerzialisierung im Globalisierungsprozess*, Bonn 2001.

(39) Pettit, *Republicanism*, a. a. O., S. 69–70.

(40) 近代の共和主義を形作った集団的自律性のモデルとはまったく異なっているが、非－支配の原理に定位する政治的体制もやはり、——ペティットの著作のタイトルが明確に示しているように——万人の平等な政治的自由の分節化として、そしてその限りで共和主義の枠組みとして理解される。平等な政治的自由は、平等な個人的自由をたんにリベラルな仕方で保証することに尽きるわけではない。平等な政治的自由には、自由を共同で享受したり形成したりする権利もまた含まれているのである。

(41) 補完性原理についてのこのような民主主義論的かつ自由論的な理解は、補完性についての〈国際主義的〉（つまり、それぞれの権限をもつ主権国家が形成する既存の体制に基づいているような）理解からも、効力に定位した理解からも区別される。前述の定式化に基づくとき、主権国家がその行為の射程のゆえに権限を制限されることはありえないことではない。また、たとえば現在のEU条約や憲法草案には見出されるような、〈もっとも効力のある解決策〉という基準も、行為の次元を選択するうえで決定的なわけではない。補完性原理についての民主主義論的議論をより展開したものとしては、以下を参照せよ。Andreas Føllesdal, »Survey Article : Subsidiarity«, in : *The Journal of Political Philosophy 6* (1998), S. 190–218, また ders., »Subsidiarity and democratic deliberation«, in : Erik Oddvar Eriksen/John Erik Fossum (Hg.), *Democracy in the European Union – Integration through Deliberation?*, London 2000, S. 85–110.

(42) この指摘はまた、非－支配の原理を遵守することが次のようなことを意味するわけではない、ということを含意している。つまりそれは、一つの制度が非－支配的に機能するのはただ、あらゆる関与者がその機能に対してまさしくそれ相応の仕方で積極的な利害関心をもっている場合だけである、ということを意味しているわけではない。諸規範や諸行為は、しばしばそれ自身複雑な本性をもっており、さまざまな利害関心の調停を行うが、しかしその際、一定の利害関心が他の利害関心に対して優越するのが通常である。このようなケースにおいては、関与者は自身の積極的な利害関心をもつことなく、そして多大な犠牲を伴う場合でさえ、諸制度を、他の機会においては自己の積極的な利害関心にも応えてもらえるような持続する体制の部分として理解できるし、あるいは関与者自身はある働きを直接目論んでいたわけではなかったとしても、その働きに対して示される理由を承認したりもする。

(43)　このことはもちろん、問題／構想の評価やそのつどの規制および行為に関して、審議が関与者の集まりを超えた次元で実施されるということを排除するわけではない。このような審議は、規制および行為の質を徹底的に高めることができる。

(44)　このとき重要なのは、異議申し立てが通常は自身の行為可能性が制限されていることについての訴えに限られなければならないこと、他方で、他の種類あるいは他のレヴェルの行為および規制に対する利害関心は、制度的な行為を動機づけるという道を採らなければならないということである。

(45)　これについては以下を参照せよ。James Bohman, »Deliberative Democracy and Effective Social Freedom«, in : James Bohman/William Rehg (Hg.), *Deliberative Democracy. Essays on Reason and Politics*, Cambridge/Mass. 1997, S.321–348, また ders., »The Democratic Minimum : Is Democracy a Means to Global Justice?«, in : *Ethics & International Affairs* 19 (2005), S. 101–116.

(46)　このようなネットワークの構想については、以下も参照せよ。Richard Bellamy/Dario Castglione, »The uses of democracy : reflections on the European democratic deficit«, in : Eriksen/Fossum, *Democracy in the European Union*, a. a. O., S. 65–84（註41）.

(47)　アクターが規範的に――つまり必要な場合には、強制的に効力を及ぼされうるネットワーク構成員にとって――重要となるのは、少なくとも、その機能が自由を制限する効果をもたらす場合である。

(48)　これについては、EUの可能的な世界市民主義的憲法を視野に収めた以下を参照せよ。Jacques Derrida, *L'autre cap suivi de La démocratie ajournée*, Paris 1991, S. 11–101, Ulrich Beck/Edgar Grande, *Das kosmopolitische Europa*, Frankfurt am Main 2004, S. 336–393, またAndreas Niederberger, »Inclusion démocratique et identité(s) plurielle(s) dans l'Union européenne«, in : *Eurostudia* 1 (2005) (http://cceae.umontreal.ca/IMG/pdf/0101_inclusion_democratique_identites_plurielles.pdf).

(49)　「構想する」は、相応の諸制度が新たに創設されるべきだということを必ずしも意味する必要はない。それは、そのつど成果を導こうとするそれぞれの制度が拘束される諸原理を、憲法の内に記すことを意味している。実践的には、このことは既存の諸制度を新しく作り変えたり、あるいは改良することにつながりうる。――これらの諸制度がしばしばすでに重要な経験を左右するのであれば、なおさらそうである。

(50) これらの諸制度において、〈制度不足〉の問題も解決されるに違いない。つまり〈積極的自由という意味で〉自分たち自身の重要な利害関心の実現を促進しうる諸制度をみずから構築し利用するという、個々人および集団が人権として当然もつ権能が確保されるに違いない。

(51) これについては、たとえば〈憲法的寛容〉の原理についてのヨゼフ・ヴァイラーの考察を参照せよ。Joseph H. H. Weiler, *The Constitution of Europe*, Cambridge 1999.

(52) おそらくここでは国内の裁判権を手本とするのが有意味である。そのことによって一方で、さまざまなレヴェルや行為のコンテクストを超えてコントロールする審級の複数化が許容され、他方で、コントロールのコントロールを可能にするような審級のヒエラルヒーが可能となるだろう。

(53) そしてカントの『永遠平和のために』第五予備条項によれば、非民主主義的体制を民主化する目的でなされる支配も、規範的には許されない。いかなる政治的統一体も、他の統一体への暴力の行使が正当かどうかについて、単独で決定することはできない。

(54) ヨーロッパおよび北アメリカにおける暴力独占の歴史について、またマックス・ヴェーバーにさかのぼるこの概念の問題については、とくに以下を参照せよ。Charles Tilly（Hg.）, *The Formation of National States in Western Europe*, Princeton 1975 ; Michael Mann, *Geschichte der Macht – Band 2 : Vom Römischen Reich bis zum Vorabend der Industrialisierung*, Frankfurt am Main u. a. 1994, S. 267–461 ; Wolfgang Knöbl, *Polizei und Herrschaft im Modernisierungsprozeß : Staatsbildung und innere Sicherheit in Preußen, England und Amerika 1700–1914*, Frankfurt am Main u. a. 1998. 民主化と連邦的な警察体制の連関については、とくに以下を見よ。Philip Jenkins, »Policing the Cold War : The Emergence of New Police Structures in Europe 1946–1953«, in : *The Historical Journal* 31（1988）, S. 141–157.

(55) たとえば、二〇〇一年九月一一日のハイジャック犯たちや他の自爆テロの実行者たちの場合のような、合理的な計算が行われない暴力行為に対しては、このように言ったとしても、もちろんまだ有効な返答はなされていないことになるだろう。これらのアクターたちの合理性についての論争は、ジャン＝ピエール・ドゥリアニックおよびジャン＝ピエール・デュピュイの論考を参照せよ。Jean-Pierre Derrienic und Jean-Pierre Dupuy in : Stéphane Courtois（Hg.）, *Enjeux philosophiques de la guerre, de la paix et du terrorisme*, Québec 2003, S. 40–84.

（56）　これについては〈ポストモダン〉の国家性についての考察も参照せよ。〈ポストモダン〉の国家性には、ロバート・クーパーによれば、たとえば冷戦に特徴的だった〈近代〉の国家性とは対照的に、暴力がどの程度の潜在力をもつかということに関して透明性がある。Robert Cooper, *The Breaking of Nations. Order and Chaos in the Twenty-First Century*, London 2004, S. 50–54.

（57）　このような働きかけを規範的に正当化する問題については、とりわけエリザベス・アンスコムによるいわゆる〈二重作用の原理〉についての議論を参照せよ。Elizabeth Anscombe, »War and Murder«, in : ders., *Ethics, Religion, and Politics*（*Collected Papers Vol. III*）, Oxford 1981, S. 51–61, また Thomas Nagel, »War and Massacre«, in : *Philosophy and Public Affairs* 1（1972）, S. 123–144.

（58）　民主主義と専門家主義との間の国家形成に関する問題点の解明については、以下を参照せよ。Gerald Knaus/Felix Martin, »Travails of the European Raj«, in : *Journal of Democracy* 14（2003）, S. 60–74.

（59）　非－支配の原理はさらに、既存の体制からの分離を正当化する基準を明らかにすることにも適している。その基準によって、こうした暴力の原因にも適切に対処できる。

（60）　発展と安定した民主主義的状況の連関については、以下も参照せよ。Morton H. Halperin/Joseph T. Siegle/Michael M. Weinstein, *The Democracy Advantage. How Democracies Promote Prosperity and Peace*, New York u. a. 2005.

（61）　先行する議論については、以下のものも参照せよ。David Luban, »Intervention and Civilization : Some Unhappy Lessons of the Kosovo War«, in : Pablo de Greiff/Ciaran Cronin（Hg.）, *Global Justice and Transnational Politics*, Cambridge/Mass. 2002, S. 79–115, とくに S. 84–87.

（62）　批判的な指摘をフィリップ・シンクに感謝する。

あとがき

本書は、Matthias Lutz-Bachmann, Andreas Niederberger, (Hg.), *Krieg und Frieden im Prozess der Globalisierung*, Velbrück Wissenschaft, 2009 の全訳です。原著の表題を直訳すれば『グローバル化のプロセスにおける戦争と平和』となりますが、ここでは簡潔を期して『平和構築の思想——グローバル化の途上で考える』という表題を掲げました。編著者による序において言及されているように、ここに収められた論考は、二〇〇一年九月一一日の出来事に対する直接的な応答として、二〇〇二年一月にヨハン・ヴォルフガング・ゲーテ大学〔フランクフルト大学〕哲学部で開催された研究集会に端を発するものです。この時点において論者たちが目にしているのは、主として、「九・一一」同時多発テロとアメリカ合衆国を中心とする有志連合諸国によるアフガニスタンへの攻撃、そしてタリバーン政府に替わる暫定行政機構の形成ですが、論考はその後の二〇〇三年三月に始められたイラク戦争をも視野に収めたものになっています。

本書において注目すべきことは、論者たちの専門領域が、哲学、法学、政治学、神学など多岐に亘り、それぞれがそれぞれの専門領域からの視点でアクチュアルな問題と格闘し、問題解決のための提言を行っている点にあります。したがって、いわゆる学術的な専門書とは異なり、それぞれの論文には文献学的な論証だけではなく、現実の世界情勢の描写や分析が含まれており、これらと専門的な知との接合が試みられています。その結果、一読後、読者に対して多方面に分散した印象を与えかねない憾みがあり、各論文の冒頭に、その内容の要点を明らかにすべく解題をつけることになりました。範としたい試みを理解するうえで、一助となれば幸いです。

蛇足ながら、本書成立の経緯について。監訳者二人ならびに訳者の一人である寺田さん、そして原編著者のルッツ＝バッハマン氏とは、二〇〇七年以来毎年、ボンにある早稲田大学ヨーロッパセンターにおいて、「グローバル化時代における倫理」をメイン・テーマとした独日倫理学コロキウムを開催し、共同研究を行っています。同じく原編著者のニーダーベルガー氏もその参加者の一人です。こうした営為の中で、まさしく現在進行形の問題を扱うこの文献の翻訳企画が浮上し、将来を嘱望される若手研究者に加わっていただき、刊行に至った次第です。

最後に、「非常に厳しい」と言われてすでに久しい出版に関わる状況において、本書を公共圏へおき、その成否を公衆の判定に委ねることを可能にしてくださった、梓出版社の本谷貴志さんに心より感謝したいと思います。

二〇一一年三月

監訳者
舟場保之
御子柴善之

人名索引

ア　行

カ　行

サ　行

タ　行

ナ　行

ハ　行

マ　行

ラ　行

事項索引

あ　行

か　行

さ　行

た　行

な　行

は　行

ま　行

や　行

ら　行

執筆者紹介

ロータ－・ブロック（Lothar Brock）
ヨハン・ヴォルフガング・ゲーテ大学（フランクフルト大学）政治学名誉教授、ヘッセン州平和・紛争研究所（フランクフルト）教授

ハウケ・ブルンクホルスト（Hauke Brunkhorst）
フレンスブルク大学社会学教授

クラウス・ディッケ（Klaus Dicke）
フリードリッヒ・シラー大学（イェナ大学）学長、政治学教授

オットフリート・ヘッフェ（Otfried Höffe）
エーバーハルト・カールス大学（テュービンゲン大学）哲学教授

ノルベルト・ローフィンク（Norbert Lohfink SJ）
ザンクト・ゲオルゲン哲学・神学大学（フランクフルト）旧約聖書学名誉教授

マティアス・ルッツ＝バッハマン（Matthias Lutz-Bachmann）
ヨハン・ヴォルフガング・ゲーテ大学（フランクフルト大学）哲学教授

ヘアフリート・ミュンクラー（Herfried Münkler）
フンボルト大学（ベルリン大学）政治学教授

アンドレアス・ニーダーベルガー（Andreas Niederberger）
ヨハン・ヴォルフガング・ゲーテ大学（フランクフルト大学）哲学部任期付教授

訳者紹介（五十音順　＊は監訳者）

石田京子（いしだ　きょうこ）
一九七九年生。二〇〇八年慶應義塾大学大学院文学研究科博士課程単位修得退学。現在、慶應義塾大学非常勤講師。〈主要論文〉「カント法哲学における許容法則の位置づけ」（日本カント協会編『日本カント研究』8、理想社、二〇〇七年）、「カントの世界市民法について――生得的権利の保証の観点から」（三田哲学会編『哲学』第一二〇集、二〇〇八年）、「カント実践哲学における『法』と『道徳』」（慶應義塾大学倫理学研究会編『エチカ』1、二〇〇八年）。

田原彰太郎（たはら　しょうたろう）
一九七八年生。現在、早稲田大学大学院文学研究科博士後期課程在学、日本学術振興会特別研究員。〈主要論文、翻訳〉「カントと『普遍化可能性』論――『普遍化可能性』はカント倫理学研究の中心でありうるか」（『文学研究科紀要』第56輯、早稲田大学大学院文学研究科、二〇一一年発行予定）、「行為の道徳的判定の基準――考えることにおける矛盾について」（日本カント協会編『日本カント研究』9、理想社、二〇〇八年）、バーバラ・ハーマン「道徳的判断の実践」（翻訳、『情況』二〇〇七年三・四月号、情況出版、二〇〇七年）。

寺田俊郎（てらだ　としろう）
一九六二年生。二〇〇四年大阪大学大学院文学研究科修了。博士（文学）。現在、上智大学文学部教授。〈主要論文、著書〉『グローバル・エシックスを考える「九・一一」後の世界と倫理』（共編著、梓出版社、二〇〇八年）、「カントの永遠平和論から日本国憲法第九条を見る」（明治学院大学国際平和研究所『PRIME』No.29、二〇〇九年）、「グローバル・エシックスとしてのカントの道徳形而上学」（日本カント協会編『日本カント研究』7、理想社、二〇〇六年）。

戸田　聡（とだ　さとし）
一九六六年生。二〇〇六年オランダ、ライデン大学より博士（文学）号を授与される。現在、一橋大学大学院経済学研究科特任講師。〈主要論文、著書〉『キリスト教修道制の成立』（創文社、二〇〇八年）、「巨大な地下迷宮？――タティアノスのディアテッサロンをめぐって」（『聖書学論集』41号、二〇〇九年）、A・H・M・ジョーンズ『ヨーロッパの改宗――コンスタンティヌス《大帝》の生涯』（翻訳、教文館、二〇〇八年）。

＊舟場保之（ふなば　やすゆき）
一九六二年生。一九九二年大阪大学大学院文学研究科単位修得退学。現在、大阪大学大学院文学研究科准教授。〈主要論文、著書〉『グローバル・エシックスを考える「九・一一」後の世界と倫理』（共編著、梓出版社、二〇〇八年）、「ジェンダーは哲学の問題となりえないのか」（日本哲学会編『哲学』第58号、法政大学出版局、二〇〇七年）、ジェームズ・ボーマン、マティアス・ルッツ＝バッハマン編『カントと永遠平和』（共訳、未來社、二〇〇六年）。

＊御子柴善之（みこしば　よしゆき）
一九六一年生。一九九五年早稲田大学大学院文学研究科満期退学。現在、早稲田大学文学学術院教授。〈主要論文、著書〉『理性への問い』（共編著、晃洋書房、二〇〇七年）、「人権と人間愛」（日本カント協会編『日本カント研究』10、理想社、二〇〇九年）、カント「コリンズ道徳哲学」（翻訳、『カント全集』20、岩波書店、二〇〇二年）。

平和構築の思想

2011年3月31日　第1刷発行　《検印省略》

監訳者© 舟場保之
御子柴善之
発行者 本谷高哲
制作 シナノ書籍印刷
東京都豊島区池袋4-32-8

発行所 梓出版社
千葉県松戸市新松戸7-65
電話 047（344）8118番

乱丁・落丁本はお取り替えいたします。
ISBN 978-4-87262-025-2　C3012

既刊案内

寺田俊郎・舟場保之 編著

グローバル・エシックスを考える

「九・一一」後の世界と倫理

定価（本体三二〇〇円＋税）

「九・一一」の突きつける問いは、グローバリゼーションの過程を通じて形成されつつある新たな世界秩序をめぐる倫理的な問いに収斂する……　戦争とテロリズム、南北格差、地球環境問題、ジェンダー、ナショナリズム、移民と難民、多文化社会、和解と赦し、など具体的な問題に、哲学・倫理学の伝統の豊かな資源を参照しつつ応答する。